EU, 미국, 동아시아의 에너지 정책

이 저서는 2017년 정부(교육부)의 재원으로 한국연구재단 대학인문역량강화사업(CORE)의 지원을 받아 수행된 저서임

EU, 미국, 동아시아의 에너지 정책 3

안상욱 지음

한국학술정보

목 차

제7편 전 세계 차원의 에너지정책의 다양성과 한국의 선택

제1편

에너지 정책의
다양성의 원인

1. 에너지 정책의 다양성의 원인[1]

세계 각국은 각기 다양한 에너지 정책을 전개하고 있다. 에너지정책을 추진하기 위한 세계 각국의 자연적, 정치적, 경제적 환경이 다르기 때문이다.

중국의 경우 풍부한 국내 석탄매장량과 몽골과 같은 인접국의 풍부한 석탄매장량에 힘입어 석탄을 주요한 에너지원으로 활용해왔다. 값싼 에너지원인 석탄을 풍부하게 보유한 중국은 석탄을 산업 및 전력생산에 적극 활용하였다. 그러나 이와 같은 높은 석탄 활용은 중국의 악명 높은 스모그 문제의 주요 원인 중 하나가 되었다. 이를 해

---

1) 본 연구에서 다음의 논문들이 활용되어 재구성되었다.
   안상욱. 「프랑스 원자력 에너지 운영 및 에너지 정책의 연속성 독일과의 비교」. 『유럽연구』 31권 1호 (2013), 안상욱. 「러시아 천연가스 도입에 따른 문제점 및 전망:EU와 한국의 사례 비교」. 『세계지역연구논총』 31권 3호 (2013), 안상욱. 「중국의 에너지정책과 원자력에너지-프랑스, 독일과의 비교연구」. 『중국학』 46호 (2013), 안상욱. 「한국의 동북아 LNG 허브 구상의 실패요인 분석: 중일과의 협력 부재」, 『세계지역연구논총』 32권 3호 (2014), 안상욱. 「자동차산업의 친환경 에너지 이용: 프랑스 전기자동차 사례를 중심으로」. 『EU연구』 43호 (2016), 안상욱. 「신재생에너지 확대 정책과 문제점: 미국과 EU사례를 중심으로」. 『유럽연구』 34권 4호 (2016), 안상욱. 「후쿠시마 사태 이후 원자력 에너지 정책변화: 미국과 중국 사례를 중심으로」. 『세계지역연구논총』 35권 2호 (2017), 안상욱. 「EU기후변화 정책과 회원국 간 차별성」, 『통합유럽연구』9권 1집 (통권 16호) (2018)

소해 보고자 중국은 2017년 겨울에 석탄을 사용하던 분야를 LNG를 활용하는 방식으로 대거 전환하였지만, LNG도입망이 안정적으로 확보가 아직 되지 않은 상황에서 급격한 중국의 에너지 전환은 난방 대란을 발생시켰다. 세계 최대의 가스회사인 가스프롬을 둔 러시아는 자국의 풍부한 천연가스 매장량에 힘입어 천연가스에 대한 높은 에너지 의존성을 가졌었다. 덴마크의 경우 북해의 강한 바람을 활용하여 풍력발전에 대한 활용을 높여왔다. 북아메리카와 유럽에서 천연가스 활용이 높은 이유는 대륙 내에 위치한 천연가스 생산지에서 소비지로 파이프라인을 통한 천연가스 공급이 가능하여 천연가스 공급가격을 낮출 수 있었고, 또한 천연가스 공급의 안정성을 확보할 수 있었다. 반면에 천연가스의 주요 생산지와 소비지역의 거리가 멀어서 천연가스 공급의 대부분을 LNG로 도입하는 아시아의 경우 천연가스 도입단가가 북아메리카와 유럽에 비해 대단히 높았고, 천연가스 활용도가 유럽이나 북아메리카에 비해서 낮게 형성되었다.

프랑스의 경우 1950년대부터 꾸준히 추진해온 적극적인 원자력에너지 개발에 힘입어 세계 최대의 원자력에너지 기업인 AREVA를 일구어내었고, 전력생산에서 원자력에너지 비중이 세계 최고 수준이 되었다. 중동에서 대부분의 원유를 도입하고 있는 프랑스는 영국과 함께 수에즈운하를 운영하였는데, 1956년 수에즈운하가 이집트의 나세르 대통령에 의해서 국유화가 되자 이에 반발하여 이스라엘, 영국과 함께 이집트를 침공하였지만, 국제사회의 반발에 직면하여 결국 수에즈운하를 포기할 수밖에 없었다. 그러나 중동에서 도입되는 원유가 프랑스로 운송되려면 수에즈 운하를 통과해야 했고, 이는 결국 프랑스 입장에서 에너지 수급의 불안정성이 발생하는 것을 의미하였다. 이후 프랑스는 원유에 대한 의존도를 줄이는 대체에너지 개발에 매진하였고, 원자력에너지는 프랑스의 중요한 에너지 정책의 대안으로 자리를 잡게 되었다. 반면에 프랑스의 인접국인 독일의 경우, 국내의 강한 반-원자력에너지 정서와 반-원자력에너지 정책을 주도해온 녹색당의 강한 영향으로 원자력에너지를 독일 내에서 2022년까지 퇴출할 것을 결정하였다.

또한 최근 세계 차원의 에너지정책에 대한 변수로 기후변화문제가 등장하였다. 온실가스배출 증가로 인한 세계 기후변화문제는 인류의 미래를 위협할 정도로 중대한 문제로 부상하였다. 온실가스배출을 줄이기 위해서 국제사회는 노력을 하고 있으며, 각국은 자국의 에너지정책을 수정하고 있다.

지구온난화에 따른 기후변화에 적극 대처하기 위하여 국제사회는 1988년 UN총회 결의에 따라 세계기상기구(WMO: World Meteorological Organization)와 유엔환경계획(UNEP: United Nations Environment Programme)에 "기후변화에 관한 정부간 패널(IPCC: Inter-Governmental Panel on Climate Change)"을 설치하였다. 1992년 6월 3일부터 6월 14일까지 브라질 리우데자네이루에서 열린 "유엔환경개발회의(UNCED: United Nations Conference on Environment and Development)"에 185개국 정부 대표단과 114개국 국가원수 및 정부수반이 참석하여 지구 환경 문제를 논의하였다. 회의 결과 지구헌장으로서 "환경과 개발에 관한 리우 선언 (Rio Declaration on Environment and Development)", 환경보전 행동계획으로서 "아젠다 21 (Agenda 21)", 지구온난화 방지를 위한 "유엔기후변화협약(UNFCCC: The United Nations Framework Convention on Climate Change)", 종의 보전을 위한 "생물학적 다양성 보전조약 (Convention on Biological Diversity)", "삼림보전을 위한 원칙(Forest Principles)",

"유엔사막화방지협약(UNCCD: The United Nations Convention to Combat Desertification)" 등이 채택되었다.

유엔기후변화협약에 따라 회원국에 대한 의무사항은 모든 당사국이 부담하는 공통의무사항과 일부 회원국만이 부담하는 특정의무사항으로 구분되었다. 공통의무사항은 모든 당사국들은 온실가스 배출량 감축을 위한 국가전략을 자체적으로 수립·시행하고 이를 공개해야 함과 동시에 온실가스 배출량 및 흡수량에 대한 국가통계와 정책이행에 관한 국가보고서를 작성, 당사국총회(COP)에 제출하도록 규정(제4조 1항)한 것이다. 특정의무사항은 협약 당사국을 부속서 I (Annex I), 부속서 II (Annex II) 및 비-부속서 I (Non-Annex I) 국가로 구분, 다른 의무를 부담토록 규정(제4조)한 것이다.

부속서 I 국가2)는 온실가스 배출량을 1990년 수준으로 감축하기 위하여 노력하도록 규정하였으나 강제성은 부여하지 않았다. 부속서 II 국가3)는 개발도상국에 대한 재정 및 기술이전의 의무를 가지게 되었다. 당시 유럽연합 회원국이었던 15개 국가가 부속서 I 국가의 상당수를 차지하였고, 부속서 II 국가의 대부분을 차지하였다.

1997년 12월 11일 일본 교토 시에서 개최된 지구 온난화 방지 교토 회의(COP3) 제3차 당사국 총회에서 채택된 교토의정서에서, 온

---

2) 호주, 오스트리아, 벨라루스, 벨기에, 불가리아, 캐나다, 체크슬로바키아, 덴마크, 유럽연합(당시 유럽연합은 15개 회원국), 에스토니아, 핀란드, 프랑스, 독일, 그리스, 헝가리, 아이슬란드, 아일랜드, 이탈리아, 일본, 라트비아, 리투아니아, 룩셈부르크, 네덜란드, 뉴질랜드, 노르웨이, 폴란드, 포르투갈, 루마니아, 러시아, 스페인, 스웨덴, 스위스, 터키, 우크라이나, 영국, 미국 (유엔기후변화협약에 대한 미국의 비준거부에 따라 호주도 비준을 거부하였다. 그러나 2007년 호주의 정권교체에 따라 호주에서 유엔기후변화협약이 비준되었다.) 당시 유럽연합 회원국은 오스트리아, 벨기에, 덴마크, 핀란드, 프랑스, 독일, 그리스, 아일랜드, 이탈리아, 룩셈부르크, 네덜란드, 포르투갈, 스페인, 스웨덴, 영국.

3) 호주, 오스트리아, 벨기에, 캐나다, 덴마크, 유럽연합(당시 유럽연합은 15개 회원국), 핀란드, 프랑스, 독일, 그리스, 아이슬란드, 아일랜드, 이탈리아, 일본, 룩셈부르크, 네덜란드, 뉴질랜드, 노르웨이, 포르투갈, 스페인, 스웨덴, 스위스, 터키, 영국, 미국 (유엔기후변화협약에 대한 미국의 비준거부에 따라 호주도 비준을 거부하였다. 그러나 2007년 호주의 정권교체에 따라 호주에서 유엔기후변화협약이 비준되었다.) 당시 유럽연합 회원국은 오스트리아, 벨기에, 덴마크, 핀란드, 프랑스, 독일, 그리스, 아일랜드, 이탈리아, 룩셈부르크, 네덜란드, 포르투갈, 스페인, 스웨덴, 영국.

실효과를 나타내는 이산화탄소를 비롯한 모두 6종류의 감축 대상 가스(온실 기체)의 법적 구속력을 가진 배출 감소 목표가 지정되었고, 교토 의정서 제3조는 2008년-2012년까지의 기간 중에 유엔기후변화협약 부속서 I 국가의 온실가스 배출량을 1990년 수준보다 적어도 5.2% 이하로 감축할 것을 목표로 하였다. 특히 교토의정서에 따라서, 온실가스 감축의무를 효과적이고 경제적으로 달성하기 위해 공동이행,[4] 청정개발체제,[5] 배출권거래제[6] 등 세 가지의 교토메커니즘(Kyoto Mechanism)이 도입되었다(교토의정서 제6조, 12조, 17조)되었다.[7]

교토의정서는 미국과 호주가 비준거부를 하면서 발효가 불투명한 상황을 맞이하기도 하였다. 이와 같은 상황에서 EU의 리더십과 러시아의 참여를 통해서 교토의정서는 발효될 수 있었고, 이에 근거하여 EU차원의 기후변화정책들이 확대될 수 있었다.

이에 따라 EU회원국와 EU가입 후보국[8]이 다수를 차지하는 부속서 I국가에서 EU의 역할은 보다 중요하였다. 2005년에 유럽연합은 2005년에 배출권거래시장인 EU ETS(EU emissions trading system)을 설립하였고 현재 세계 최대의 배출권 거래시장이 되었다.

---

4) 공동이행제도(Joint Implementation, JI): 부속서 I 국가(선진국)들 사이에서 온실가스 감축사업을 공동으로 수행하는 것을 허용

5) 청정개발체계(Clean Development Mechanism, CDM): 선진국이 개발도상국에서 온실가스 감축사업을 수행하여 달성한 실적의 일부를 선진국의 감축량으로 허용

6) 배출권 거래제도(Emission Trading, ET): 의무감축량을 초과 달성한 선진국이 이 초과분을 다른 선진국과 거래할 수 있도록 허용

7) 한국전력, "교토의정서,"
https://home.kepco.co.kr/kepco/KE/D/htmlView/KEDBHP009.do?menuCd=FN0103030202
국토환경정보센터, "기후변화협약,"
http://www.neins.go.kr/etr/climatechange/doc06a.asp

8) EU는 냉전 붕괴 이후 중동부 유럽국가들과 EU가입협상을 진행하여 2004년 10개국(에스토니아, 리투아니아, 라트비아, 폴란드, 체코, 슬로바키아, 헝가리, 슬로베니아, 몰타, 키프로스) 2007년 2개국(루마니아, 불가리아)을 신규회원국으로 받아들였다.

그러나 온실가스 배출을 감축하고 목표를 달성하는 방식은 각 회원국별로 자율성을 가지고 실시하고 있다. 따라서 각기 다른 온실가스 감축을 위한 에너지 정책이 각 국별로 실행 중이다.

교토의정서에서는 개발도상국은 의무 감축목표가 부여되지 않았다. 그러나 미국과 유럽에서의 온실가스 배출이 급격하게 감소되면서, 전 세계 차원의 온실가스 감축을 위해서는 개발도상국의 적극적인 참여가 더욱 절실하게 되었다. 이와 같은 문제를 해소하기 위해서 프랑스 파리에서 열린 제21차 유엔 기후변화협약 당사국총회(COP21)가 2015년 12월 13일 폐막하고 신기후체제 합의문인 '파리협정'(Paris Agreement)을 채택하여, 2020년 만료 예정인 기존 교토의정서 체제를 대체하였다. 협정이 발효되면 선진국과 개발도상국의 구분 없이 195개 협약당사국 모두가 기후변화문제를 해결하기 위한 대응에 동참한다. 신기후체제는 세계 온실가스 배출량의 90% 이상을 차지하는 세계 195개 국가가 참여했다. 파리협정은 2005년 2월에 발효되어 2012년 만료될 예정이었지만 2020년까지 적용기간이 연장된 교토의정서를 대체하였다.

물론 의무화된 감축목표가 부속서 국가에 부여되었던 교토의정서와 다르게, 파리협정에서 각 국은 자율적인 의무감축 목표를 설정하는 방식으로 각 국의 온실가스 배출을 축소해야 하므로 각 국 차원의 노력이 더욱 중요하게 되었다. 그러나 개발도상국 역시 선진국과 마찬가지로 온실가스 배출목표 감축계획을 자체적으로 수립해야 하는 방식으로 지구온난화 문제에서 개발도상국의 참여를 이끈 것은 매우 의미 있는 일이다. 이와 같은 이유로 개발도상국 역시 선진국들과 마찬가지로 에너지 전환 (Energy Transition)에 보다 더욱 관심을 갖제 되었다.

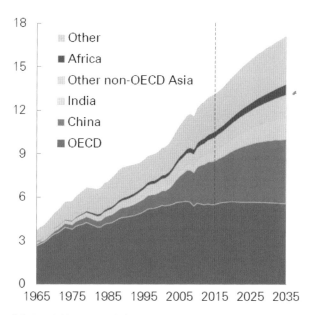

출처: BP World Energy Outlook 2017, p.12.

<그림 1-1> 세계 각 지역 별 에너지 소비 (단위:10억 석유환산톤)

<그림 1-1>에서 보는 바와 같이 중국, 인도, 아시아와 같은 신흥국가에서 에너지소비가 빠른 속도로 증가하고 있다. 1990년대까지도 전 세계 에너지 소비의 대부분은 OECD국가가 주도하였다. 그러나 이후 신흥국의 에너지 소비가 급격하게 증가하면서 향후 전 세계 에너지 소비를 신흥국이 주도할 것으로 예상하고 있다.

이와 같은 상황에서 2015년에 체결된 파리협정은 기후변화문제에 대한 신흥국가들의 참여를 유도한다는 점에서 의미가 있는 일이었다. 그리고 신흥국가의 파리협정 참여에 따른 에너지 정책 변화 역시 향후 세계 에너지 정책변화에서 크게 주목할 일이 될 것으로 예상한다.

화석연료: 석탄, 석유, 천연가스

2. 화석연료: 석탄, 석유, 천연가스

화석연료는 산업혁명 이후 인류가 가장 의존해온 에너지원이다. 산업혁명 이전에 기존에 인류가 의존해온 목재에 비해서, 효율이 높고 안정적으로 조달이 가능한 에너지원은 석탄이었다. 또한 산업혁명이 시작된 유럽대륙에는 석탄이 매우 풍부하게 매장되어 있었고, 산업혁명 당시에 석탄을 활용한 교통수단인 증기기관차와 석탄을 에너지원으로 활용한 공장운영은 그 전 시대와 달리 비약적인 변화를 이끌어내었다. 또한 석탄의 풍부한 매장량으로 현재까지도 화석연료 가운데 가장 값싼 에너지원이다. 그러나 대기오염이나 탄소배출 문제에서 다른 화석연료에 비해서 발생되는 문제가 훨씬 크기 때문에 석탄사용 비중을 축소하는 움직임이 확대되고 있다.

석유는 같은 수준의 에너지를 얻는데 사용되는 부피가 석탄에 비해서 월등히 작았기 때문에, 운반에 용이하였고 효율성 역시 높일 수 있었다. 석유가 활용된 대표적인 사례는 내연기관 등의 자동차,

항공기, 선박에 대한 연료로 사용된 것이다. 이외에도 석유는 플라스틱 제조, 도로포장 등 일상생활에서 사용되고 있어서, 인류의 대체 에너지원 개발 노력에도 불구하고 석유사용이 꾸준히 필요한 이유가 여기에 있다.

그러나 석유에너지원의 주요 생산지는 중동과 북아메리카였는데 최대 소비지는 북아메리카, 유럽, 동아시아였다. 이는 석유에너지의 소비지와 생산지의 불일치 문제로 나타났고, 이 과정에서 많은 산유국들이 서유럽국가의 침략을 받기도 하였다. 대표적인 사례가 과거 페르시아 지역(현재 이란)의 석유이권을 차지하였던 앵글로-페르시아 석유(APOC: Anglo-Persia Oil Company 후에 AIOC: Anglo-Iranian Oil Company 후에 오늘날 BP: British Petrolemum Company로 사명 변경)과 지금의 말레이시아와 인도네시아의 석유이권을 차지하였던 로열-더치 쉘(Royal Dutch Shell)을 그 사례로 들 수 있다.

천연가스는 운반과 저장의 복잡성 때문에, 전 세계 산업화의 초창기에는 거의 사용되지 못하였다. 그러나 기술의 발전에 따라, 천연가스의 운송이 과거에 비해 용이해졌으며, 석유에 비해 저렴한 에너지 공급원으로 활용되고 있다. 또한 천연가스가 석탄과 석유에 비해 낮은 탄소배출을 하고 있어서, 석탄과 석유를 대체하여 지구온난화 문제를 완화하는데 기여하고 있다. 천연가스 사용비중이 높은 서유럽의 경우 러시아와 노르웨이에서 천연가스를 도입하고 있다. 미국의 경우, 셰일가스의 개발을 통해서 천연가스의 자급을 이루었을 뿐만 아니라, 해외수출을 시작하고 있다. 반면에 동북아시아 지역은 천연가스 생산지와 지리적으로 떨어진 관계로 LNG 방식으로 천연가스를 수입하여 천연가스 수입단가가 매우 높은 편이다.

2.1. 석유, 석탄, 천연가스의 전 세계 생산 및 소비 동향

신재생에너지가 빠른 속도로 비중을 확대하고 있지만, 전 세계 차원에서 1차 에너지 소비의 대부분을 차지하는 것은 석탄, 천연가스, 석유 등의 화석연료이다.

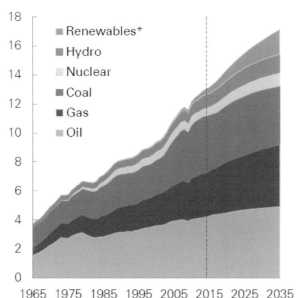

*신재생에너지에는 풍력, 태양력, 지열, 바이오매스, 바이오연료가 포함됨
출처: BP World Energy Outlook 2017, p.14.

<그림 2.1-1> 전 세계 1차 에너지 소비 (단위: 십억 석유환산톤)

1960년 30억이던 세계인구가 2017년 74억으로 2.5배가량 증가하였지만, 에너지소비의 증가, 특히 화석연료 소비의 증가는 이를 훨씬 상회하고 있다. 화석연료 사용증가에 따른 탄소배출 증가와 이에 따른 지구온난화 문제가 발생하였다.

또한 최근 전 세계 에너지 소비에서 주목할 점은 천연가스 소비가 석유와 석탄의 소비에 비해서 급격하게 증가하고 있다는 점이다. <그림 2.1-1>에서 볼 수 있듯이, 천연가스가 처음부터 많이 사용되는 에너지 원은 아니었다. 전 세계 산업화의 초창기에 천연가스 사용에서 문제로 등장한 것은 천연가스가 상온에서 기체 상태라는 점이었다. 이는 천연가스가 다른 지역으로 수송되는데 어려움을 갖게된 원인이었다. 따라서 과거 천연가스 운송기술이 발전하기 이전에는 천연가스가 원유채취 과정에서 나오는 관리하기 어려운 부산물로 여겨져 바로 태워지곤 하였다. 그러나 천연가스 운반기술의 발전에 따라서 천연가스 소비가 증가하게 되었다.

천연가스 운반을 위해, 처음으로 등장한 방식은 파이프라인 방식이었다. 제 2차 세계대전 이후 배관제조 기술과 용접기술의 발달에 따라서 천연가스를 파이프를 통해서 생산지에서 소비지로 보내는 것이 가능해졌다. 파이프라인을 통해서 천연가스를 운송하는 방식이 파이프라인 천연가스(PNG: Pipeline Natural Gas)이다. 그러나 PNG는 멀리 떨어진 소비지역에 천연가스를 운송하는데 한계를 갖게 되었다.

이를 해결하기 위해 등장한 방식이 액화천연가스(LNG: Liquified Natural Gas)였다. 액화천연가스는 액화, 운송, 재기화의 과정을 통해서 생산지에서 소비지로 전달되는 방식이다. 액화는 천연가스를 섭씨 −163도로 냉각하여 액체를 만들어 천연가스의 부피를 가스상태의 1/600으로 축소시키는 것을 의미한다. 운반은 액화된 천연가스를 LNG수송을 위해 특별히 제작된 LNG선으로 운반하는 것을 의미한다. 재기화는 운반된 천연가스를 다시 가스 형태로 바꾸는 작업을 의미한다. LNG의 탄생으로 천연가스 수송에서 지리적인 제약은 거의 사라지게 되었다. 그러나 PNG에 비해서 액화, 운송, 재기화라는 과정을 거쳐야하기 때문에 소비지에서 천연가스 가격이 높게 책정될 수밖에 없는 문제점도 있다.

PNG와 LNG 소비확대에 다른 문제점은 석탄이나 석유에 비해서, 천연가스의 저장이 어렵다는 점이다. 석탄이나 석유는 상온에서의 보관이 가능하지만, 천연가스의 경우 이를 보관해야 할 경우 액화가 필요하며, 액화된 천연가스를 유지하기 위해서는 −163도의 액체상태의 천연가스를 접촉해도 부서지지 않는 특별한 금속처리 기술이 필요하고, 또한 천연가스 보관탱크의 낮은 온도를 유지하기 위해서는 비용이 발생한다는 점이다.

그럼에도 불구하고, 석유와 비교해 천연가스의 낮은 가격과 석탄과 석유에 비교해 천연가스의 낮은 탄소배출은 전 세계적인 천연가

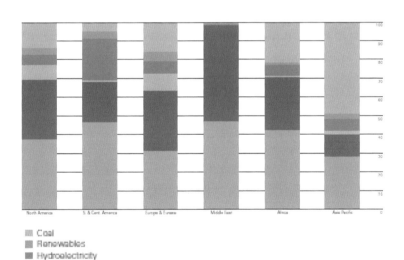

출처: BP Statistical Review of World Energy June 2017, p.10.

<그림 2.1-2> 각 지열별 에너지자원 소비 (연도: 2016년)

스 사용의 확대를 가져왔다. 2035년이 되면 천연가스가 석유 다음으로 많이 사용되는 에너지원이 될 것으로 예상된다.

<그림 2.1-2>는 전 세계 각 지역별 에너지 소비현황을 보여주고 있다. 아시아-태평양 지역의 경우 압도적으로 석탄이 소비되는 에너지 자원 중 가장 중요한 비중을 차지하고 있다. 반면에 북아메리카와 유럽-유라시아, 중동의 경우 높은 천연가스 사용비중을 보여주고 있다.

이와 같이, 각 대륙별 에너지 소비의 다양성은 각 국가의 에너지 정책에 차이가 존재할 수밖에 없는 이유이기도 하다. 또한 준비가 안 된 상태에서 급격하게 에너지전환을 추진할 때, 문제점이 발생하기도 한다. 대표적인 사례로 2017년 중국의 난방에너지 대란을 들 수 있다. 탄소배출과 대기오염의 주범인 석탄을 대체하기 위해서 중국정부는 천연가스를 활용해 석탄을 대체하려고 하였다. 그러나 천연가스가 확보가 안되고, 관련 기반시설이 부족한 상황에서 급격한

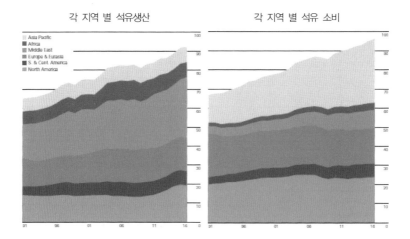

각 지역 별 석유생산   각 지역 별 석유 소비

출처: BP Statistical Review of World Energy June 2017, p.18.

<그림 2.1-3> 각 지열별 석유 생산과 소비 (단위: 일일 백만 배럴)

정책 추진은 2017년 겨울에 중국에서 난방대란을 가져왔다.

화석연료의 다른 문제는 전 세계 차원에서 생산지역과 소비지역의 불일치 문제이다. <그림 2.1-3>에서 볼 수 있듯 이 전 세계 석유생산은 중동, 유럽 및 유라시아, 북아메리카가 주도하고 있다. 그러나 석유소비는 최근 들어 아시아-태평양지역에서 가파르게 증가하고 있다. 반면에 중동지역이 전 세계 석유소비에서 차지하는 비중은 낮은 편이다.

또한 최근 들어 북아메리카에서 석유생산이 증가하는 것을 확인할 수 있는데, 이는 북아메리카에서 셰일오일(Shale Oil)과 오일샌드(Oil sand)를 활용한 석유생산이 확대대고 있기 때문이다.

석유 활용의 다른 문제 중 하나는 세계 유가의 변동 폭이 최근 지나치게 기복이 심하다는 점을 들 수 있다.

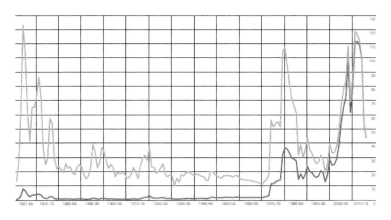

출처: BP Statistical Review of World Energy June 2017, p.20.

<그림 2.1-4> 세계 유가 변화 (단위: 배럴 당 USD, 1861년-2016년)

전 세계 유가는 1970년대 오일 쇼크 시기에 급등한 이후, 1980년대 하락하였다가 2008년 배럴당 140달러까지 상승하였다가 2009년에는 배럴당 40.5달러까지 폭락하였다. 이후 다시 유가가 상승하여 2012년 배럴당 124달러까지 상승하였다가 2014년 6월 이후 급속하게 폭락하여 2016년 1월에는 배럴당 27.9달러 수준으로 폭락하였다.

　이와 같은 상황은 석유제품을 대규모로 사용하는 산업의 운영비용이 예측하기 어려운 상태에 놓이게 하고 있다. 또한 산유국 역시 석유에서 확보되는 세수를 가늠하기 어려운 상황에 놓이게 하고 있다. 특히 석유에 재정의존도가 높았던 러시아, 베네수엘라 등의 국가가 크게 타격을 받았다.

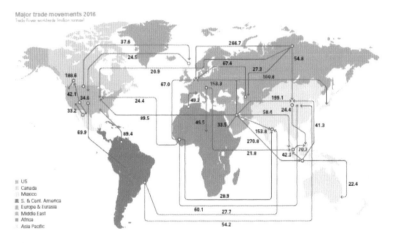

출처: BP Statistical Review of World Energy June 2017, p.25.

<그림 2.1-5> 2016년 전 세계 석유 교역 동향 (단위: 백만 톤)

　<그림 2.1-5>에서 볼 수 있듯이, 전 세계적으로 석유 교역은 활발하게 이루어지고 있다. 주요 석유 수출무역은 러시아에서 유럽으로

이루어지는 교역과 중동에서 아시아지역으로 이루어지는 교역, 라틴 아메리카에서 북아메리카로 이루어지는 교역이라고 할 수 있다. 또한 상당한 양의 석유가 아프리카에서 아시아로 수출되고 있다. 세계 석유무역에서 또한 주목할 상황은 최근의 셰일가스 혁명 이후 세계 최대의 석유수입국가인 미국의 석유수출이 증가하고 있다는 점이다. 2006년 일평균 131만 7천 배럴의 원유를 수출하였던 미국의 석유수출이 2016년에는 일평균 472만 3천 배럴의 원류를 수출하였다.

Thousand barrels daily	2006	2007	2008	2009	2010	2011	2012	2013	2014	2015	2016
Imports
US	13612	13632	12872	11453	11689	11338	10587	9859	9241	9450	10056
Europe	13530	14034	13885	12608	12201	12272	12569	12815	12855	13959	14188
China	3883	4172	4494	5100	5886	6295	6675	6978	7398	8333	9216
India	2613	2924	3066	3491	3749	3823	4168	4370	4155	4357	4877
Japan	5201	5032	4925	4263	4567	4494	4743	4637	4383	4332	4179
Rest of World	15739	17596	17282	17332	17143	17717	17862	20085	21261	22543	22939
Total World	54579	57392	56524	54247	55234	55938	56604	58744	59293	62974	65454
Exports
US	1317	1439	1967	1947	2154	2495	2682	3563	4033	4521	4723
Canada	2330	2457	2498	2518	2599	2798	3056	3296	3536	3841	3906
Mexico	2102	1975	1609	1449	1539	1487	1366	1347	1293	1326	1400
S. & Cent. America	3681	3570	3616	3748	3568	3755	3830	3790	3939	4117	4170
Europe	2241	2305	2086	2074	1949	2106	2183	2578	2512	2990	3110
Russia	6792	7827	7540	7257	7397	7448	7457	7948	7792	8455	8634
Other CIS	1312	1538	1680	1790	1944	2080	1848	2102	2012	2024	1817
Saudi Arabia	8307	8101	8357	7276	7595	8120	8488	8365	7911	8017	8526
Middle East (ex S. Arabia)	12527	12198	12415	11744	11976	12188	11742	12242	12689	13446	14992
North Africa	3245	3341	3268	2943	2878	1951	2602	2127	1743	1717	1683
West Africa	4797	4961	4712	4531	4755	4759	4724	4590	4849	4906	4886
Asia Pacific (ex Japan)	4567	6004	5392	5631	6226	6088	6299	6307	6450	7068	7514
Rest of World	1362	1675	1385	1340	653	663	338	491	524	546	493
Total World	54579	57392	56524	54247	55234	55938	56604	58744	59293	62974	65454

출처: BP Statistical Review of World Energy June 2017, p.24.

<표 2.1-1> 전 세계주요 석유 수출입현황 (단위: 일평균 1000배럴)

미국의 증가한 원유수출은 셰일혁명에 의해서 가능하였다. 셰일혁명에 따라서 미국의 원유생산은 크게 증가하였고 이에 따라 미국의 석유수입도 감소하였다. 2006년 일평균 1361만 2천 배럴의 원유를 수입하였던 미국은 2015년에 일평균 945만 배럴 수준으로 크게 감소하였다.

반면에 중국의 석유 수입은 2006년 일평균 388만 3천 배럴이었지만 2016년에 일평균 921만 6천 배럴 수준으로 크게 증가하였다. 중국의 석유수입은 향후 빠른 속도로 미국을 추월할 것으로 예상된다.

이와 같은 급속한 석유수입의 증가는 다른 신흥국가인 인도에서도 같이 진행되고 있다. 2006년 일평균 261만 3천 배럴을 수입하였던 인도가 2016년에는 일평균 487만 7천 배럴의 석유를 수입하였다.

2014년 이후 지속된 유가하락은 산유국 경제에 심각한 문제를 일으키고 있다. 2014년 6월 이후 세계유가는 급락하고 있다. 2014년 6월에 배럴당 107달러였던 국제유가는 급속하게 폭락하고 있다. 이는 셰일오일 생산과 유럽경제 침체에서 비롯된 석유수요 감소가 지속되면서 발생한 현상이다.

서부 텍사스산 중질유의 경우 2014년 중반이후, 2015년 초에 잠시 반등했지만, 1년 만에 55%이상 폭락하였다. 앞에서도 언급하였듯이, 세계 유가는 장기적인 관점에서 볼 때, 안정적이었던 적이 결코 없었다.

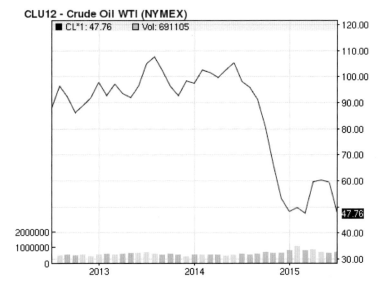

출처: NASDAQ

<그림 2.1-6> 서부 텍사스산 중질유의 2013년이후 가격추이 (단위: 배럴, US$)

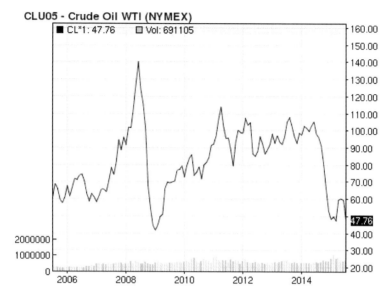

CLU05 - Crude Oil WTI (NYMEX)

■ CL*1: 47.76   □ Vol: 691105

출처: NASDAQ

<그림 2.1-7> 서부 텍사스산 중질유의 2006년 이후 가격추이 (단위: 배럴, US$)

세계유가는 두바이이유를 기준으로 2008년 1월에 87.24 달러에서 2008년 6월 27일에. 135.15달러로 6개월 동안에 무려 54.9% 상승했었다. 서부 텍사스산 중질유는 배럴당 145.29달러, 두바이이유는 배럴당 141.33달러, 브렌트유는 배럴당 145.66달러까지 상승하였다. 그러나 서브프라임 모기지 문제에서 비롯된 미국 발 경제위기가 전 세계로 확산되어 석유수요가 감소하면서 2008년 연말에는 30달러대로 폭락하였다

이와 같은 유가 하락추세에 대응하고자 OPEC은 2008년 8월과 12월에 걸쳐서 감산을 결정하였다. 2008년 8월에는 일일 2,967만 배럴이던 OPEC의 원유 생산 쿼터를 2,485만 배럴로 하향조정하였다. 이에 따라 유가는 2011년에는 배럴 당 122달러까지 상승하였다. 그러

나 이와 같은 유가상승은 그동안 채산성 문제로 개발에 제한을 받고 있었던 셰일오일, 셰일가스가 본격적으로 개발되는 계기가 되었다.

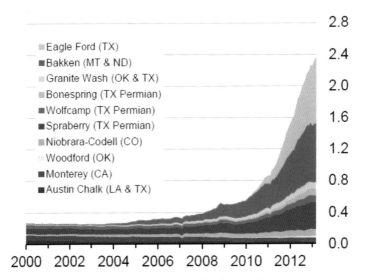

출처: 미국 EIA(Energy Information Administration: 미국 에너지 정보청)
http://www.eia.gov/pressroom/presentations/sieminski_01042014.pdf

<그림 2.1-8> 미국의 셰일오일 일일 생산현황 (단위: 백만 배럴)

미국 EIA(미국 에너지 정보청)에 따르면, 2008년 하반기 이후 유가 상승에 힘입어, 셰일오일생산은 급증하였다. OPEC의 원유생산 쿼터가 3000백만 배럴 수준임을 감안하면, 미국의 셰일오일 만으로도 OPEC의 원유생산 쿼터의 80%에 육박하는 상황이 발생하였다.

이에 따라 세계 석유시장은 더 이상 OPEC 혼자 주도할 수 없게 되었고, 유가하락 추세가 계속되었다.

문제는 거듭되는 유가하락에도 불구하고, 베네수엘라, 에콰도르,

이라크 등 OPEC 회원국의 감산 촉구에도 불구하고, 사우디아라비아의 감산의지가 없었기 때문에 OPEC은 원유생산 쿼터 축소에 대한 합의를 이끌어내지 못하고 있다.

2014년 11월 27일에 석유수출국기구(OPEC)에서 12개 회원국들은 유가가 하락하고 있는 추세에도 불구하고 감산을 통한 인위적인 유가부양을 포기하였다. 이후 전 국제 유가는 추락에 가까운 하락을 하였다

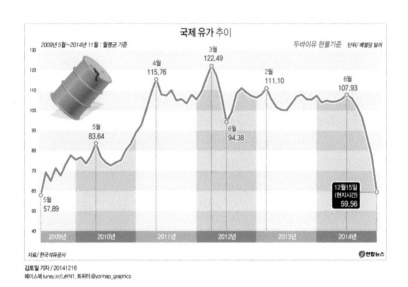

출처: 연합뉴스 2014년 12월 16일자 그래픽 뉴스 재인용

<그림 2.1-9> 국제유가

OPEC은 석유시장에서 감산과 증산 결정 등을 통해서 전 세계 유가에 지대한 영향을 행사하였다. 2008년 글로벌 금융위기로 전 세계

경제가 충격에 빠진 이후, OPEC이 두 번에 걸쳐서 하루 420만 배럴의 감산을 결정해서 유가는 배럴 당 100달러 이상으로 수직상승하였다. 2012년 3월에 유가는 배럴 당 122달러까지 상승하였다. 이와 같은 유가상승은 단기적으로 산유국 경제에 부를 창출하였다. 유가상승으로 축적한 경제적 능력을 기반으로 러시아는 소치 동계올림픽 당시에 55조원이라는 동계올림픽 사상 최대 규모의 예산을 투입할 수 있었다.

<표 2.1-2> 전 세계 주요 산유국 현황 (2012년 생산량 기준)

	국가	일일 생산량 (배럴)
1	사우디아라비아	11,730,000
2	미국	11,110,000
3	러시아	10,440,000
4	중국	4,197,000
5	캐나다	3,856,000
6	이란	3,594,000
7	아랍에미리트	3,213,000
8	이라크	2,979,000
9	멕시코	2,936,000
10	쿠웨이트	2,797,000
11	브라질	2,652,000

자료: CIA World Factbook

그러나 OPEC의 감산에 힘입은 유가상승은 역설적으로 전 세계 차원의 셰일오일과 셰일가스 개발 붐을 가져왔다. 이전에 채산성이 없었던 셰일오일과 셰일가스가 유가상승에 따라 수익을 창출할 수 있는 환경이 조성되었다. 이와 같은 환경은 셰일가스와 셰일오일의 기술적 진보를 이룩할 수 있는 환경을 창출하였고, 중장기적으로 전통적인 산유국의 이해가 침해될 수 있는 문제가 발생할 소지가 증가하였다.

<표 2.1-3> 전 세계 주요 천연가스 생산국 현황 (2012년 생산량 기준)

	국가	생산량 (CU M)	기준연도
1	미국	681,400,000,000	2012
2	러시아	669,700,000,000	2013
3	유럽연합	162,800,000,000	2012
4	이란	162,600,000,000	2012
5	캐나다	143,100,000,000	2012
6	카타르	133,200,000,000	2011
7	중국	117,100,000,000	2013
8	노르웨이	114,700,000,000	2012
9	사우디 아라비아	103,200,000,000	2012
10	알제리	82,760,000,000	2011
11	네덜란드	81,520,000,000	2013

자료: CIA World Factbook

그 결과 미국은 2012년에 사우디아라비아에 이은 제 2의 산유국으로 부상하였다. 천연가스의 경우에는 미국이 2012년부터 세계최대의 천연가스 생산국으로 부상하였다.

이와 같이 새로운 석유공급원이 창출되고, 유럽의 지속된 경제침체로 인한 석유수요 감소가 지속되는 가운데 2014년 6월부터 유가가 큰 폭으로 하락하기 시작하였다. 2014년 6월에 배럴 당 107달러였던 국제 유가는 급속하게 폭락하여, 2014년 11월에는 70달러 수준까지 떨어졌다.

이와 같은 상황은 중장기적으로 산유국의 이해를 침해할 수 있기 때문에, 지난 2014년 11월 27일 OPEC회의에서 베네수엘라 등 일부 국가의 반발이 있었지만, 유가하락 추세에도 불구하고 OPEC은 사우디아라비아의 주도로 감산을 결정하지 않았다.

OPEC의 감산합의 실패이후 국제 유가는 더욱 큰 폭으로 하락하여 배럴 당 55달러 선까지 폭락하였다. 그리고 이와 같은 유가하락은 장기적으로, 세계경제에 활력을 제공하겠지만, 단기적으로는 산유국의 경제사정을 매우 어렵게 만들고 있다. 이 중 대표적인 사례가 산유국 통화가치의 폭락이다.

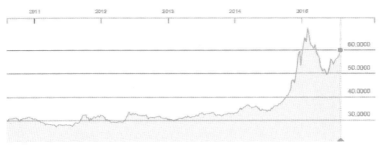

출처: 블룸버그 (http://www.bloomberg.com/quote/USDRUB:CUR)

<그림 2.1-10> US$대비 러시아 루블 통화가치 변화 (기간: 5년)

러시아 루블화의 경우 문제가 아주 심각한 상황이다. 2015년에 러시아 루블화의 통화가치는 2014년도 상반기 대비 50%가까이 폭락하였다. 러시아 중앙은행이 루블화 가치를 방어하려고 기준금리를 6.5%포인트 올렸지만, 루블화의 폭락을 막지 못했다. 이는 생필품 수입의존이 높은 러시아 경제구조에 심각한 타격이 되고 있다.

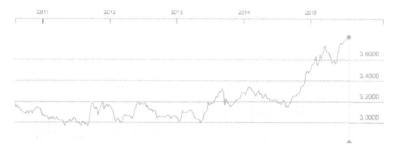

출처: 블룸버그 (http://www.bloomberg.com/quote/USDMYR:CUR)

<그림 2.1-11> US$대비 말레이시아 링깃 통화가치 변화 (기간: 5년)

동아시아의 대표적인 산유국의 하나이며, GDP의 17%를 석유 및
천연가스 산업에 의존하는 말레이시아의 경우도 2014년 말 이후 통
화가치가 급속하게 하락하였고, 이에 따른 수입품의 가격상승으로
말레이시아 내의 급격한 물가상승 요인이 되고 있다. 유가하락에 따
른 국내경기 불황과 현재 총리의 리더십 문제가 불거지면서, 말레이
시아의 국내정치 상황에 혼란이 가중되고 있다.

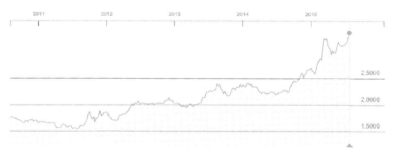

출처: 블룸버그 (http://www.bloomberg.com/quote/USDBRL:CUR)

<그림 2.1-12> US$대비 브라질 헤알화 통화가치 변화 (기간: 5년)

산유국 통화의 가치하락은 중남미의 경제강국인 브라질의 경우도 예외가 아니었다. 에너지 산업비중이 GDP의 12%를 차지하는 브라질의 헤알화 역시 급속한 속도로 평가절하 되고 있다.

이와 같은 산유국의 급격한 통화가치 하락은 원유수출이 경제에서 차지하는 비중이 압도적인 개발도상국에만 국한되지 않았다. 북유럽의 대표적인 산유국의 노르웨이 크로나도 2014년 중반 이후 급격한 속도로 통화가치를 상실하고 있다.

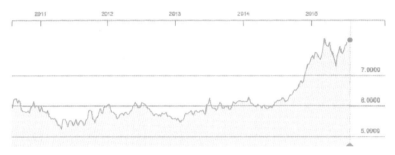

출처: 블룸버그 (http://www.bloomberg.com/quote/USDNOK:CUR)

<그림 2.1-13> US$대비 노르웨이 크로나 통화가치 변화 (기간: 5년)

세계 경제와 유가간 상관관계

160달러
베네수엘라 균형 예산 가능

130달러
이란 균형 예산 가능 가격

115달러
고비용 미국 셰일가스 개발
손익 분기점

110달러
러시아 균형 예산 가능

100달러
캐나다 오일샌드
상업화 가능

95달러
미국 항공사 150억 달러
영업익 달성 가능

90달러
사우디아라비아
균형 예산 가능

65달러
미국 셰일가스
평균 생산 원가

50달러
쿠웨이트 균형 예산 가능

40달러
저비용 미국 셰일가스 개발
손익 분기점

27달러
중동 산유국 육상유전
평균 생산 원가

자료:파이낸셜타임스(FT), 모건스탠리

출처: 한국일보 2014년 11월 28일 기사 재인용

<그림 2.1-14> 세계 경제와 유가간 상관관계

러시아에서 석유 및 천연가스 수출은 전체 수출에서 차지하는 비중이 68%에 이르고, 국가 재정의 50%를 차지하고 있다. 러시아가 균형재정을 달성하려면 국제 유가가 배럴당 110달러 수준이 되어야 한다.

러시아, 이란, 베네수엘라, 나이지리아 등의 국가는 심각한 경제위기에 직면하게 되었다. 최근 들어 베네수엘라는 디폴트(채무불이행) 선언에 임박했다는 전망이 자주 나올 정도로 경제가 아주 취약해져 있다.

석탄의 경우 석유에 비해서 비교적 생산지역과 소비지역이 일치하는 경향을 보이고 있다.

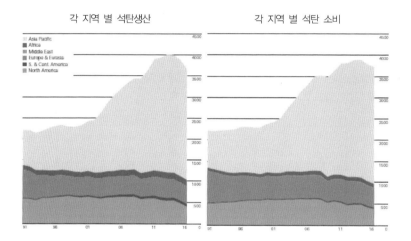

출처: BP Statistical Review of World Energy June 2017, p.40.

<그림 2.1-15> 각 지열별 석탄 생산과 소비 (단위: 백만 석유환산톤)

<그림 2.1-15>에서 볼 수 있듯이, 최대 석탄 생산지역은 아시아-태평양지역이고 최대 석탄 소비지역 역시 아시아-태평양 지역이다. 또한 유럽-유라시아 지역과 북아메리카 지역 역시 중요한 석탄 생산지역임과 동시에 중요 석탄 소비지역이다.

<표 2.1-4> 세계 석탄생산 현황 (단위: 백만 석유환산톤)

Million tonnes oil equivalent	2006	2007	2008	2009	2010	2011	2012	2013	2014	2015	2016	Growth rate per annum 2016	2005-15	Share 2016
US	595.1	587.7	596.7	540.8	551.2	556.1	517.8	500.9	507.7	449.3	364.8	-19.0%	-2.5%	10.0%
Canada	34.8	35.7	35.6	33.1	35.4	35.5	35.6	36.4	35.6	31.9	31.4	-1.8%	-1.0%	0.9%
Mexico	6.8	7.3	6.9	6.1	7.3	9.4	7.4	7.2	7.3	6.9	4.5	-34.8%	1.2%	0.1%
Total North America	636.7	630.7	639.2	580.0	594.0	600.9	560.9	544.5	550.5	488.1	400.7	-18.1%	-2.4%	11.0%
Brazil	2.6	2.7	2.9	2.3	2.3	2.4	2.9	3.7	3.4	3.5	3.5	-	2.3%	0.1%
Colombia	46.7	48.2	50.7	50.2	51.3	59.2	61.5	59.0	61.1	59.0	62.5	5.5%	3.7%	1.7%
Venezuela	5.2	5.0	3.7	2.4	1.9	1.9	1.4	0.9	0.6	0.6	0.2	-66.4%	-19.7%	*
Other S. & Cent. America	0.4	0.3	0.4	0.4	0.4	0.4	0.5	1.7	2.4	1.9	1.5	-18.3%	16.3%	*
Total S. & Cent. America	53.9	56.2	57.7	55.3	55.9	63.9	66.3	65.3	67.5	64.9	67.6	3.9%	2.7%	1.8%
Bulgaria	4.3	4.7	4.8	4.6	4.9	6.2	5.6	4.8	5.1	5.8	5.1	-12.5%	3.4%	0.1%
Czech Republic	23.9	23.8	22.8	20.9	20.7	20.9	20.1	17.7	16.8	16.8	16.3	-3.4%	-3.3%	0.4%
Germany	53.3	54.4	50.1	46.4	45.9	46.7	47.8	45.1	44.1	42.9	39.9	-7.2%	-2.7%	1.1%
Greece	8.2	8.4	8.1	8.2	7.3	7.5	8.0	6.7	6.4	5.7	4.1	-28.7%	-4.0%	0.1%
Hungary	1.8	1.8	1.7	1.6	1.6	1.6	1.6	1.6	1.6	1.5	1.5	0.6%	-1.4%	*
Kazakhstan	41.4	42.2	47.9	43.4	47.5	49.8	51.6	51.4	48.9	46.2	44.1	-4.9%	2.2%	1.2%
Poland	68.0	62.5	60.9	56.4	55.4	55.7	57.8	57.2	54.0	53.0	52.3	-1.5%	-2.7%	1.4%
Romania	6.5	6.9	7.0	6.6	5.9	6.7	6.3	4.7	4.4	4.7	4.3	-9.2%	-2.0%	0.1%
Russian Federation	141.0	143.5	149.0	141.7	151.0	157.6	168.3	173.1	176.6	186.4	192.8	3.1%	3.2%	5.3%
Serbia	n/a	7.2	7.5	7.4	7.2	7.8	7.3	7.7	5.7	7.2	7.4	1.4%	-	0.2%
Spain	6.2	5.9	4.4	3.8	3.3	2.6	2.5	1.8	1.6	1.2	0.7	-43.3%	-15.7%	*
Turkey	13.2	14.8	16.7	17.4	17.5	17.9	17.0	15.5	16.4	12.8	15.2	18.7%	1.3%	0.4%
Ukraine	35.7	34.0	34.4	31.8	31.8	36.3	38.0	36.6	25.9	16.4	17.1	4.3%	-7.3%	0.5%
United Kingdom	11.4	10.7	11.3	11.0	11.4	11.5	10.6	8.0	7.3	5.4	2.6	-51.5%	-8.2%	0.1%
Uzbekistan	0.8	1.0	0.9	1.0	1.0	1.1	1.2	1.1	1.2	1.1	1.1	-1.8%	2.3%	*
Other Europe & Eurasia	24.8	16.3	16.5	16.6	16.9	17.1	15.6	18.0	17.0	15.3	14.9	-3.1%	-4.0%	0.4%
Total Europe & Eurasia	440.4	438.0	443.9	418.8	429.3	446.9	459.4	450.9	433.2	427.5	419.4	-1.0%	-0.2%	11.5%
Total Middle East	1.0	1.1	1.0	0.7	0.7	0.7	0.7	0.7	0.6	0.7	0.7	-	-3.3%	*
South Africa	138.3	138.4	141.0	139.7	144.1	143.2	146.6	145.3	148.2	142.9	142.4	-0.6%	0.3%	3.9%
Zimbabwe	1.4	1.3	1.0	1.1	1.7	1.7	1.0	2.0	3.7	2.8	1.7	-37.9%	2.6%	*
Other Africa	0.9	0.8	0.7	0.9	0.9	1.1	4.4	5.1	5.5	6.0	6.3	5.5%	20.6%	0.2%
Total Africa	140.5	140.5	142.7	141.5	146.8	146.0	152.0	152.3	157.5	151.7	150.5	-1.0%	0.7%	4.1%
Australia	220.4	227.0	234.2	242.5	250.6	245.1	265.9	285.8	305.7	305.8	299.3	-2.4%	3.6%	8.2%
China	1328.4	1439.3	1491.8	1537.9	1665.3	1851.7	1873.5	1894.6	1864.2	1825.6	1685.7	-7.9%	3.9%	46.1%
India	198.2	210.3	227.5	246.0	252.4	250.8	255.0	255.7	269.5	280.9	288.5	2.4%	4.0%	7.9%
Indonesia	114.2	127.8	141.6	151.0	162.1	208.2	227.4	279.7	260.9	272.0	255.7	-6.2%	11.7%	7.0%
Japan	0.7	0.8	0.7	0.7	0.5	0.7	0.7	0.7	0.7	0.6	0.7	14.2%	0.5%	*
Mongolia	4.1	4.8	5.2	8.2	15.2	19.9	18.1	18.0	14.8	14.5	22.8	57.0%	14.8%	0.6%
New Zealand	3.6	3.0	3.0	2.8	3.3	3.1	3.0	2.8	2.5	2.0	1.7	-15.4%	-4.8%	*
Pakistan	1.8	1.7	1.8	1.6	1.5	1.4	1.4	1.3	1.5	1.5	1.8	19.5%	-0.5%	*
South Korea	1.3	1.3	1.3	1.2	1.0	1.0	1.0	0.8	0.8	0.8	0.8	-2.4%	-4.4%	*
Thailand	5.4	5.0	5.0	4.8	5.0	6.0	4.8	4.9	4.8	3.9	4.3	10.6%	-4.5%	0.1%
Vietnam	21.7	23.8	22.3	24.7	25.1	26.1	23.6	23.0	23.0	23.2	22.0	-5.4%	2.0%	0.6%
Other Asia Pacific	22.4	20.6	22.0	23.5	24.7	24.9	25.3	25.1	25.7	28.6	33.9	18.3%	2.6%	0.9%
Total Asia Pacific	1922.2	2065.5	2156.2	2244.8	2406.7	2638.8	2699.7	2792.5	2783.1	2759.4	2617.4	-5.4%	4.4%	71.6%
Total World	3194.7	3331.9	3440.8	3441.1	3633.3	3897.3	3938.9	4006.1	3982.4	3887.3	3656.4	-6.2%	2.5%	100.0%
of which: OECD	1060.1	1055.8	1064.6	1003.4	1021.4	1025.5	1005.7	1000.7	1020.9	946.6	844.8	-11.0%	-1.0%	23.1%
Non-OECD	2134.6	2276.0	2376.3	2437.7	2609.9	2871.8	2933.1	3005.5	2971.4	2940.7	2811.6	-4.7%	3.9%	76.9%
European Union	193.2	187.0	178.9	167.9	165.7	168.5	168.1	157.3	150.6	144.6	133.6	-7.9%	-3.1%	3.7%
CIS	219.5	221.5	233.0	218.8	232.0	245.7	260.3	263.5	254.0	251.5	256.8	1.8%	1.9%	7.0%

출처: BP Statistical Review of World Energy June 2017, p.38.

2000년 이후 아시아-태평양 지역에서 석탄 소비는 급격하게 증가하였다. 이는 이 지역의 급속한 산업화에서 지역 내에서 조달하기 쉽고 가격이 저렴한 석탄의 사용이 크게 확대되었음을 의미한다.

<표 2.1-5> 세계 석탄 소비 현황 (단위: 백만 석유환산톤)

Million tonnes oil equivalent	2006	2007	2008	2009	2010	2011	2012	2013	2014	2015	2016	Growth rate per annum 2016	2016	Share 2005-15 2016
US	565.7	573.3	564.2	496.2	525.0	495.4	437.9	454.6	453.5	391.8	358.4	-8.8%	-3.8%	9.6%
Canada	29.2	30.3	29.4	23.5	24.8	21.8	21.0	20.8	19.7	19.6	18.7	-5.7%	-4.2%	0.5%
Mexico	12.3	11.3	10.1	10.3	12.7	14.7	12.8	12.7	12.7	12.7	9.8	-22.9%	1.0%	0.3%
Total North America	607.1	614.9	603.7	530.0	562.5	531.9	471.8	488.1	486.0	424.2	386.9	-8.0%	-3.7%	10.4%
Argentina	1.1	1.2	1.4	1.0	1.3	1.5	1.3	1.3	1.5	1.4	1.1	-22.5%	1.9%	*
Brazil	12.8	13.6	13.8	11.1	14.5	15.4	15.3	16.5	17.5	17.7	16.5	-6.8%	3.1%	0.4%
Chile	3.4	4.1	4.4	4.0	4.5	5.8	6.7	7.5	7.6	7.3	8.2	12.3%	10.2%	0.2%
Colombia	3.7	3.2	4.9	4.0	4.7	3.7	4.6	5.0	5.2	5.3	4.6	-14.0%	14.8%	0.1%
Ecuador	–	–	–	–	–	–	–	–	–	–	–	–	–	–
Peru	0.8	1.0	0.9	0.8	0.8	0.8	0.9	0.9	0.9	0.8	0.8	–	-1.3%	*
Trinidad & Tobago	–	–	–	–	–	–	–	–	–	–	–	–	–	–
Venezuela	0.2	0.1	0.1	0.2	0.2	0.2	0.2	0.2	0.2	0.2	0.1	-66.4%	18.4%	*
Other S. & Cent. America	2.3	2.4	2.4	2.1	2.2	2.7	2.7	2.9	3.2	3.2	3.4	5.4%	4.9%	0.1%
Total S. & Cent. America	24.3	25.7	28.0	23.2	28.1	30.2	31.7	34.2	36.1	35.9	34.7	-3.7%	5.4%	0.9%
Austria	4.1	3.9	3.8	2.9	3.4	3.5	3.2	3.3	3.0	3.2	3.2	-2.3%	-2.1%	0.1%
Azerbaijan	†	†	†	†	†	†	†	†	†	†	†	–	-19.8%	*
Belarus	0.6	0.7	0.6	0.6	0.6	0.8	0.8	0.9	0.8	0.7	0.8	16.5%	-0.3%	*
Belgium	5.0	4.4	4.5	3.1	3.8	3.5	3.2	3.3	3.3	3.2	3.0	-6.7%	-4.7%	0.1%
Bulgaria	7.0	7.9	7.6	6.4	6.9	8.1	6.9	6.9	6.4	6.6	5.7	-13.5%	-0.4%	0.2%
Czech Republic	21.0	21.4	19.7	17.7	18.8	18.4	17.4	17.2	16.0	16.6	16.9	1.7%	-2.0%	0.5%
Denmark	5.6	4.7	4.1	4.0	3.8	3.2	2.5	3.2	2.6	1.7	2.1	20.8%	-7.3%	0.1%
Finland	7.4	7.0	5.3	5.4	6.8	5.5	4.5	5.0	4.5	3.8	4.1	8.0%	-2.7%	0.1%
France	12.4	12.8	12.1	10.8	11.5	9.8	11.1	11.6	8.6	8.4	8.3	-1.1%	-4.6%	0.2%
Germany	84.5	86.7	80.1	71.7	77.1	78.3	80.5	82.8	79.6	78.5	75.3	-4.3%	-0.4%	2.0%
Greece	8.4	8.8	8.3	8.4	7.9	7.9	8.1	7.0	6.7	5.6	4.7	-16.7%	-4.6%	0.1%
Hungary	3.1	3.1	3.1	2.6	2.7	2.7	2.6	2.3	2.2	2.4	2.3	-3.6%	-2.5%	0.1%
Ireland	2.4	2.3	2.3	2.0	2.0	1.9	2.3	2.0	2.0	2.2	2.2	-0.7%	-2.0%	0.1%
Italy	16.7	16.3	15.8	12.4	13.7	15.4	15.7	13.5	13.1	12.3	10.9	-11.9%	-2.9%	0.3%
Kazakhstan	28.3	31.1	33.8	30.9	33.4	36.3	36.5	36.3	41.0	35.8	35.6	-0.8%	2.9%	1.0%
Lithuania	0.3	0.2	0.2	0.2	0.2	0.2	0.2	0.3	0.2	0.2	0.2	4.8%	-0.1%	*
Netherlands	7.7	8.4	8.0	7.5	7.5	7.5	8.2	8.2	9.1	11.0	10.3	-7.0%	3.1%	0.3%
Norway	0.6	0.7	0.7	0.6	0.8	0.8	0.8	0.8	0.9	0.8	0.8	-0.1%	1.3%	*
Poland	57.4	55.9	55.2	51.8	55.1	55.0	51.2	53.4	49.4	48.7	48.6	*	-1.2%	1.3%
Portugal	5.3	7.9	7.5	2.9	1.6	2.2	2.9	2.7	2.7	3.3	2.9	-11.9%	-0.2%	0.1%
Romania	9.5	10.1	9.6	7.6	7.0	8.2	7.6	5.8	5.7	5.9	5.4	-8.9%	-3.9%	0.1%
Russian Federation	97.0	93.9	100.7	92.2	90.5	94.0	98.4	90.5	87.6	92.2	87.3	-5.5%	-0.3%	2.3%
Slovakia	4.5	4.0	4.0	3.9	3.9	3.7	3.5	3.5	3.4	3.3	3.1	-5.0%	-2.5%	0.1%
Spain	17.9	20.0	13.5	9.4	6.9	12.8	15.5	11.4	11.6	13.7	10.4	-23.9%	-4.0%	0.3%
Sweden	2.7	2.7	2.4	1.9	2.5	2.5	2.2	2.2	2.1	2.1	2.2	6.0%	-2.1%	0.1%
Switzerland	0.2	0.2	0.2	0.1	0.1	0.1	0.1	0.1	0.1	0.1	0.1	–	-1.1%	*
Turkey	26.2	29.5	29.6	30.9	31.4	33.9	36.5	31.6	36.1	34.1	38.4	10.3%	4.6%	1.0%
Turkmenistan	–	–	–	–	–	–	–	–	–	–	–	–	–	–
Ukraine	39.8	39.8	41.8	35.9	38.3	41.5	42.5	41.6	35.6	27.3	31.5	14.9%	-3.1%	0.8%
United Kingdom	40.9	38.4	35.6	29.8	30.9	31.4	39.0	36.8	29.7	23.0	11.0	-52.5%	-4.7%	0.3%
Uzbekistan	0.8	1.0	1.0	1.0	0.9	1.1	1.2	1.1	1.2	1.1	1.0	10.1%	1.9%	*
Other Europe & Eurasia	21.0	21.2	22.2	21.3	22.5	24.6	22.9	23.8	21.9	23.0	23.0	-0.1%	1.1%	0.6%
Total Europe & Eurasia	536.3	540.2	528.3	475.8	492.5	514.9	528.1	508.1	487.3	471.3	451.6	-4.5%	-0.9%	12.1%
Iran	1.5	1.6	1.2	1.4	1.3	1.4	1.1	1.4	1.6	1.6	1.7	4.3%	0.5%	*
Israel	7.8	8.0	7.9	7.7	7.7	7.9	8.8	7.4	6.9	6.7	5.7	-15.5%	-1.6%	0.2%
Kuwait	–	–	–	–	–	–	–	–	–	–	–	–	–	–
Qatar	–	–	–	–	–	–	–	–	–	–	–	–	–	–
Saudi Arabia	†	0.1	0.1	†	0.1	0.1	0.1	0.1	0.1	0.1	0.1	–	13.5%	*
United Arab Emirates	0.3	0.1	0.3	0.6	0.7	1.3	1.7	1.4	1.5	1.3	1.3	–	24.1%	*
Other Middle East	0.1	0.1	0.2	0.2	0.3	0.4	0.6	0.5	0.7	0.5	0.5	*	13.2%	*
Total Middle East	9.8	9.9	9.7	9.9	10.1	11.2	12.3	10.9	10.8	10.2	9.3	-9.5%	0.4%	0.2%
Algeria	0.9	0.8	0.8	0.5	0.3	0.3	0.3	0.2	0.2	0.1	0.1	–	-13.2%	*
Egypt	0.9	0.8	0.7	0.6	0.5	0.4	0.4	0.4	0.4	0.4	0.4	4.3%	-7.0%	*
South Africa	81.5	83.7	93.3	93.8	92.8	90.5	88.3	98.6	89.8	83.4	85.1	1.8%	0.4%	2.3%
Other Africa	7.4	6.9	6.7	6.1	6.5	7.2	7.0	8.3	11.9	11.4	10.3	-10.3%	3.8%	0.3%
Total Africa	90.6	92.1	101.5	101.0	100.1	98.5	96.1	97.5	102.3	95.3	95.9	0.4%	0.7%	2.6%
Australia	53.1	52.7	54.9	53.1	49.4	48.1	45.1	43.0	42.6	44.1	43.8	-0.9%	-1.6%	1.2%
Bangladesh	0.5	0.6	0.6	0.8	0.8	0.7	0.9	1.0	0.8	0.7	0.8	17.0%	3.7%	*
China	1454.7	1584.2	1609.3	1685.8	1748.9	1903.9	1927.8	1969.1	1954.5	1913.6	1887.6	-1.6%	3.7%	50.6%
China Hong Kong SAR	6.9	7.5	6.9	7.2	6.2	7.4	7.3	7.8	8.1	6.7	6.7	-0.3%	-0.2%	0.2%
India	219.4	240.1	259.3	280.8	290.4	304.8	330.0	352.8	387.5	396.6	411.9	3.6%	6.5%	11.0%
Indonesia	28.9	36.2	31.5	33.2	39.5	46.9	53.0	57.0	45.1	51.2	62.7	22.2%	7.7%	1.7%
Japan	112.3	117.7	120.3	101.6	115.7	109.6	115.8	121.2	119.1	119.9	119.9	-0.2%	0.5%	3.2%
Malaysia	7.3	8.8	9.8	10.6	14.8	14.8	15.9	15.1	15.4	16.9	18.9	17.6%	9.4%	0.5%
New Zealand	2.2	1.7	2.1	1.6	1.4	1.4	1.7	1.5	1.5	1.4	1.2	-15.4%	-4.5%	*
Pakistan	4.0	5.4	6.0	4.9	4.6	4.0	4.0	3.2	4.7	4.7	5.4	15.1%	2.2%	0.1%
Philippines	5.0	5.4	6.4	6.1	7.0	7.7	8.1	10.0	10.6	11.6	13.5	16.0%	9.7%	0.4%
Singapore	†	†	†	†	†	†	†	0.3	0.4	0.4	0.4	-6.9%	47.4%	*
South Korea	54.8	59.7	66.1	68.6	75.9	83.6	81.0	81.9	84.6	85.5	81.6	-4.8%	4.6%	2.2%
Taiwan	37.0	38.8	37.0	35.2	37.6	38.5	38.0	38.6	39.0	37.8	38.6	1.7%	0.7%	1.0%
Thailand	12.4	14.0	15.1	15.1	15.5	15.8	16.5	16.3	17.9	17.6	17.7	0.7%	4.3%	0.5%
Vietnam	5.3	5.8	11.4	10.7	14.0	16.5	15.0	15.8	18.9	22.3	21.3	-4.4%	9.5%	0.6%
Other Asia Pacific	21.9	18.8	20.6	20.9	21.9	22.2	17.2	13.8	16.0	16.9	20.6	21.3%	2.3%	0.6%
Total Asia Pacific	2025.7	2197.4	2257.3	2336.3	2442.3	2620.6	2677.4	2746.3	2767.0	2747.7	2753.6	-0.1%	3.9%	73.8%
Total World	**3293.9**	**3480.2**	**3528.6**	**3476.1**	**3635.6**	**3807.2**	**3817.3**	**3887.0**	**3889.4**	**3784.7**	**3732.0**	**-1.7%**	**1.9%**	**100.0%**
of which: OECD	1177.7	1198.4	1175.2	1051.0	1114.8	1094.1	1047.3	1056.4	1040.9	972.7	913.3	-6.4%	-1.9%	24.5%
Non-OECD	2116.2	2281.7	2353.2	2425.1	2520.8	2713.1	2770.0	2828.5	2848.5	2812.0	2818.7	*	3.7%	75.5%
European Union	327.2	328.4	303.6	267.4	280.2	288.1	294.3	288.0	268.4	261.1	238.4	-8.9%	-1.9%	6.4%
CIS	167.3	167.3	179.0	161.5	164.7	174.7	180.7	171.8	167.8	158.9	157.9	-0.9%	-0.2%	4.2%

출처: BP Statistical Review of World Energy June 2017, p.39.

이와 같은 아시아-태평양 지역의 석탄 사용의 급격한 증가는, 대기오염 물질 배출과 탄소배출이 많은 석탄의 특성상, 이들 국가에서 급속한 대기오염의 증가와 탄소배출의 증가를 가져왔다.

<표 2.1-4>와 <표 2.1-5>은 전 세계 석탄 생산과 소비현황을 보여주고 있다. 2016년 중국은 전 세계 석탄생산의 46.1%, 전 세계 석탄소비의 50.6%를 차지하였다. 전 세계 석탄의 생산과 소비는 대부분 중국에서 이루어진다고 볼 수 있다. 중국에서 석탄소비는 2006년 14억 5470만 석유환산톤에서 2016년 18억 8760만 석유환산톤으로 급증하였다. 이와 같은 상황은 다른 신흥국가인 인도에서도 발생하고 있다. 인도에서 2006년 석탄소비는 2억 1940만 석유환산톤이었다. 2016년에는 4억 1190만 석유환산톤으로 확대되었다. 반면에 선진국에서 석탄소비는 크게 감축되고 있다. 미국에서 석탄소비는 2006년에 5억 6570만 석유환산톤이었다. 2016년에는 3억 5840만 석유환산톤으로 감축되었다.

대부분의 유럽국가에서도 석탄소비는 2006년부터 2016년 사이에 감소 추세에 있었다. 다만 독일은 2009년 이후 단기적으로 석탄소비가 확대되었다. 2006년 8450만 석유환산톤의 석탄을 소비하였던 독일의 석탄소비는 2009년에 7170만 석유환산톤까지 감축되었다. 그러나 2009년 이후 석탄소비가 증가하여 2013년에는 8280만 석유환산톤까지 확대되었다. 그러나 그 이후 석탄소비가 감소하여 2016년에 7530만 석유환산톤으로 석탄소비가 감소하였다.

이와 같은 경향은 EU전체에서도 나타나고 있다. 2006년 EU에서 석탄소비는 3억 2720만 석유환산톤이었다. 2009년에는 2억 6740만 석유환산톤으로 축소되었다가 다시 꾸준히 증가하여 2012년에는 2억 9430만 석유환산톤으로 소비가 증가하였다. EU내에서 석탄소비는 다시 감소하여, 2016년에는 2억 3840만 석유환산톤이 되었다.

2016년 전 세계 석탄소비에서 중국(50.6%), 인도(11%), 미국(9.6%), EU(6.4%)이 차지하는 비중은 77.6%였다. 2016년 전 세계 석탄생산에서 중국(50.6), 호주(8.2%), 미국(10.6%), 인도(7.9%), 인도네시아(7%), 러시아(5.3%)가 차지하는 비중은 89.6%였다. 이는 석탄에너지원이 전 세계 각 대륙에 고르게 분포하고 있지만, 특정국가에서 대부분이 생산되고 특정국가에서 대부분이 소비되고 있음을 의미한다.

또한 대부분의 선진국에서 석탄소비가 감소하는 이유는 지구온난화 문제와 대기오염 등의 문제로 석탄사용이 억제되고 있기 때문이며, 그와 반대로 신흥국가에서 석탄소비가 확대되는 이유는, 늘어나는 산업수요에 대응하기 위한 값싼 에너지원이 석탄이기 때문이다.

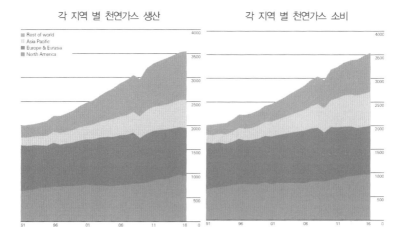

출처: BP Statistical Review of World Energy June 2017, p.32.

<그림 2.1-16> 각 지열별 천연가스 생산과 소비 (단위: 십억 입방미터)

천연가스도 각 대륙별로 생산과 소비가 석탄과 같이 유사한 패턴

을 보이고 있다. 주목할 점은 아시아-태평양지역에서 천연가스 생산
과 소비가 빠른 속도로 증가하고 있다는 것이다. 2016년 아시아-태평
양 지역이 전 세계 천연가스 소비에서 차지하는 비중은 20.4%였다.
전 세계 최대 천연가스 소비에서 미국(22%), EU(12.1%), 러시아
(11%)가 차지하는 비중은 45.1%였다. 전 세계 천연가스 생산에서
미국(21.1%), 러시아(16.3%)가 차지하는 비중은 37.4%였다.

<표 2.1-6> 세계 천연가스 생산 현황 (단위: 십억입방미터)

Million tonnes oil equivalent	2006	2007	2008	2009	2010	2011	2012	2013	2014	2015	2016	Growth rate per annum 2016	Growth rate per annum 2005-16	Share 2016
US	470.3	498.6	521.7	532.7	549.5	589.8	620.7	626.4	673.3	707.1	690.8	-2.6%	4.2%	21.5%
Canada	154.5	148.9	143.4	132.8	130.1	130.0	127.0	127.3	132.4	134.2	136.8	1.7%	1.3%	4.3%
Mexico	51.6	48.2	48.0	53.3	51.8	52.4	51.5	52.4	51.4	48.7	42.5	-13.0%	0.3%	1.3%
Total North America	695.4	695.7	713.3	718.9	731.4	772.2	796.1	857.1	857.1	890.0	870.1	-2.5%	2.9%	27.1%
Argentina	41.5	40.3	39.7	37.3	36.1	34.9	34.0	32.8	31.9	32.8	34.4	4.6%	2.7%	1.1%
Bolivia	11.6	12.4	12.9	11.1	12.8	14.0	16.0	18.3	18.9	18.2	17.8	-3.0%	5.3%	0.6%
Brazil	10.0	10.1	12.6	10.7	13.1	15.1	17.3	19.2	20.4	20.8	21.1	1.2%	7.8%	0.7%
Colombia	6.3	6.8	8.2	9.5	10.1	9.9	10.8	11.4	10.6	10.0	9.4	-6.6%	5.2%	0.3%
Peru	1.6	2.4	3.1	3.2	6.5	10.2	10.7	11.0	11.6	11.2	12.6	11.7%	23.5%	0.4%
Trinidad & Tobago	36.1	38.0	37.8	39.3	40.3	38.8	38.4	38.6	37.9	35.7	31.0	-13.2%	1.8%	1.0%
Venezuela	28.3	32.6	29.5	27.0	27.6	24.8	26.5	25.6	25.8	29.2	30.9	5.5%	1.7%	1.0%
Other S. & Cent. America	3.2	3.3	3.1	3.1	3.1	2.5	2.4	2.2	2.1	2.2	2.1	-4.6%	-2.7%	0.1%
Total S. & Cent. America	138.7	145.9	146.7	142.0	149.6	150.2	156.1	158.1	159.2	160.2	159.3	-0.6%	2.4%	5.0%
Azerbaijan	5.5	8.8	13.3	13.3	13.6	13.3	14.0	14.6	15.8	16.2	15.7	-3.0%	13.2%	0.5%
Denmark	9.3	8.3	9.0	7.5	7.3	5.9	5.2	4.3	4.1	4.1	4.0	-2.0%	-7.9%	0.1%
Germany	14.1	12.9	11.7	11.0	9.6	9.0	8.1	7.4	7.0	6.5	6.8	3.7%	-7.6%	0.2%
Italy	9.1	7.9	7.6	6.6	6.9	6.9	7.0	6.3	5.9	5.5	4.7	-14.8%	-5.7%	0.1%
Kazakhstan	12.0	12.4	14.4	14.9	15.8	15.6	15.5	16.6	16.9	17.1	17.9	4.5%	4.0%	0.6%
Netherlands	55.4	54.4	50.9	56.4	63.4	57.7	57.4	61.8	52.1	39.0	36.1	-7.6%	-3.8%	1.1%
Norway	79.8	81.3	90.1	93.9	96.5	91.1	103.3	97.9	97.9	105.4	105.0	-0.7%	3.2%	3.3%
Poland	3.9	3.9	3.7	3.7	3.7	3.8	3.9	3.8	3.7	3.7	3.6	-3.8%	-0.5%	0.1%
Romania	9.6	9.2	9.0	8.9	8.6	8.7	9.0	8.6	8.8	8.8	8.2	-6.5%	-1.0%	0.3%
Russian Federation	535.6	532.8	541.5	474.9	530.0	546.3	533.0	544.2	523.6	517.6	521.5	0.5%	-0.1%	16.2%
Turkmenistan	54.3	58.9	59.5	32.7	38.1	53.6	56.1	56.1	60.4	62.6	60.1	-4.3%	2.0%	1.9%
Ukraine	16.9	16.9	17.1	17.3	16.7	16.9	16.7	17.3	16.4	16.1	16.0	-0.1%	-0.3%	0.5%
United Kingdom	72.0	64.9	62.7	53.7	51.4	40.7	35.0	32.8	33.1	35.6	36.9	3.3%	-7.7%	1.1%
Uzbekistan	51.0	52.4	52.0	50.0	49.0	51.3	51.2	51.2	51.6	52.0	56.5	8.4%	0.7%	1.8%
Other Europe & Eurasia	9.7	9.0	8.5	8.2	8.4	8.3	7.5	6.5	5.9	8.1	7.9	40.3%	-4.8%	0.2%
Total Europe & Eurasia	938.0	934.0	966.0	853.1	919.0	929.2	923.0	929.4	902.9	895.9	900.1	0.2%	-0.3%	28.0%
Bahrain	10.2	10.6	11.4	11.5	11.8	12.0	12.4	13.2	13.9	14.0	13.9	-0.8%	3.8%	0.4%
Iran	100.3	112.5	117.7	129.3	137.1	143.9	149.5	150.1	167.3	170.4	182.2	6.6%	6.4%	5.7%
Iraq	1.3	1.3	1.7	1.0	1.2	0.6	1.1	0.8	0.9	0.9	1.0	12.6%	3.8%	*
Kuwait	11.3	10.1	11.4	10.3	10.6	12.2	14.0	14.7	13.5	15.2	15.4	1.7%	3.7%	0.5%
Oman	23.2	23.5	23.4	24.3	26.4	27.8	29.0	31.3	30.0	31.3	31.9	1.7%	4.6%	1.0%
Qatar	45.6	56.9	69.3	80.4	118.0	130.7	141.3	159.8	156.7	160.6	163.1	1.3%	14.6%	5.1%
Saudi Arabia	66.1	67.0	72.4	70.6	78.9	83.0	89.4	90.0	92.1	94.0	98.4	4.4%	3.9%	3.1%
Syria	5.1	4.9	4.8	5.3	7.2	6.4	5.2	4.3	4.0	3.7	3.2	-11.6%	-3.0%	0.1%
United Arab Emirates	43.9	46.3	45.2	44.0	46.2	47.1	48.9	49.1	48.8	54.2	55.7	2.5%	2.3%	1.7%
Yemen					0.7	5.4	8.1	6.5	8.9	2.4	0.7	-73.4%		*
Other Middle East	2.3	2.7	3.3	7.6	3.1	4.0	2.4	5.9	6.9	7.6	8.5	11.9%	16.0%	0.3%
Total Middle East	309.2	304.7	360.6	380.0	445.3	475.9	490.2	526.5	542.4	564.3	574.0	3.3%	8.7%	17.9%
Algeria	76.0	76.3	77.2	71.6	72.4	74.4	73.4	74.2	75.0	76.1	82.2	7.6%	-0.4%	2.6%
Egypt	49.2	50.1	53.1	56.4	56.2	55.3	54.8	50.5	43.9	39.8	37.6	-5.7%	0.4%	1.2%
Libya	11.9	13.8	14.3	14.3	15.1	7.1	10.0	10.5	10.2	10.6	9.1	-14.7%	0.4%	0.3%
Nigeria	26.6	33.2	32.5	23.4	33.6	36.5	39.0	32.6	40.5	46.1	48.4	10.6%	7.2%	1.3%
Other Africa	9.6	9.7	13.6	14.0	15.6	15.1	15.1	18.0	16.6	17.4	18.2	4.5%	6.9%	0.6%
Total Africa	173.3	183.1	190.8	179.7	191.9	188.4	192.9	185.7	196.3	189.0	187.5	-1.1%	1.7%	5.8%
Australia	36.3	37.1	36.4	41.3	46.4	47.9	51.2	53.1	57.3	65.4	82.0	25.2%	7.0%	2.6%
Bangladesh	13.4	14.3	15.3	17.5	18.0	18.3	20.0	20.5	21.5	24.2	24.8	2.2%	6.9%	0.8%
Brunei	11.3	11.0	10.9	10.3	11.1	11.5	11.3	11.0	10.7	10.5	10.1	-3.8%	-0.3%	0.3%
China	54.5	64.5	74.8	79.4	89.2	98.1	100.7	110.0	118.4	122.5	124.6	1.4%	10.3%	3.9%
India	26.4	27.1	27.5	33.8	44.3	40.1	35.0	28.9	27.5	26.4	24.9	-6.0%	-0.1%	0.8%
Indonesia	66.9	64.4	66.4	69.2	77.1	73.3	69.4	68.8	67.7	67.5	62.7	-7.4%	*	2.0%
Malaysia	56.4	55.4	57.4	55.0	50.8	56.0	55.4	60.5	61.5	64.1	66.5	3.4%	1.1%	2.1%
Myanmar	11.6	12.2	11.2	10.4	11.2	11.3	11.6	11.8	15.2	17.6	17.0	-3.9%	4.8%	0.5%
Pakistan	35.9	36.4	37.3	37.4	38.1	38.1	39.4	38.4	37.7	37.8	37.4	-1.3%	0.7%	1.2%
Thailand	21.6	23.1	25.6	27.5	32.2	32.9	36.9	37.2	37.5	35.4	34.7	-2.2%	5.3%	1.1%
Vietnam	6.3	6.4	6.7	7.2	8.5	7.6	8.4	8.8	9.7	9.4	9.6	0.2%	5.2%	0.3%
Other Asia Pacific	12.8	15.1	16.0	16.3	15.9	16.0	15.8	16.3	20.8	24.8	27.7	11.3%	9.6%	0.9%
Total Asia Pacific	352.2	367.0	385.5	441.5	451.2	454.9	465.3	464.3	505.7	505.7	521.9	2.8%	4.1%	16.2%
Total World	2596.8	2660.3	2756.7	2679.1	2879.2	2967.3	3024.7	3073.1	3132.8	3195.0	3212.9	0.3%	2.5%	100.0%
of which: OECD	980.9	983.5	1011.5	1009.8	1033.1	1052.7	1095.1	1091.3	1136.3	1173.5	1169.3	-0.6%	1.9%	36.4%
Non-OECD	1615.9	1676.9	1745.2	1669.3	1846.2	1914.7	1909.6	1981.8	1996.5	2021.5	2043.0	0.9%	2.9%	63.6%
European Union	187.7	169.3	171.8	155.0	150.2	139.8	132.0	130.4	119.3	107.8	106.4	-1.6%	3.3%	3.3%
CIS	675.5	682.4	696.0	603.4	663.4	697.2	696.7	700.3	684.8	681.8	687.9	0.6%	0.4%	21.4%

출처: BP Statistical Review of World Energy June 2017, p.28.

<표 2.1-7> 세계 천연가스 소비 현황 (단위: 십억 입방미터)

Million tonnes oil equivalent	2006	2007	2008	2009	2010	2011	2012	2013	2014	2015	Growth rate per annum 2016	2016	2006-16	Share 2016
US	560.4	596.3	600.8	590.1	619.3	628.8	657.4	675.5	690.0	710.5	716.3	0.5%	2.3%	22.4%
Canada	87.3	86.6	86.5	85.4	85.5	90.8	90.2	93.5	93.8	92.2	89.9	-2.8%	0.5%	2.8%
Mexico	59.9	57.1	59.7	65.0	65.2	68.9	71.9	74.9	78.1	78.4	80.6	2.5%	3.6%	2.5%
Total North America	707.6	739.9	747.0	740.5	770.0	788.6	819.5	843.9	862.0	881.2	886.8	0.4%	2.2%	27.7%
Argentina	37.6	39.5	40.0	37.9	39.0	40.6	42.1	42.1	42.5	43.4	44.6	2.7%	1.8%	1.4%
Brazil	18.5	19.1	22.4	18.1	24.1	24.0	26.5	33.6	35.6	37.5	32.9	12.5%	7.9%	1.0%
Chile	6.5	3.8	2.1	2.2	4.4	4.5	4.1	4.1	3.4	3.7	4.1	11.1%	-6.3%	0.1%
Colombia	6.3	6.7	6.8	7.8	8.2	8.0	8.9	9.0	9.8	9.6	9.5	-1.6%	4.8%	0.3%
Ecuador	0.4	0.4	0.4	0.4	0.4	0.4	0.5	0.6	0.6	0.6	0.6	-1.5%	6.9%	*
Peru	1.6	2.4	3.1	3.1	4.4	5.0	5.5	5.4	6.1	6.4	7.1	9.8%	16.8%	0.2%
Trinidad & Tobago	19.1	19.7	19.2	19.9	20.9	21.0	20.0	20.7	19.8	19.4	17.2	-11.4%	2.8%	0.5%
Venezuela	28.3	32.6	30.9	29.0	29.0	26.7	28.3	27.5	27.7	31.1	32.0	2.7%	2.3%	1.0%
Other S. & Cent. America	3.6	4.1	4.3	4.5	4.8	5.3	5.9	6.3	6.6	6.6	6.7	1.1%	8.1%	0.2%
Total S. & Cent. America	121.9	128.4	129.1	123.0	135.2	135.4	143.6	148.7	152.0	158.3	154.7	-2.5%	3.6%	4.8%
Austria	8.4	7.9	8.5	8.2	9.0	8.4	8.1	7.7	7.1	7.5	7.9	4.4%	-1.7%	0.2%
Azerbaijan	8.2	7.2	8.2	7.0	6.7	7.3	7.7	7.7	8.5	9.6	9.4	-2.2%	2.2%	0.3%
Belarus	16.9	16.9	17.4	14.5	17.8	16.5	16.7	16.7	16.5	14.0	15.3	9.0%	-1.6%	0.5%
Belgium	15.0	14.9	14.8	15.1	17.0	14.2	14.4	14.2	12.4	13.6	13.9	1.8%	-0.8%	0.4%
Bulgaria	2.9	2.9	2.9	2.1	2.3	2.6	2.5	2.4	2.4	2.6	2.7	3.9%	-0.8%	0.1%
Czech Republic	7.6	7.1	7.1	6.7	7.6	6.9	6.9	6.9	6.2	6.5	7.6	7.9%	-1.7%	0.2%
Denmark	4.6	4.1	4.1	3.9	4.5	3.7	3.5	3.3	2.9	2.8	2.9	1.4%	-4.4%	0.1%
Finland	3.8	3.5	3.6	3.2	3.6	3.1	2.7	2.6	2.3	2.0	1.8	-0.2%	-5.8%	0.1%
France	39.6	38.5	39.9	38.4	42.6	37.0	38.2	38.8	32.6	35.1	38.3	9.0%	-1.6%	1.2%
Germany	79.1	76.2	77.0	72.6	75.7	69.5	69.7	73.1	63.5	66.2	72.4	9.2%	-1.6%	2.3%
Greece	2.8	3.3	3.5	2.9	3.2	4.0	3.6	3.2	2.4	2.5	2.6	0.6%	-0.5%	0.1%
Hungary	11.5	10.7	10.6	9.2	9.8	9.4	8.4	7.8	7.0	7.5	8.0	7.0%	-4.7%	0.3%
Ireland	3.9	4.3	4.5	4.3	4.7	4.1	4.0	3.8	3.7	3.8	4.3	14.0%	-0.8%	0.1%
Italy	69.7	69.5	69.5	63.9	68.1	63.8	61.4	57.4	56.7	55.3	58.1	4.7%	-2.5%	1.8%
Kazakhstan	6.6	8.1	8.0	7.5	8.0	9.0	9.7	10.1	11.3	11.6	12.0	3.8%	6.3%	0.4%
Lithuania	2.5	2.9	2.6	2.2	2.5	2.7	2.7	2.2	2.1	2.7	1.8	-11.1%	-1.8%	0.1%
Netherlands	34.2	33.2	34.6	35.0	39.2	34.3	32.4	32.8	28.6	29.3	30.2	6.4%	-2.3%	0.9%
Norway	4.0	3.8	3.9	3.7	3.7	4.0	3.9	4.0	4.2	4.4	4.4	0.4%	0.8%	0.1%
Poland	12.4	12.4	13.5	13.0	14.0	14.1	15.0	15.0	14.6	14.7	15.6	5.7%	1.9%	0.5%
Portugal	3.7	3.9	4.3	4.2	4.6	4.7	4.0	3.8	3.7	4.3	4.6	8.1%	1.2%	0.1%
Romania	14.4	12.7	12.6	10.5	10.8	11.0	11.2	10.2	9.5	9.0	9.5	6.2%	-4.3%	0.3%
Russian Federation	373.5	379.8	374.4	350.7	372.7	382.1	374.6	372.1	368.7	362.5	351.8	-3.2%	0.2%	11.0%
Slovakia	5.4	5.1	5.2	4.4	5.0	4.6	4.4	4.8	3.8	3.9	4.0	1.6%	-4.1%	0.1%
Spain	31.2	31.8	34.9	31.2	31.1	28.9	26.6	26.1	23.7	24.6	25.2	2.0%	-1.9%	0.8%
Sweden	0.8	0.9	0.8	1.0	1.3	1.1	0.9	0.9	0.8	0.8	0.8	10.0%	-0.9%	*
Switzerland	2.4	2.4	2.5	2.4	2.7	2.4	2.6	2.8	2.4	2.6	2.7	4.8%	0.2%	0.1%
Turkey	27.4	32.5	33.8	32.1	35.1	36.8	37.3	37.8	46.1	39.2	37.9	-3.7%	5.0%	1.2%
Turkmenistan	16.5	19.1	19.3	17.7	20.4	21.2	23.7	20.6	23.0	26.5	28.6	*	6.2%	0.9%
Ukraine	60.3	56.9	54.0	42.1	47.0	48.3	44.6	38.9	33.1	25.9	26.1	0.3%	-8.4%	0.8%
United Kingdom	81.0	81.9	84.4	78.3	84.8	70.3	66.5	65.7	60.0	61.3	69.0	12.2%	-3.3%	2.2%
Uzbekistan	37.7	41.3	43.9	35.9	36.8	42.5	42.5	42.7	43.9	45.2	46.2	2.0%	1.9%	1.4%
Other Europe & Eurasia	15.4	15.6	14.9	13.2	14.4	14.6	14.4	13.4	13.4	13.6	13.9	2.4%	1.4%	0.4%
Total Europe & Eurasia	1009.3	1011.4	1018.9	937.2	1006.5	983.5	966.6	949.0	905.0	909.2	826.9	1.7%	-0.8%	28.0%
Iran	100.8	113.0	119.0	128.4	137.6	146.0	145.4	146.6	165.3	171.7	180.7	5.0%	6.4%	5.6%
Israel	2.1	2.5	3.4	3.8	4.8	4.5	2.3	6.2	6.8	7.6	8.7	14.5%	17.8%	0.3%
Kuwait	11.3	10.9	11.5	11.1	13.1	15.0	16.6	16.8	16.6	19.2	19.7	2.5%	5.7%	0.6%
Qatar	17.2	21.2	17.4	18.7	26.9	17.7	21.1	34.1	32.8	39.5	37.5	6.4%	9.0%	1.2%
Saudi Arabia	66.1	67.0	72.4	70.6	78.9	83.0	89.4	90.0	92.1	94.0	98.4	4.4%	3.9%	3.1%
United Arab Emirates	39.0	44.3	53.5	53.2	54.7	56.9	59.0	60.2	59.3	66.4	69.0	3.6%	5.8%	2.2%
Other Middle East	30.2	30.8	34.6	37.4	41.0	39.9	39.8	42.2	41.7	45.9	47.1	2.7%	5.2%	1.5%
Total Middle East	266.7	289.6	312.5	323.2	356.9	363.0	373.5	396.3	414.7	444.3	461.1	3.5%	5.9%	14.4%
Algeria	21.4	21.9	22.8	24.5	23.7	25.1	27.9	30.0	33.7	35.5	38.0	7.2%	5.4%	1.1%
Egypt	32.9	34.5	36.8	38.3	40.6	44.7	47.3	46.3	43.2	43.8	46.1	7.0%	4.2%	1.4%
South Africa	3.1	3.1	3.4	3.0	3.5	3.7	4.0	4.1	4.6	4.6	4.6	1.3%	4.9%	0.1%
Other Africa	23.3	27.5	27.7	23.8	28.0	28.5	29.3	30.4	32.9	39.2	37.6	4.4%	4.9%	1.2%
Total Africa	80.6	87.0	90.6	89.6	95.8	101.9	108.6	110.9	114.3	122.2	124.3	1.4%	4.8%	3.9%
Australia	22.6	25.3	25.1	26.2	28.0	30.3	30.4	32.0	34.4	38.6	37.0	-4.4%	6.6%	1.2%
Bangladesh	13.4	14.3	15.3	17.5	18.0	18.3	20.0	20.5	21.5	24.2	24.8	2.2%	6.9%	0.8%
China	53.4	65.7	75.7	83.3	100.1	123.4	135.8	154.7	169.6	175.3	189.3	7.7%	15.0%	5.9%
China Hong Kong SAR	2.6	2.5	2.9	2.8	3.4	2.7	2.5	2.4	2.3	3.0	3.0	2.4%	1.9%	0.1%
India	33.5	38.3	37.4	45.6	54.3	55.0	50.8	44.4	43.9	41.2	45.1	9.2%	2.5%	1.4%
Indonesia	33.0	33.0	37.4	37.3	39.1	37.9	38.0	36.7	36.4	36.4	33.9	-7.0%	1.7%	1.1%
Japan	76.4	81.2	84.4	78.7	85.1	95.0	106.2	105.2	106.2	102.1	100.1	-2.2%	3.1%	3.1%
Malaysia	31.8	31.9	35.3	31.8	26.6	31.3	31.9	38.3	38.0	37.6	38.7	2.7%	1.8%	1.2%
New Zealand	3.3	3.6	3.4	3.6	3.9	3.5	3.8	4.0	4.4	4.0	4.2	4.3%	2.3%	0.1%
Pakistan	35.9	36.4	37.3	37.4	38.1	38.1	38.7	38.4	37.7	39.2	40.9	4.2%	1.1%	1.3%
Philippines	2.7	3.2	3.4	3.4	3.7	3.5	3.3	3.0	3.2	3.3	3.4	14.3%	0.6%	0.1%
Singapore	7.7	7.7	8.3	8.7	7.9	7.9	8.5	9.5	9.8	11.0	11.3	2.5%	6.5%	0.4%
South Korea	28.8	31.2	32.1	30.5	38.7	41.7	45.2	47.0	43.0	39.3	40.6	3.6%	5.9%	1.3%
Taiwan	9.1	9.6	10.5	10.2	12.7	14.0	14.7	14.7	15.5	16.5	17.2	3.6%	6.9%	0.5%
Thailand	28.4	30.2	31.8	32.8	37.2	38.1	41.8	42.0	42.9	43.8	43.5	1.0%	4.7%	1.4%
Vietnam	6.3	6.4	6.7	7.2	8.5	7.6	8.4	8.8	9.2	9.6	9.6	0.2%	5.2%	0.3%
Other Asia Pacific	4.9	5.4	5.2	4.8	5.2	5.6	5.6	5.8	6.5	7.0	7.2	2.7%	4.0%	0.2%
Total Asia Pacific	392.0	421.8	449.9	462.0	569.8	563.8	585.5	605.8	624.9	637.6	650.3	2.1%	5.6%	20.3%
Total World	2573.0	2618.8	2748.8	2675.5	2874.2	2526.3	2987.4	3054.4	3073.0	3146.7	3204.1	1.5%	2.3%	100.0%
of which: OECD	1297.7	1308.4	1361.0	1321.8	1404.8	1395.6	1429.4	1457.4	1434.8	1464.9	1495.2	1.8%	1.2%	46.7%
Non-OECD	1275.3	1339.7	1387.0	1353.7	1469.5	1530.7	1568.0	1596.9	1638.2	1681.8	1708.9	1.3%	3.4%	53.3%
European Union	441.1	434.7	445.4	416.5	448.1	404.7	394.7	388.1	344.7	359.2	385.9	7.1%	-2.2%	12.0%
CIS	524.3	534.3	530.1	479.8	513.8	531.9	524.6	517.6	509.8	499.8	482.0	-1.8%	-0.1%	15.4%

출처: BP Statistical Review of World Energy June 2017, p.29.

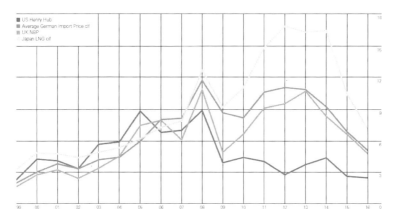

출처: BP Statistical Review of World Energy June 2017, p.33.
* cif: 가스비용(Cost)+보험(Insurance)+운송비(Freight)

<그림 2.1-17> 각 지역 별 천연가스 가격동향 (단위:$/mmBtu)

<그림 2.1-8>과 같이 세계 천연가스 공급가격은 각 지역별로 큰 차이를 보이고 있으며, 미국에서 천연가스 가격이 가장 낮게 형성되어 있고, 일본에서 천연가스 가격이 가장 높게 형성되어 있다. 이와 같이 아시아 지역의 높은 천연가스 가격을 아시아 프리미엄(Asia Premium)이라고 부른다.

<표 2.1-7>에서 보는 바와 같이 아시아에서 천연가스 소비 증가는 중국이 주도하였다. 2006년 534억 입방미터의 천연가스를 소비하던 중국이 2016년에는 1893억 입방미터의 천연가스를 소비하였다. 셰일가스 혁명에 힘입어, 2006년 5604억 입방미터의 천연가스를 소비하였던 미국은 2016년 7163억 입방미터의 천연가스를 소비하였다. 한국의 천연가스 소비도 288억 입방미터에서 409억 입방미터로 증가하였다. 반면에 2006년에 4411억 입방미터의 천연가스를 소비하였던 EU는 2016년에는 3859억 입방미터의 천연가스를 소비하였다.

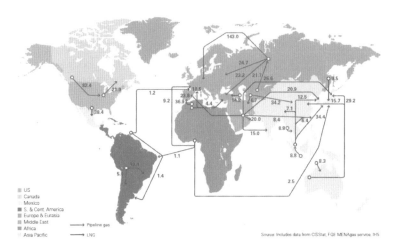

출처: BP Statistical Review of World Energy June 2017, p.35.

<그림 2.1-18> 2016년 전 세계 주요 천연가스 교역 흐름 (단위: 십억 입방미터)

천연가스는 운송방식에 따라서 파이프라인 천연가스(PNG)와 액화천연가스(LNG)로 구분된다. 전 세계 천연가스 교역의 대부분은 PNG를 통해서 이루어지고 있다. 예외적으로 LNG방식이 천연가스 교역의 대부분을 차지하고 있는 지역은 아시아-태평양 지역이다. 아시아-태평양 지역의 LNG비중이 높은 이유는 천연가스 공급국가가 지리적으로 멀리 떨어져 있기 때문이다.

2.2. EU-러시아 가스분쟁과 EU 천연가스 에너지 정책

지구온난화에 따른 온실가스 감축노력과 2011년 후쿠시마 원전사고 이후 원전에 대한 불안감이 증가하고, 태양력과 풍력 등 재생가능에너지의 효율 및 경제성이 아직 확보되지 않은 상황에서 천연가스의 수요가 전 세계 차원에서 증대하고 있다. 온실가스 문제를 일

으킬 수는 있지만, 석유에너지에 비해서 온실가스 배출이 적고, 에너지 효율이 높은 천연가스 자원이 주목을 받고 있는 것이다. 특히 아시아-태평양 지역에서, 보다 더 구체적으로 중국에서, 천연가스 사용은 빠른 속도로 증가하였다.

전 세계 차원의 천연가스 수송에서 PNG(Pipe Natural Gas)와 LNG(Liquefied Natural Gas) 방식이 사용되고 있다. 가장 많이 사용되는 천연가스 운송방식은 PNG방식이지만, 지금까지 천연가스 공급국가와 수요국가 사이의 거리가 먼 아시아-태평양 지역에서는 LNG방식이 가장 많이 사용되고 있다. PNG방식은 천연가스를 액화하는 비용과 이를 수송할 터미널 건설비용 및 초정밀 기술을 활용한 LNG운반선을 통한 높은 운반비용이 필요하지 않기 때문에 중-단거리 천연가스 수송에 유리한 방식이다. 반면에 LNG는 천연가스 파이프라인을 건설하는 비용과 파이프라인 관리비가 들지 않기 때문에 장거리 천연가스 수송에 유리한 방식이다.

<그림 2.2-1>과 <표 2.2-1>에서 볼 수 있듯이 유럽지역은 전 세계 최대의 천연가스 수입지역이다. 그리고 액화천연가스(LNG)형태로 천연가스를 수입하고 있는 아시아 지역과는 달리 대부분의 천연가스를 파이프라인 방식(PNG)으로 수입하고 있다. 2016년 전 세계 PNG 교역량은 7375억 입방 미터였다. 이중에서 유럽지역이 차지하는 비중은 4158억 입방 미터였다. 이는 전 세계 PNG 교역의 대부분이 유럽지역으로 수출되었음을 의미한다.

근거리 천연가스 수송에는 파이프라인을 통한 천연가스 수송(PNG)이 LNG수송에 비해 훨씬 경제적이라고 할 수 있다. 그러나 아시아-태평양 지역국가는 천연가스 공급국가인 중동 및 말레이시아, 인도네시아가 수요국가인 일본-한국-중국 등과 원거리에 위치하

여 현재까지 LNG방식으로 대부분의 가스공급이 이루어졌다. 반면에 유럽국가의 경우, 천연가스의 주요 공급지역이 러시아, 알제리 등 근거리 지역이기 때문에 LNG보다, PNG를 통한 수송이 훨씬 경제적이다.

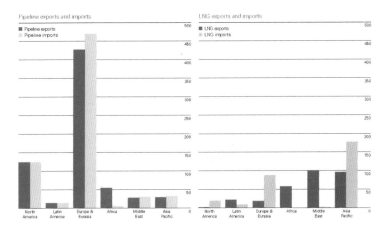

출처: BP, Statistical Review of World Energy (June 2013), p. 29.

<그림 2.2-1> 전 세계 천연가스 교역 현황 (2011년, 십억 입방미터)

<그림 2.2-1>과 <표 2.2-1>에서 볼 수 있듯이, 유럽지역은 전 세계 최대의 천연가스 수입지역이다. 유럽지역에 공급되는 천연가스는 <그림 2.1-18>에서 볼 수 있듯이, 대부분 PNG방식으로 공급되기 때문에, LNG시장에서는 아시아-태평양 지역이 최대 시장이다.

<표 2.2-1>에서 볼 수 있듯이 유럽국가들 간에도 PNG수입규모에서 큰 차이를 보이고 있었다. 2016년에 독일이 993억 입방 미터의 천연가스를 수입하여 최대 PNG 수입국가였고, 이탈리아가 594억 입방 미터의 천연가스를 수입하여 그 뒤를 이었다.

<table 2.2-1> 전 세계 PNG 교역 (2016년, 단위: 십억 입방미터)

Billion cubic metres To	US	Canada	Mexico	Bolivia	Other S. & Cent America	Netherlands	Norway	United Kingdom	Other Europe	Azerbaijan	Kazakhstan	Russian Federation	Turkmenistan	Uzbekistan	Iran	Qatar	Algeria	Libya	Other Africa	Indonesia	Malaysia	Other Asia Pacific	Total imports
US		82.4	†																				82.5
Canada	21.9																						21.9
Mexico	38.4																						38.4
North America	60.3	82.4	†																				142.6
Argentina				5.8	0.4																		6.1
Brazil				10.4																			10.4
Other S. & Cent America					0.3																		0.3
S. & Cent America				16.1	0.7																		16.8
Austria							1.7					5.6											7.3
Belgium						10.9	0.2	5.8				5.4											22.2
Czech Republic							3.3					4.2											7.5
Finland												2.3											2.3
France						4.6	16.6		0.6			10.5											32.3
Germany						22.0	29.7		0.6			46.0											99.3
Greece									0.6			2.5											3.1
Hungary									2.1			5.1											7.2
Ireland								2.7	†														2.7
Italy						9.2	5.9					22.7						17.2	4.1				59.4
Netherlands							19.6	1.6	3.1			14.7											38.0
Poland									2.4			10.2											12.6
Slovakia									10.0			3.4											13.4
Spain							3.2										11.8						15.0
Turkey										6.5		23.2	1.7										37.4
United Kingdom						4.1	28.7		1.3														34.1
Other Europe						0.6	1.7	†	3.6	2.1		10.3						3.5					21.9
Europe						52.5	100.8	10.0	24.4	8.6		166.1	1.7					32.5	4.1				415.8
Belarus												16.6											16.6
Kazakhstan												3.6	1.1	1.6									6.2
Russian Federation										16.1			5.6										21.7
Ukraine								11.1															11.1
Other CIS								†				4.6		0.7									5.1
CIS								11.1		16.1	21.7	1.7		0.7									60.8
Iran										0.2		6.7											6.9
Oman															2.1								2.1
United Arab Emirates															17.9								17.9
Middle East										0.2		6.7			20.0								26.9
South Africa																			4.0				4.0
Other Africa																	4.6	0.1					4.7
Africa																	4.6	4.2					8.8
Australia																						8.3	8.3
China										0.4		29.1	1.3							3.9			38.0
Malaysia																				0.6			0.6
Singapore																				8.2	1.7		9.9
Thailand																					8.8		8.8
Asia Pacific										0.4		29.4	4.3							8.8	12.7	10.0	65.6
Total exports	60.3	82.4	†	16.1	0.7	52.3	109.8	10.0	35.5	8.8	16.6	190.8	37.3	11.4	8.4	20.0	37.1	4.4	4.2	8.8	12.7	10.0	727.5

출처: BP Statistical Review of World Energy June 2017, p.34.

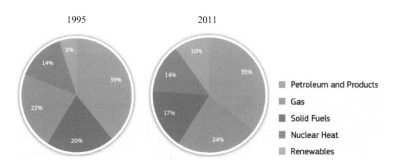

출처: European Commission, EU Energy in figures (2013), p.20.

<그림 2.2-2> EU내 에너지 자원별 소비비중 (1995년, 2011년 단위: %)

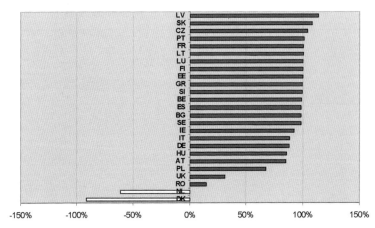

* LV: 라트비아, SK: 슬로바키아, CZ: 체코, PT: 포르투갈, FR: 프랑스, LT: 리투아니아, LU: 룩셈부르크, FI: 핀란드, EE: 에스토니아, GR: 그리스, SL: 슬로베니아, BE: 벨기에, ES: 스페인, BG: 불가리아, SE: 스웨덴, IE: 아일랜드, IT: 이탈리아, DE: 독일, HU: 헝가리, AT: 오스트리아, PL: 폴란드, UK:영국, RO: 루마니아, NL: 네덜란드, DK: 덴마크

출처: European Commission Directorate-General for Energy, Key Figures (June 2011), p.11.

<그림 2.2-3> EU회원국 천연가스 수입의존도

전 세계 최대 천연가스 소비지역인 EU의 에너지 자원별 소비비중에서 천연가스가 차지하는 비중은 지속적으로 확대되어왔다. <그림 2.2-2>에서 볼 수 있듯이, 1995년 전체 에너지 소비에서 22%의 지위를 차지하였던 천연가스는 2011년 24%로 소비비중이 확대되었다. 같은 기간 동안에 석유자원의 비중은 39%에서 35%로, 석탄자원의 비중은 20%에서 17%로 감소하였다.

그런데 전 세계 최대의 천연가스 소비지역인 EU에서 천연가스는, <그림 2.2-3>에서 볼 수 있듯이, 북해에 유전과 가스전을 운영하고 덴마크와 네덜란드를 제외하고는 대부분의 국가가 100% 수입에 의존하고 있다. <표 2.2-2>에서 볼 수 있듯이, EU국가는 대부분의 천연가스를 러시아, 노르웨이, 알제리에서 수입하고 있다. 이 중 러시아가 차지하는 비중이 지속적인 감소추세에 있기는 하지만 아직도 높은 편이라 볼 수 있다.

<표 2.2-2> EU의 주요 천연가스 수입국 (단위: %)

천연가스 수입국	년도								
	2001	2002	2003	2004	2005	2006	2007	2008	2009
러시아	47.7	45.0	45.1	43.8	40.6	39.3	38.4	37.6	34.2
노르웨이	22.8	26.2	25.5	25.0	24.4	25.5	28.2	29.9	30.7
알제리	21.2	21.2	20.0	18.2	18.0	16.4	15.4	14.7	14.1
카타르	0.3	0.9	0.7	1.4	1.6	1.8	2.2	2.2	4.6
리비아	0.4	0.3	0.3	0.4	1.7	2.5	3.0	2.9	2.9
나이지리아	2.3	2.2	3.1	3.7	3.5	4.3	4.7	4.0	2.4
트리니다드 토바고	0.3	0.2	0.0	0.0	0.2	1.3	0.8	1.6	2.2
이집트	0.0	0.0	0.0	0.0	1.6	2.5	1.8	1.7	2.1
오만	0.4	0.4	0.2	0.5	0.6	0.3	0.1	0.1	0.4
기타	4.6	3.7	5.1	7.0	7.8	6.1	5.4	6.3	6.4

출처: "EUROSTAT," http://epp.eurostat.ec.europa.eu/statistics_explained/images/8/8a/Main_origin_of_primary_energy_imports%2C_EU-27%2C_2001-2009_%28%25_of_extra_EU-27_imports%29.png

러시아로 부터 서유럽 국가로 천연가스를 수입하는 구상은 이탈리아의 국영에너지 기업인 ENI가 1966년에 최초로 시도하였다. 그러나 당시 서방진영에서 안보위협에 대한 문제가 재기되면서 협상은 실패하였다. 따라서 유럽국가로 러시아의 최초의 천연가스 파이프라인은 1967년에 당시 사회주의 진영이었던 체코슬로바키아까지만 도달하는 것으로 건설되었다. 이후 1967년 오스트리아의 에너지 기업인 OMV가 구 소련과 천연가스 도입을 위한 장기계약을 체결하였다. 본격적으로 구 소련의 천연가스가 서방으로 수입되게 된 계기는, 1968년에 서독의 루르가스(Ruhrgas)가 구 소련과 천연가스 도입 계약을 체결하면서 부터였다. 1973년과 1974년에 이르러서는, 구 소련의 천연가스가 서독, 프랑스, 핀란드까지 수출되기에 이르렀다.[9]

<표 2.2-3> 유럽천연가스 수입가격(현물가격, 단위:$/MMBtu)

년/월	CIS-유럽평균	알제리 LNG 유럽평균	년/월	CIS-유럽평균	알제리 LNG 유럽평균	년/월	CIS-유럽평균	알제리 LNG 유럽평균
2004.02	3.39	4.41	2006.10	8.65	11.28	2009.06	8.6	7.41
2004.03	3.39	4.38	2006.11	8.65	11.26	2009.07	6.18	7.53
2004.04	3.48	4.52	2006.12	8.65	10.93	2009.08	6.18	8.3
2004.05	3.48	4.63	2007.01	8.39	10.58	2009.09	6.18	8.83
2004.06	3.48	4.9	2007.02	8.39	10.26	2009.10	6.45	9.67
2004.07	3.81	5.1	2007.03	8.39	9.7	2009.11	6.45	10.32
2004.08	3.81	5.35	2007.04	7.83	9.27	2009.12	6.45	10.98
2004.09	3.81	5.68	2007.05	7.83	9.23	2010.01	7.59	11.5
2004.10	4.34	5.96	2007.06	7.83	9.47	2010.02	7.59	11.5
2004.11	4.34	6.36	2007.07	7.79	9.86	2010.03	7.59	12.02
2004.12	4.34	6.45	2007.08	7.79	10.24	2010.04	8.35	8.46
2005.01	5.06	6.62	2007.09	7.79	10.88	2010.05	7.99	8.71
2005.02	5.06	6.7	2007.10	8.56	11.31	2010.06	8.21	9.29
2005.03	5.06	6.78	2007.11	8.56	11.8	2010.07	8.63	9.43
2005.04	5.51	7.06	2007.12	8.56	12.21	2010.08	8.68	9.98
2005.05	5.51	7.2	2008.01	10.27	12.88	2010.09	8.64	9.82
2005.06	5.51	7.38	2008.02	10.27	13.42	2010.10	8.77	9.54
2005.07	6.13	7.84	2008.03	10.27	13.87	2010.11	8.64	9.82
2005.08	6.13	8.3	2008.04	11.9	14.49	2010.12	8.82	10.2
2005.09	6.13	8.27	2008.05	11.9	15.24	2011.01	9.2	11.31
2005.10	6.96	8.83	2008.06	11.9	16.02	2011.02	9.17	11.13
2005.11	6.96	9.6	2008.07	14.36	16.84	2011.03	9.16	11.32
2005.12	6.96	9.7	2008.08	14.36	17.98	2011.04	10.05	12.28
2006.01	7.66	9.73	2008.09	14.36	19.18	2011.05	10.05	12.55
2006.02	7.66	9.73	2008.10	16.02	19.81	2011.06	10.04	12.47
2006.03	7.66	9.81	2008.11	16.02	19.83	2011.07	11.34	13.06
2006.04	8.14	9.66	2008.12	16.02	18.85	2011.08	11.3	10.81
2006.05	8.14	9.58	2009.01	14.47	16.88	2011.09	11.29	11.08
2006.06	8.14	9.66	2009.02	11.47	11.84	2011.10	12.34	13.55
2006.07	8.4	10.14	2009.03	11.47	11.86	2011.11	12.29	13.79
2006.08	8.4	10.62	2009.04	8.6	9.81	2011.12	12.33	14.04
2006.09	8.4	10.92	2009.05	8.6	8.12	2012.01	12.64	13.81

출처: 국가에너지통계종합정보시스템

---

9) Nina Poussenkova, 2010, "The Global Expansion of Russia's Energy Giants," Journal of International Affairs, vol. 63, no. 2, pp. 103-124.

이후 냉전이 종식되면서, 국내의 저가 에너지 정책에 고통받던 러시아의 가즈프롬이 적극적으로 서유럽으로 가스 수출을 시작하였다. 그 결과 러시아에서 서유럽으로 가스수출은 1973년 68억 입방미터에서 1990년 1100억 입방미터로 확대되었다.[10]

러시아 천연가스가 EU 천연가스 시장에서, <표 2.2-2>에서 보는 바와 같이, 높은 시장점유율을 차지할 수 있었던 주요요인은 러시아 천연가스의 가격경쟁력이었다. <표 2.2-3>에서 볼 수 있듯이, 러시아의 천연가스는 서유럽의 주요 천연가스 공급국의 하나인 알제리의 천연가스에 비해 해마다 10-20% 낮은 가격으로 서유럽 지역으로 수출되었다. 이와 같은 환경 속에서 서유럽 국가의 러시아에 대한 천연가스 의존도는 냉전 종식이후 점차 심화되었다.

러시아와 EU의 에너지 분야에서 교역은 빠른 속도로 발전하였다. <표2.2-2>에서 볼 수 있듯이, 러시아는 EU 최대의 천연가스 공급원이 되었다.

<표 2.2-4>에서 볼 수 있듯이, 키프로스, 덴마크, 아일랜드, 몰타, 포르투갈, 스페인, 영국을 제외한 모든 EU회원국은 러시아의 천연가스를 소비하고 있고, 오스트리아, 불가리아, 체코, 에스토니아, 핀란드, 그리스, 헝가리, 라트비아, 리투아니아, 폴란드, 슬로베니아, 슬로바키아, 스웨덴 등의 회원국은 러시아 천연가스에 높은 의존도를 보이고 있다. 문제는 러시아 천연가스에 대한 높은 의존도 때문에, 러시아 천연가스공급에 문제가 발생하면 피해는 고스란히 EU회원국이 입게 된다는 점이다.

---

10) "가즈프롬," http://www.gazpromexport.ru/en/statistics/

<표 2.2-4> EU회원국의 전체 천연가스 소비량 대비 러시아 천연가스 의존도 현황

회원국	(%)	회원국	(%)	회원국	(%)	회원국	(%)
오스트리아	52.2	에스토니아	100.0	이탈리아	19.8	포르투갈	0.0
벨기에	43.2	핀란드	100.0	라트비아	100.0	루마니아	24.2
불가리아	100.0	프랑스	17.2	리투아니아	100.0	슬로바키아	63.3
크로아티아	37.1	독일	39.9	룩셈부르크	27.9	슬로베니아	57.4
키프로스	0.0	그리스	54.8	몰타	0.0	스페인	0.0
체코	80.5	헝가리	49.5	네덜란드	5.8	스웨덴	100.0
덴마크	0.0	아일랜드	0.0	폴란드	54.2	영국	0.0

출처: CRS Report for Congress[11]

가장 유명한 사례는 2009년 러시아-우크라이나 천연가스분쟁에 따른 러시아 천연가스의 EU지역 공급중단 사태이다. 러시아는 우크라이나의 천연가스대금 미지급과 신규천연가스 가격협상이 결렬되면서, 2009년 1월 1일부터 우크라이나에 대한 천연가스공급을 전면 중단하였다. 처음에는 우크라이나행 천연가스공급만을 중단하였지만, 우크라이나가 유럽행 천연가스를 가로채고 있다고 비난하면서, 1월 7일에 유럽행 천연가스공급을 전면 중단하였다. 결국 유럽각국에서 비상사태가 선포되었고, 일부국가에서는 가스난방 중단에 따른 사망자가 발생하기도 하였다. 이에 EU가 개입하여 EU-러시아-우크라이나 간의 3자 협상이 시작되었고, 2009년 1월 12일에 천연가스 공급재개에 합의하였다.

---

11) Michael Ratner, Paul Belkin, Jim Nichol, Steven Woehrel, Europe's Energy Security: Options and Challenges to Natural Gas Supply Diversification. CRS Report for Congress (August 20, 2013), p. 10.

이와 같은 러시아와 주변국과의 가스분쟁은 과거에도 빈번하게 발생하였다. 이미 2006년에도 러시아와 우크라이나 간에 가스분쟁이 있었다. 항상 러시아 정부가 천연가스 공급가격 현실화를 요구하는 가운데 분쟁이 발생하였다.

러시아가 천연가스공급에서 주변국과 갈등을 빚고 있는 주요 원인 중의 하나는 러시아가 공급하는 천연가스가격에 일관성이 없다는 점이다. <표 2.2-5>에서 보는 바와 같이 러시아가 주변국에 수출하는 가스가격은 수입국에 따라 큰 편차를 보이고 있다.

<표 2.2-5> 러시아의 유럽, CIS국가 가스공급가격 추이 (단위: US$, 1000입방미터)

구분		2005	2006	2007	2008	비고
CIS 국가	우크라이나	50	95	130	179.5	친서방
	그루지야	62.5	110	235	235	친서방
	아르메니아	54-56	110	110	110	친러시아
	아제르바이잔	63	110	-		
	몰도바	71/80	110/160	170/180	191/212/240	
	벨라루시	46.7	46.7	100	119~128	친러시아
발트 3국	에스토니아	90	120	192	시장가격	EU회원국
	라트비아	92~94	120	180	시장가격	
	리투아니아	85	120	190/240	시장가격	
EU회원국		192	262	269	시장가격	

출처: 지식경제부 에너지경제연구원[12]

---

12) 지식경제부 에너지경제연구원, 『러시아천연가스 도입의 공급안정성 확보방안』, 동북아에너지연구출연사업 정책연구사업 09-05 (2009), p. 10.

제2편 화석연료: 석탄, 석유, 천연가스 57

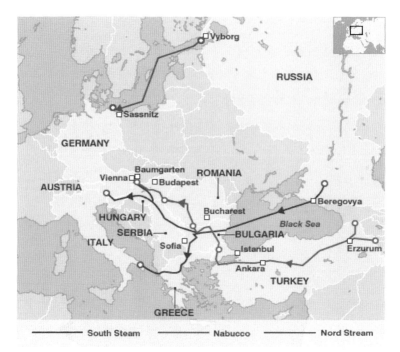

출처: BBC[13]

<그림 2.2-4> 천연가스 파이프라인 프로젝트

　이와 같이 러시아 가스공급의 불확실성 문제를 지속적으로 경험한 EU국가들은 이를 해결하기 위하여 러시아를 통과하지 않는 천연가스 파이프라인 건설 프로젝트인 나부코(NABUCCO) 계획을 2002년부터 추진하여, 2009년 7월 13일 나부코 계획 관련국가 정상들이 터키 수도 앙카라에서 프로젝트 합의문에 서명을 하였다.

　나부코 파이프라인은 카스피해, 이라크, 이란 등의 천연가스를 터키, 불가리아, 루마니아, 헝가리, 오스트리아를 거쳐 유럽으로 공급

13) "BBC뉴스 (2009년 7월 13일자)," http://news.bbc.co.uk/2/hi/8147053.stm

하는 것을 목표로 하는 것이었다.

그러나 러시아는 자국을 배제하는 나부코 파이프라인 계획에 맞서서, 러시아 및 카스피해의 천연가스를 흑해를 통과하고 불가리아를 경유하여 서유럽으로 공급하는 "사우스스트림(South-Stream)"과 발트해를 통해 러시아의 천연가스를 독일로 직접 공급하는 "노드스트림(Nord-Stream)"을 추진하였다. 그 결과 노드스트림은 2011년에 개통되는 성과를 보였다.

반면에 나부코 파이프라인 계획은 통과국이 많고 각국간의 이견이 많아서 실현되려면 아직 더 많은 시간이 필요한 실정이다. 또한 나부코 파이프라인에 대항하는 사우스스트림 계획에 이탈리아 국영 에너지 기업인 ENI가 참여하고 있어, 나부코 프로젝트의 전망을 더욱 어둡게 하고 있다.

따라서 EU차원에서 러시아의 천연가스 의존도를 줄이고자 하는 노력과 이에 대한 장애물이 끊임없이 충돌하는 가운데, 가까운 미래에 러시아에 의한 EU지역의 천연가스 공급불안 문제는 해소되기 어려울 전망이다. 실제로 러시아로부터 천연가스 공급불안 문제는 또 다시 발생하였다.

2012년 초 폭설을 동반한 강추위가 유럽 전역을 강타하면서 유럽 각국에서 한파로 250여명이 목숨을 잃었다.[14] 문제는 이러한 상황에서 러시아가 가스 공급을 줄이면서 유럽에서 난방용 가스 부족현상이 또 다시 발생했다는 점이다. 마를렌 홀츠너 유럽연합(EU) 집행위원회 대변인은 "러시아가 오스트리아와 불가리아, 독일, 그리스, 헝가리, 이탈리아 등 9개국에 대한 가스 공급을 최대 30% 정도 줄

---

14) "조선일보 기사 (2012년 2월 6일자)," http://news.chosun.com/site/data/html_dir/2012/02/06/2012020600208.html

였다"고 밝혔다. 그리고 러시아의 가스공급업체인 가스프롬은 혹한
으로 인한 러시아의 가스수요 급증을 이유로 EU측의 가스공급 정상
화 요구를 거절하였다.

이처럼 지속적인 러시아로부터의 천연가스 공급의 불안정성을 경
험한 EU에서, 러시아 천연가스는 EU전체 천연가스 수입비중에서
2002년 45.2%라는 높은 비중을 차지한 이후 지속적으로 감소하고
있다. 2013년에는 러시아 천연가스가 EU전체 천연가스 수입비중에
서 17.5%까지 감소하기도 하였다.

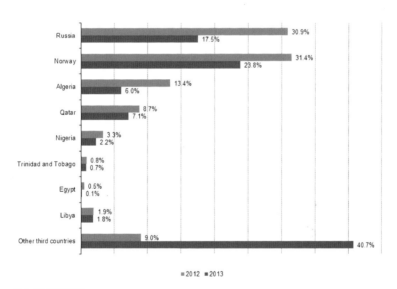

출처: EU집행위원회
http://ec.europa.eu/eurostat/statistics-explained/index.php/Natural_gas_consumption_statistics

<그림 2.2-5> EU의 주요 천연가스 공급국가

다른 주목할 점은 EU가 의도적으로 주요 천연가스 공급국가에서
천연가스 수입비중을 낮추어 왔다는 점이다. 2012년에 러시아, 노르

웨이, 알제리 등 3대 천연가스 수입국가에서 수입한 비중이 75.7%에 달하였다. 이에 대해서는 EU집행위원회도 문제점을 인식하였다.[15] 이에 따라 EU는 다른 국가로부터 천연가스 수입을 확대하였다. 3대 천연가스 수입국가가 차지하는 비중은 2013년에 47.3%로 하락하였다. 반면에 2013년에 주요 수입국이 아닌 곳에서 EU시장에 공급되는 천연가스가 차지하는 비중은 무려 40.7%에 달하였다. 카타르의 경우도 EU천연가스 수입에서 차지하는 비중이 2002년에 1%에 불과하였으나 2011년에 11%까지 확대되었다가 2013년에 7.1%로 하락하였다.

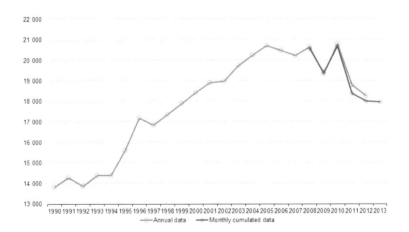

출처: EU집행위원회
   http://ec.europa.eu/eurostat/statistics-explained/index.php/Natural_gas_consumption_statistics

<그림 2.2-6> EU천연가스 소비현황 (단위: 1000 테라줄)

---

15) "EU에너지자원 수출입 현황(EU집행위원회)",
    http://ec.europa.eu/eurostat/statistics-explained/index.php/Energy_production_and_imports

이와 같이 EU는 러시아-우크라이나 문제로 러시아 천연가스 수입이 중단되었던 경험을 이미 2006년과 2009년에 겪었기 때문에, 에너지 안보차원에서 천연가스 수입선을 지속적으로 다변화하였다.

이와 같이 EU의 천연가스 수입선 다변화가 빨리 진행될 수 있었던 원인 중 하나는 EU의 천연가스 소비 감소이다.

또한 EU시장 천연가스 공급가격 단일화 문제와 관련하여, 최근 EU집행위원회와 러시아의 가스프롬 사이의 논쟁에 따라서 러시아 천연가스 소비는 EU에서 더욱 위축될 수 도 있다. 월스트리트저널(Wall Street Journal) 4월 13일자에 따르면, 러시아 가스프롬 사장은 EU가 러시아 에너지 시장 지배력 감소를 위해 압력을 행사한다면, EU는 더 비싼 천연가스 가격을 지불하는 문제에 직면할 것이라고 언급하였다.

러시아에서 EU로 수입되는 천연가스 가격은 EU 회원국마다 다르게 책정되어 있다. 단일시장인 EU에서 이와 같은 상황은 문제의 소지가 있어서, EU집행위원회는 천연가스 시장을 단일화하려는 노력을 하고 있다.

알렉세이 밀러(Alexei Miller) 가스프롬 사장은 EU가 EU시장에 대한 러시아 천연가스 공급가격을 단일화하려 한다면, 많은 국가에서 천연가스 가격이 인상될 것이라고 언급하였다. "EU집행위원회가 천연가스 단일시장 가격을 고집한다면, 단일가격은 최저가격이 아닐 것이다. 이는 명백히 최고가격이 될 것이다."라고 주장하였다.

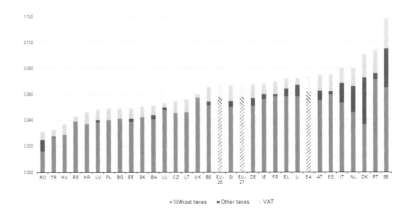

출처: EU집행위원회
http://ec.europa.eu/eurostat/statistics-explained/index.php/Electricity_and_natural_gas_price_statistics

<그림 2.2-7> EU 가정용 천연가스 가격 현황 (유로/kWh)

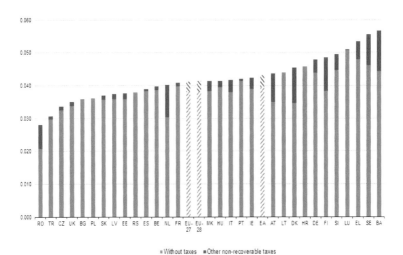

자료: EU집행위원회
http://ec.europa.eu/eurostat/statistics-explained/index.php/Electricity_and_natural_gas_price_statistics

<그림 2.2-8> EU 산업용 천연가스 가격 현황 (유로/kWh)

이와 같은 상황은 주요 수입국에 대한 천연가스 시장점유율을 낮추려는 EU의 움직임을 더욱 가속화할 것으로 예상된다.

실제로 단일시장인 EU에서 천연가스 소비자 가격은 지나치게 차이가 나고 있다. 포르투갈의 천연가스 소비자 가격은 루마니아의 천연가스 소비자 가격에 비해 거의 4배 정도 비싸다. 이는 산업용 천연가스의 경우에도 같은 현상이 발생하고 있다. 루마니아의 산업용 천연가스 가격은 룩셈부르크에 비해서 절반이하에 공급되고 있다. 천연가스 세전 가격에서 이와 같은 차이점이 발생한다는 점은 EU회원국에 공급되는 천연가격에 차이가 있음을 의미한다.

이와 같이 EU시장에서 러시아 천연가스 수출확대에 장애가 발생하고 있는 상황에서, 러시아는 중국으로의 천연가스 수출에서 활로를 찾으려하고 있다. 이는 중국 역시 중국의 스모그 문제의 주범의 하나인 석탄이용 감소를 위해서 천연가스 공급을 늘려야하는 상황이기 때문에, 양국 간의 협력은 탄력을 받고 있다.

2015.5.2 푸틴 러시아 대통령은 중-러 양국 정부가 체결한 동부 파이프라인(Power of Siberia Pipeline)을 통한 천연가스 공급 협약을 정식 비준하고, 동부 파이프라인(약 4,000km, 건설자금 규모 550억 미불) 건설 추진에 대한 기초를 마련하였다. 러시아측은 새로운 천연가스전(Yakutia)을 개발, 2018년부터 천연가스를 극동지역을 통해 중국 동북 지역으로 공급할 계획(연간 380억㎥, 30년간 총 4천억 미불 규모)이며, 이를 위해 러시아 Gazprom과 중국석유천연가스그룹(CNPC)간 계약이 2014년 5월에 체결되었고, 2014년 10월 13일에 중-러 정부간 최종 협정이 체결되었다.

한편, 시베리아 서부 파이프라인(Altai(알타이) Pipeline)은 중-러간 아직 포괄협의 단계에 머물러 있으나, 동부 파이프라인을 통한 천연가스 공급 협약 비준으로 러시아측은 중국과 서부 파이프라인(약 2,700km, 건설규모 140억 미불) 건설 협정을 조속히 체결하고자 노력할 것으로 예상된다. 러시아는 향후 3-5년내 천연가스를 시베리아 서부로부터 알타이 지역을 거쳐 중국 신장 지역으로 공급한다는 계획을 갖고 있다. 특히 서부 파이프라인은 현재 가스전이 이미 건설되어 있는 반면, 동부 파이프라인은 신규 가스전에 대한 투자와 개발이 필요하기 때문에, 서부 파이프라인에 대한 논의가 가속화되면 이는 탄력을 받을 것으로 예상된다. 특히 EU로의 천연가스 수출 감소로 새로운 시장이 필요한 러시아 입장에서 서부 파이프라인을 통한 중국으로의 천연가스 공급은 적은 비용으로 천연가스 대체 수요원을 찾을 수 있다는 점에서 매력적이다. 그러나 중국의 입장에서 중국 서부지역은 에너지자원이 풍부한 지역이며, 다시 중국내의 에너지 거점 수요지역에 시베리아 천연가스 공급을 위해서는 중국 내 파이프라인 건설이 필요하기 때문에, 중국은 동부 파이프라인을 선호하고 있다.

이처럼 에너지 안보와 경제적 이익이라는 계산에 따라서, EU-러시아 관계의 변화는 중국-러시아 관계도 급속도로 변화시키고 있다.

2.3. 동아시아 국가의 천연가스 에너지 정책과 아시아 프리미엄 문제

동북아시아는 전 세계 최대의 LNG 소비지역으로 부상하고 있다. 중국에서 전통적인 에너지원이었던 석탄이, 온실가스와 스모그 배출의 심각성의 문제로 비판을 받으면서, 천연가스 사용량이 증가하고 있다. 동북아시아 최대의 천연가스 소비지역인 일본의 경우에는 후쿠시마 원전 사태이후 원자력발전을 다른 에너지원으로 대체해야하는 필요성이 대두되면서, 천연가스 수요가 더욱 증가하였다. 특히 아시아-태평양 지역에서 천연가스 자원의 이용은 빠른 속도로 증가하고 있다.

<표 2.3-1> 전 세계 LNG 교역 (2016년, 단위: 십억 입방미터)

Billion cubic metres / To	US*	Brazil	Peru	Trinidad & Tobago	Norway	Other Europe	Russian Federation	Oman	Qatar	United Arab Emirates	Algeria	Angola	Egypt	Equatorial Guinea	Nigeria	Australia	Brunei	Indonesia	Malaysia	Papua New Guinea	Other Asia Pacific	Total imports
US	–	–	–	2.3	0.1	–	–	–	–	–	–	–	–	–	–	–	–	–	–	–	–	2.5
Canada	†	–	–	0.2	0.1	–	–	–	–	–	–	–	–	–	–	–	–	–	–	–	–	0.3
Mexico	0.7	0.1	2.9	0.5	–	–	–	–	0.1	–	–	0.1	0.8	0.4	–	0.3	–	–	–	–	–	5.9
North America	0.7	0.1	2.9	3.1	0.1	–	–	–	0.1	–	–	0.1	0.9	0.4	–	0.3	–	–	–	–	–	8.7
Argentina	0.4	0.4	–	1.4	0.5	0.3	–	–	1.1	–	0.2	†	–	0.1	0.8	0.1	–	–	–	–	–	5.2
Brazil	0.2	–	–	0.3	0.3	0.2	–	–	0.7	–	–	0.1	–	0.2	1.1	–	–	–	–	–	–	3.0
Chile	0.7	–	–	3.2	0.2	0.1	–	–	0.1	–	–	–	0.1	–	–	–	–	–	–	–	–	4.3
Other S. & Cent. America	0.1	–	–	2.4	0.2	0.2	–	–	–	–	–	–	0.1	0.1	–	–	–	–	–	–	–	3.0
S. & Cent. America	1.5	0.4	–	7.2	1.1	3.7	–	–	1.8	–	0.2	0.1	–	0.4	2.0	0.1	–	–	–	–	–	15.5
Belgium	–	–	–	–	–	–	–	–	2.7	†	–	–	–	–	–	–	–	–	–	–	–	2.8
France	–	–	0.2	–	0.6	†	–	–	0.8	–	6.2	–	–	–	1.9	–	–	–	–	–	–	9.7
Italy	0.1	–	–	0.1	†	–	–	–	5.2	–	0.1	–	–	–	†	–	–	–	–	–	–	5.7
Spain	0.1	–	1.7	0.6	0.7	†	–	–	2.6	–	2.9	0.1	–	–	4.5	–	–	–	–	–	–	13.2
Turkey	0.2	–	–	0.3	0.1	0.2	–	–	1.0	–	4.4	–	0.1	–	1.4	–	–	–	–	–	–	7.7
United Kingdom	–	–	–	0.1	0.2	0.1	–	–	9.6	–	0.4	–	–	–	†	–	–	–	–	–	–	10.5
Other Europe & Eurasia	0.1	–	–	0.2	2.4	1	†	–	1.9	0.1	0.9	–	–	–	1.3	–	–	–	–	–	–	6.9
Europe & Eurasia	0.5	–	2.0	1.2	4.1	0.5	†	–	23.7	0.1	14.9	0.1	0.1	–	9.7	–	–	–	–	–	–	56.4
Middle East	–	–	1.1	0.2	0.9	–	1.3	4.5	–	–	0.1	0.2	1.2	3.7	0.9	–	0.1	–	–	–	–	14.2
Africa	0.1	–	–	0.5	0.3	0.9	–	–	6.4	–	–	0.1	1.4	0.4	–	–	0.1	–	–	0.1	–	10.2
China	0.3	–	0.3	0.2	0.2	†	0.3	–	0.1	6.5	–	–	0.1	–	0.4	15.7	0.1	3.7	3.4	2.9	0.2	34.3
India	0.5	0.1	0.1	0.6	0.1	0.3	–	0.3	14.0	0.7	0.1	0.4	0.1	1.4	2.7	1.2	–	–	0.1	–	–	22.5
Japan	–	–	0.1	–	0.1	9.5	–	3.3	15.8	6.5	0.4	–	0.1	0.4	2.5	29.2	5.5	8.7	20.2	5.5	0.2	108.5
Malaysia	–	–	0.1	–	0.1	–	–	0.1	0.1	–	–	0.1	–	–	–	0.7	0.5	–	–	–	–	1.6
Pakistan	–	–	0.2	–	0.1	–	–	–	2.9	–	–	–	0.4	0.3	0.2	–	–	–	–	–	–	4.0
Singapore	–	–	0.1	–	–	–	–	–	0.8	0.1	–	–	0.1	0.2	–	1.6	–	–	0.1	–	†	3.0
South Korea	0.3	–	0.2	–	0.1	0.1	2.4	5.3	15.6	–	0.2	0.1	–	0.1	0.7	6.1	1.8	5.7	5.0	0.2	0.1	43.9
Taiwan	–	–	0.1	0.1	–	1.7	0.2	8.2	0.1	0.1	–	0.1	0.6	0.3	0.4	2.6	3.3	1.8	–	–	–	19.5
Thailand	–	–	–	0.1	–	–	–	0.1	4.1	–	–	–	–	–	–	–	–	–	–	–	–	4.2
Other Asia Pacific	–	–	–	–	–	–	–	–	–	–	–	–	–	–	–	–	–	0.1	–	–	–	0.1
Asia Pacific	1.0	0.1	0.6	1.2	0.6	1.3	13.9	9.4	68.0	7.1	0.7	0.5	0.6	2.6	7.1	56.1	8.3	20.8	32.0	10.4	0.4	241.6
Total exports	4.4	0.6	5.5	14.3	6.3	4.2	14.0	10.6	104.4	7.4	15.9	0.8	0.7	4.3	23.7	56.8	8.3	21.2	32.1	10.4	0.5	346.6

출처: BP Statistical Review of World Energy June 2017, p.34.

2016년 기준으로 한국, 일본, 중국 등 3개국의 LNG 수입량은 1653억 입방미터로 전 세계 총 LNG 수입의 47%를 차지하고 있다. 그럼에도 불구하고 동북아시아 지역은 다른 지역에 비해서 훨씬 비싼 가격으로 천연가스를 공급받고 있는 "아시아 프리미엄" 현상이 지속되고 있다. 이는 지역 내에 영국의 NBP, 미국의 헨리허브와 같은 지역적 가격거래 시스템이 부재한 것이 이와 같은 요인 중 하나이다. 위와 같은 폐해를 없애기 위한 방안으로 '동북아 LNG 허브'를 구축해야 한다는 의견이 표출되고 있다.

실제 국내기업 중 효성그룹은 지난 2010년 아시아LNG허브를 출범하고 동북아 국가의 구매력을 앞세워 저렴하고 안정적으로 LNG

를 구입할 수 있도록 동북아 LNG 스팟시장을 건설할 계획이었다. 아시아LNG허브는 한국 남해안 저장시설에 LNG를 저장했다가 타 국가에 판매하는 350만톤 규모의 LNG 허브 터미널 구축 사업을 의 욕적으로 추진하였다. 그러나 한국에서 LNG허브를 운영한다는 계 획을 2010년부터 추진하였던 효성그룹이 2014년 2월 12일 LNG허 브 설립계획을 철회하였다. 이는 효성기업이 한국, 중국, 일본에서 증대하는 천연가스 시장의 잠재력만을 보았지, 각국 천연가스 산업 환경의 차이점 및 천연가스에 관련된 해당국 정부정책 및 기업전략 에 대해 면밀하게 검토하지 않았기 때문이다.

천연가스는, <표 2.3-2>에서 볼 수 있듯이, 한국의 에너지 공급의 측면에서 석유와 석탄에 이은 제 3 에너지원으로서 지위를 차지하 고 있다.

<표 2.3-2> 한국의 1차 에너지 공급비중 (1차 에너지원별 구성비, 1981-2010년, 단위: %)

	석탄	석유	천연가스	수력	원자력	신재생에너지
1981	33.3	58.1	-	1.5	1.6	5.5
1982	33.9	57.6	-	1.1	2.1	5,3
1983	33.4	55.9	-	1.4	4.5	4.8
1984	37.1	51.6	-	1.1	5.5	4.7
1985	39.1	48.2	-	1.6	7.4	3.6
1986	38.0	46.4	0.1	1.6	11.5	2.4
1987	34.8	43.7	3.1	2.0	14.5	1.9
1988	33.4	47.0	3.6	1.2	13.3	1.5
1989	30.0	49.6	3.2	1.4	14.5	1.3
1990	26.2	53.8	3.2	1.7	14.2	0.9
1991	23.7	57.5	3.4	1.2	13.6	0.6
1992	20.4	61.8	3.9	1.0	12.2	0.6
1993	20.4	61.9	4.5	1.2	11.5	0.5
1994	19.4	62.9	5.6	0.7	10.7	0.7
1995	18.7	62.5	6.1	0.9	11.1	0.7

1996	19.5	60.5	7.4	0.8	11.2	0.7
1997	19.3	60.4	8.2	0.7	10.7	0.7
1998	21.7	54.6	8.4	0.9	13.5	0.9
1999	21.0	53.6	9.3	0.9	14.2	1.0
2000	22.3	52.0	9.8	0.7	14.1	1.1
2001	23.0	50.7	10.5	0.5	14.1	1.2
2002	23.5	49.1	11.1	0.6	14.3	1.4
2003	23.8	47.6	11.2	0.8	15.1	1.5
2004	24.1	45.7	12.9	0.7	14.8	1.8
2005	24.0	44.4	13.3	0.6	16.1	1.7
2006	24.3	43.6	13.7	0.6	15.9	1.9
2007	25.2	44.6	14.7	0.5	13.0	2.0
2008	27.4	41.6	14.8	0.5	13.5	2.2
2009	28.2	42.1	13.9	0.5	13.1	2.2
2010	29.2	39.5	16.3	0.5	12.1	2.3
2011	30.2	38.0	16.7	0.6	12.0	2.4
2012	29.1	38.1	18.0	0.6	11.4	2.9

출처: 2013년 에너지통계연보[16]

한국가스공사가 천연가스를 국내에 도입하기 시작한 1986년에, 1
차 에너지 공급에서 천연가스가 차지하는 비중은 불과 0.1%에 불과
하였다. 그러나 이듬해인 1987년에 천연가스는 이미 수력에너지 보
다 국내에너지 공급에서 차지하는 비중이 커졌고, 2012년에는 전체
1차 에너지 공급에서 18%의 비중을 차지할 정도로 급격하게 국내
에너지 이용에서 중요성이 증가하였다.

이를 양적으로 살펴보면, <표 2.3-3>에서 볼 수 있듯이, 1986년
11만 7천톤의 액화천연가스(LNG)가 한국에 도입된 이래 한국에서
천연가스 이용은 급속도로 증가하여 2011년에는 3618만 4천톤을
수입하여 천연가스 이용이 26년의 기간 동안 309배 증가하였다.

---

16) 산업통상자원부 에너지경제연구원. 『2013년 에너지 통계연보』(2014), pp. 4-5.

<표 2.3-3> 한국의 LNG 수급동향 (단위: 천톤)

연도	1986	1987	1988	1989	1990	1991	1992
도입량	117	1,682	2,063	2,014	2,291	2,758	3,425
연도	1993	1994	1995	1996	1997	1998	1999
도입량	4,454	5,928	7,060	9,595	11,629	10,600	12,973
연도	2000	2001	2002	2003	2004	2005	2006
도입량	14,578	16,164	17,828	19,434	22,153	22,341	25,222
연도	2007	2008	2009	2010	2011	2012	
도입량	25,558	27,259	25,822	32,604	36,685	36,184	

출처: 2013년 에너지통계연보[17]

<표 2.3-4> 한국의 LNG 수입국별 수입현황 (단위: 천톤)

연도	합계	인도네시아	카타르	말레이시아	오만	브루나이	호주	이집트	기타
1988	1,898	1,898	-	-	-	-	-	-	-
1989	2,015	2,015	-	-	-	-	-	-	-
1990	2,237	2,237	-	-	-	-	-	-	0
1991	2,494	2,436	-	58	-	-	-	-	-
1992	2,994	2,935	-	58	-	-	-	-	-
1993	4,459	4,112	-	290	-	-	57	-	-
1994	5,996	5,433	-	292	-	271	-	-	-
1995	6,756	4,892	-	1,040	-	710	114	-	-
1996	9,258	5,975	-	2,573	-	654	56	-	0
1997	11,471	6,730	-	3,928	-	757	-	-	56
1998	10,189	6,736	-	2,851	-	541	-	-	61
1999	12,284	7,943	480	3,046	-	698	-	-	117
2000	15,239	6,633	3,251	2,529	1,619	849	54	-	304
2001	15,318	4,055	4,655	2,175	3,784	591	57	-	0
2002	17,993	5,256	5,123	2,400	3,970	769	176	-	298
2003	19,308	5,200	5,694	2,798	4,714	610	123	-	169
2004	21,781	5,290	5,818	4,638	4,411	838	285	-	501
2005	22,317	5,502	6,211	4,688	4,244	594	748	270	62
2006	25,256	5,060	6,458	5,546	5,221	850	701	955	466
2007	25,569	3,755	8,031	6,161	4,792	590	422	1,122	695
2008	27,259	3,053	8,744	6,247	4,544	738	398	1,414	2,121
2009	25,822	3,084	6,973	5,874	4,551	530	1,314	239	3,257
2010	32,603	5,451	7,449	4,745	4,557	787	1,030	735	7,850
2011	36,685	7,894	8,153	4,144	4,195	756	787	456	10,299
2012	36,184	7,445	10,278	4,082	4,127	773	832	602	8,045

출처: 2013년 에너지 통계연보[18]

---

17) 산업통상자원부 에너지경제연구원. 『2013년 에너지 통계연보』(2014), p. 7.

<표 2.3-4>에서 볼 수 있듯이, 한국은 1986년 이후 1990년까지 전적으로 인도네시아에서만 천연가스를 수입하였지만, 이후 천연가스 수입원을 다원화하여 1991년 말레이시아, 1993년 호주, 1994년 브루나이, 1999년 카타르, 2000년 오만에서 천연가스를 수입하기 시작하였다. 2001년에는 국내 천연가스 공급에서 1위를 차지하는 국가가 인도네시아에서 카타르로 변화하였다. 2012년 인도네시아가 국내 천연가스 공급에서 20.5%, 말레이시아가 11.2%, 카타르가 28.4%, 오만이 11.4%, 브루나이가 2%. 호주가 3.1%의 위치를 차지하고 있다. 이는 국내 천연가스 공급이 비교적 다양한 국가에서 고른 분포로 이루어지고 있는 것을 의미한다.

이와 같이 한국에서 천연가스 이용 비중은 짧은 시간에 급속하게 성장하였고, 천연가스 공급원의 다변화도 비교적 잘 진행되었다. 그러나 주변국의 천연가스 도입량 증가로 천연가스 도입가격이 지속적으로 상승추세에 있다.

주변국 LNG 수요 상승의 주요이유는 후쿠시마 원자력 발전사고 이후 화력발전 확대에 중점을 두고 있는 일본에서 LNG수요가 증가하고 있고, 석유에너지 사용급증에 따라 이산화탄소 배출 및 환경오염 문제가 크게 대두되고 있는 중국에서 석탄과 석유에너지를 대체하기 위해 LNG 소비량이 급속도로 증가하고 있기 때문이다.

한국가스공사와 에너지 업계에 따르면 LNG수요는 대지진 이후 원자력 발전에 대한 전면적인 재검토를 선언한 일본에서 수요가 급속도로 늘어나고 있다.[19]

---

18) 산업통상자원부 에너지경제연구원. 『2013년 에너지 통계연보』(2014), p. 109.
19) 최성수. 「일본 원전사태 발생 6개월 그 영향과 향후 전망분석」. 『가스산업』 제10권 3호 (2011), p. 10.

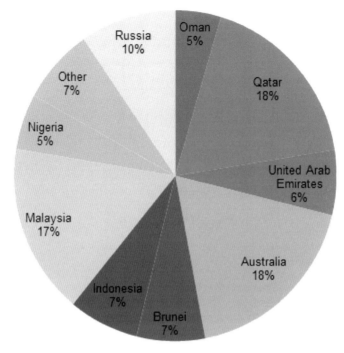

출처: EIA International Statistics (http://www.eia.gov/countries/cab.cfm?fips=ja)

<그림 2.3-1> 일본의 국가별 LNG 수입비중

　일본의 천연가스 수입선에 대해 검토하면, <그림 2.3-1>에서 볼
수 있듯이, 일본도 한국과 같이 천연가스 수입선이 여러 국가로 다
변화되어 다양한 국가로부터 고르게 도입되고 있다. 이중 카타르와
호주에서 도입되는 비중이 각각 18%로 가장 높은 편이다. 그 외에
는 말레이시아에서 17%, 브루나이에서 7%, 인도네시아에서 7%, 아
랍에미리트에서 6%, 그리고 러시아에서 10%의 천연가스를 수입하
고 있다. 이는 일본의 천연가스 도입선도 한국과 같이 다변화되었음
을 의미한다. 특히, 한국에 도입되는 비중이 작은 호주와 말레이시

아에서 대규모로 천연가스를 수입하는 것은 한국과 천연가스 수입
선에서 차이가 있음을 의미한다.

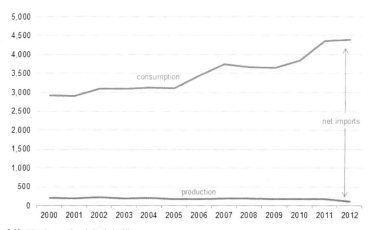

출처: EIA International Statistics[20]

<그림 2.3-2> 일본 천연가스 생산과 소비 추이 (2000년-2012년, 단위: 10억 입방 피트)

이와 함께, 전 세계 최대의 LNG 수입국인 일본이 전 세계 LNG
시장에서 차지하는 비중이 2011년 33%에서 2012년 37%로 상승하
였다.[21] 그리고 환경문제 덕분에, 일본정부는 국내에서 LNG소비를
증진시키고 있다. 정부는 원자력에너지 발전 중단에 따른 전력 손실
을 보존하기 위한 가장 중요한 에너지원으로 LNG를 선택하였다.
이는 LNG가 석유에 비해서 저렴하고, 온실가스 배출이 적은 화석
연료이기 때문이었다.[22]

---

20) "미국정부 EIA(Energy Information Administration) 통계."
   http://www.eia.gov/countries/cab.cfm?fips=ja

21) 일본은 1969년에 알라스카에서 최초로 LNG수입을 시작하였다.

22) "미국정부 EIA(Energy Information Administration) 통계."
   http://www.eia.gov/countries/cab.cfm?fips=ja

일본에서 발전분야는 일본 국내 LNG소비의 64%를 차지할 정도로 큰 위치를 점하고 있다. 산업분야 생산이 일본 국내 LNG 소비의 21%, 그리고 가구용이 9%를 차지하면서 그 뒤를 잇고 있다. 특히 전력생산 분야에서 에너지 소비는 2010년에 비해서, 2012년에 33% 증가하였다. 후쿠시마 원자력 발전소 방사능 누출사고를 일으켰던 도쿄전력(TEPCO: Tokyo Electric Power Company)은 일본내 전력생산에서 24%의 지위를 점하고 있는 일본 내에서 최대 전력생산 기업이자 최대의 천연가스 수입업체이다. 도쿄전력 LNG수입량은 2011년에 일본 전체 LNG수입의 1/3을 차지하였다.

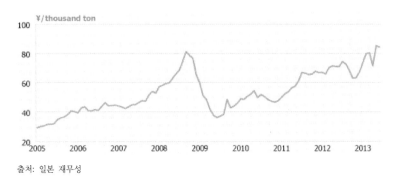

<그림 2.3-3> 일본의 LNG 수입가격변화 (2005년-2013년, 단위: 엔화/천톤)

일본은 현재 30여개의 LNG 수입 터미널을 보유하고 있다. 일본은 또한 565 MMcf 수준의 세계 최대의 천연가스 저장·재기화 설비를 가지고 있다. 이는 일본에서 LNG 수요가 급증할 때 일종의 완충장치 역할을 할 수 있다. 현재 5개의 신규 LNG 터미널이 건설 중이며, 2016년 가동을 목표로 하고 있다. 이 같은 추세로 볼 때, 향후 일본에서 LNG 소비는 현재보다 더욱 확대될 가능성이 크다.

일본에서 LNG에 대한 수요가 급속하게 증가하면서, 일본 내의 LNG 수입가격도 빠른 속도로 증가했었다. <그림 2.3-3>는 일본 국내의 천연가스 도입가격이 급격하게 상승하고 있음을 보여주는 것이다. 일본에서 LNG수입가격은 2008년 세계금융위기 이후 유가 및 원자재 가격 상승시기에 급격하게 상승했다가 다시 안정되었으나, 2011년 후쿠시마 원자력 발전소 방사능 누출사건 이후, 천연가스 도입비용이 다시 급속하게 상승했었다.

후쿠시마 원자력발전소 방사능 누출 사고 전, MMBtu당 미화 9달러이던 LNG 수입가격은 2012년에 MMBtu당 미화 16달러로 인상되었다. 최근 아베정부의 양적완화 정책에 따른 엔화 약세기조에 따라 엔화표시 LNG수입가격은 더욱 큰 폭으로 상승하여, 석유와 함께 일본 무역적자의 주요원인이 되고 있다. 더구나, 아시아 프리미엄으로 아시아 지역에 원유과 천연가스가 세계시장에서 비싸게 팔리고 있는 상황에서 LNG수입가격의 상승은 일본의 무역수지에 악영향을 주고 있다. 따라서 증대하고 있는 에너지 자원 수입비용과 전력생산비용의 상승을 억제하기 위해서 일본경제산업성(經濟産業省)은 전력회사가 높은 LNG 수입가격을 소비자에게 전가하기 전에, 전력회사들이 LNG수입가격을 현 상태로 유지하거나 낮추도록 유도하고 있다. 일본 전력회사들은 기존에 유가에 연동되던 LNG가격이, 미국의 천연가스 시장가격에 기반을 두도록 협상중이다. 예를 들어, 간사이 전력(Kansai Electric)의 경우에 2012년 말 BP와 미국 Henry Hub에 연결된 요금체제를 바탕으로 한 장기계약을 체결하였다.

일본의 LNG수입의 1/3이 동남아시아 국가에서 이루어지고 있고, 주요 5대 수출국가가 일본 LNG수입의 70% 정도의 물량을 공급하고 있다. 또한 2011년 3월 후쿠시마 원자력발전소 방사능 누출사고 이후, 카타르, 러시아, 말레이시아, 인도네시아는 일본으로 가스수출의 일부분을 스왑(swap)과 양하항 변경화물(diverted cargo)[23] 방식을 통해 수출하였다.

일본기업은 호주에서 대규모의 LNG 프로젝트를 진행하고 있다. 그중 대표적인 것이 Chevron이 주도하고 있는 Gorgon 프로젝트인데, 이 계획에 따르면 2020년경에 Gorgon 프로젝트가 세계최대 LNG공급원이 될 전망이다. 2012년에는 Mitsui와 Mitsubishi가 호주의 Browse LNG 프로젝트의 지분의 15%를 매입하였고, 1.6 Bcf/d의 천연가스를 호주 Browse만에서 공급하게 되었다. 또한 일본은 러시아 사할린에서 2009년부터 LNG를 수입하고 있다. 그리고 일본은 러시아와 향후에도 현재와 같은 LNG방식으로 가스를 수입할 것인지 PNG방식(파이프라인 방식의 가스공급)으로 가스를 수입할 것인지 논의 중에 있다.

일본은 미국과 가스수출에 대해서, 장기 프로젝트 차원에서, 협의 중에 있다. 셰일가스 혁명에 따라, 미국의 천연가스 생산량은 급증하였고, 미국에서 잉여물량을 수출할 수 있는 기회가 발생하였다. 기존에 미국의 셰일가스 자원을 해외로 수출하기 위해서는 상대국이 미국과 FTA를 체결한 국가에 한정된다는 제약이 있었으나, 2013년 5월 미국 에너지부(Department of Energy)는 멕시코만의 Freeport의 LNG 터미널에서 LNG가 미국과 FTA를 체결하지 않은 국가로 수출되는 것을 허가하였다. 이와 같은 결정은 미국과 아직 FTA를

---

23) 운송도중 화주나 수화인에 의한 양하항변경요청이 있을 경우, 환적이나 기타 별도의 작업을 하지 않고도 선적된 그대로의 상태를 유지할 수 있거나 본선의 출항에 지연을 초래하지 않는 경우에 한하여 선사측은 통상 화주 또는 수화인의 요청에 따라 화물의 전량 혹은 일부를 선하증권 (B/L) 상의 양하항과 다른항에서 양하 하는것을 말한다. 즉, 천연가스의 경우 "목적지향" 규정에 따라 판매자가 천연가스를 구입한 후에 원래 계약된 목적지가 아닌 다른 목적지에 재판매하는 것이 허락되지 않는 경우가 많은데, 양하항 변경화물은 이에 대한 제약이 풀린 것을 의미한다.

체결하지 않은 일본으로 LNG가 수출되는 것에 대한 제약을 해소한 것이다. 일본의 중부전력(Chubu Electric)과 오사카 가스(Osaka Gas)는 2017년부터 Freeport에서 20년에 걸쳐 연간 100 Bcf의 LNG를 공급받는 계약을 체결하였다. 일본 제3위의 종합상사인 스미토모상사는 미국 동부의 코브 포인트(Cove Point)에서 20년에 걸쳐 연간 110 Bcf 상당의 천연가스를 매입하는 협약을 체결하였다. 2013년 9월에 코브 포인트 역시, 2013년 5월에 승인을 받은 프리포트와 같이, 미국과 FTA를 체결하지 않는 국가로의 LNG수출이 허용되었다.

출처: 한겨레신문 (2014년 2월 13일자 기사).
　　　http://www.hani.co.kr/arti/international/japan/624080.html

<그림 2.3-4> 일본 기업들의 미국내 셰일가스 사업

　스미토모상사는 코브 포인트의 LNG를 도쿄전력과 간사이전력에 판매할 예정이다. 2013년 5월에는 일본의 양대 종합상사인 미츠비시(Mitsubishi)와 미츠이(Mitsui) 상사가 멕시코만의 캐머론 LNG 프

로젝트 지분의 33%를 매입하였다. 이를 통해, 2017년부터 연간 384 Bcf 수준의 LNG를 매입할 수 있는 협약이 체결되었다.

일본은 법률로 천연가스를 필요로 하는 회사(individual utilities)와 천연가스 공급회사(natural gas distribution companies)가 해외 가스전과 공급계약을 체결하는 것을 혀용하고 있다. 이 같은 환경 속에서 Tokyo Gas, Osaka Gas, Chubu Electric, TEPCO, Kansai Electric, Kyushu Electric, and Tohoku Electric 등의 일본기업이 동남아시아와 중동국가에서 LNG 공급계약을 체결해왔다.

중국은 에너지 소비량이 미국 다음으로 많은 세계 2위 에너지 소비국가가 되었다. 그러나 중국은 국내에너지 수요의 70% 이상을 석탄에 의존하고 있는데, 이산화탄소배출의 70%, SO_2 배출의 90%, NO_x 배출의 67% 및 먼지의 70%를 석탄이 발생시키고 있어 석탄 이용에 의한 공해가 중국에서 심각한 문제로 대두되고 있다.

따라서 중국정부는 급속한 경제성장과 지속가능한 환경보호사이에서 균형적인 에너지 정책을 추구하기 위해 천연가스 사용에 관심을 기울이고 있다. 대표적인 사례가, 중국 제 11차 5개년계획(2006-2010)에, 석탄연료 사용에서 나오는 환경공해감소를 위해, 천연가스가 도시가스 기초자원임을 명시한 것이다. 또한 도시용 가정연료로 천연가스를 사용하도록 하는 천연가스 활용정책을 2007년 8월30일에 발표하여 시행하고 있다. 이에 따라 중국의 천연가스 수입량은 2005년 483톤에서 2009년 350만톤으로 증가되었다. 특히 <그림 2.3-5> 볼 수 있듯이, 2007년 이후 중국에서 천연가스 소비량은 생산량을 추월하였고, 이후 중국은 천연가스 순수입국이 되었다.

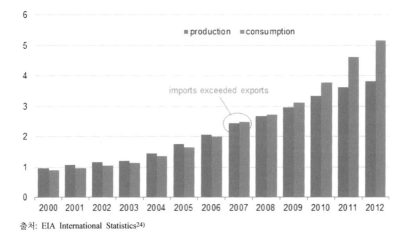

출처: EIA International Statistics[24]

<그림 2.3-5> 중국에서 천연가스의 생산량과 소비량 (2000년-2012년, 단위: 1조 입방 피트)

따라서 후발주자인 중국의 경우는 전 세계 시장에서 LNG확보에 심혈을 기울이고 있다. 중국 석유천연가스집단공사(CNPC)의 계열사인 페트로차이나(PetroChina)는 2009년 8월 호주 서북쪽 고르곤 해안의 가스전을 개발 중인 미국의 엑손모빌과 20년간 500억 달러 규모의 LNG 공급 계약을 했다.

중국 국영 해양석유총공사(CNOOC)는 2010년 3월 베이징에서 호주 퀸즐랜드주의 석탄층 가스(CSG) 개발업체인 영국의 BG그룹과 2014년부터 20년간 매년 360만톤씩, 총 700억 달러 규모의 LNG 공급 계약을 체결했다. 이는 LNG 단일 공급 계약으로는 당시 세계 최대 규모로 세계의 관심을 끌었다. 그런데 2011년 중국석유화공집단공사(SINOPEC)가 퀸즐랜드주의 석탄층 가스 개발업체인 오스트레일리아 퍼시픽 LNG(APLNG)와 2015년부터 20년간 8600만톤 규모의 액화천

24) "미국정부 EIA(Energy Information Administration) 통계."
http://www.eia.gov/countries/cab.cfm?fips=CH

연가스(LNG) 공급 계약을 맺었다. 매년 430만톤씩 LNG를 인도받는 이 계약은 900억 달러 규모였다. 이와 같이 중국의 에너지 기업은 해외 LNG 자원확보를 위해 장기 공급 계약을 의욕적으로 추진하고 있다.

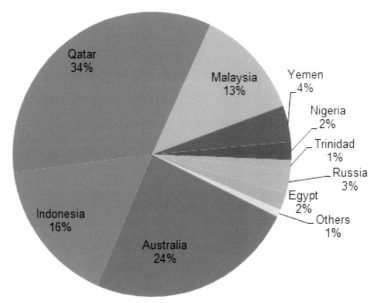

출처: EIA International Statistics[25)]

<그림 2.3-6> 중국의 국가별 LNG 수입비중

또한 중국의 에너지 기업은 해외 에너지 기업의 지분투자를 통해서도 안정적 자원확보를 시도하고 있다. SINOPEC은 APLNG의 모회사인 미국 ConocoPhillips와 호주 Origin 에너지로부터 15억 달러에 APLNG의 지분 15%를 인수하는 계약도 체결했다.

중국의 경우 <그림 2.3-6>에서 볼 수 있듯이, 한국이나 일본과는

---

25) "미국정부 EIA(Energy Information Administration) 통계." 2013년.
http://www.eia.gov/countries/cab.cfm?fips=CH

다르게 천연가스의 수입선이 다변화되어 있지 않고 몇 개의 국가에 집중되어 있다. 특히 카타르에서 34%, 호주에서 24%, 인도네시아에서 16%, 말레이시아에서 13%로 가장 많은 수입을 하고 있으며, 이들 4개국에서 천연가스가 수입되는 비중을 합치면 중국 전체 천연가스 수입의 87%에 해당한다. 그리고 카타르와 호주에서 수입되는 천연가스만 중국 천연가스 수입의 절반을 차지한다. 나머지 국가들을 본다면 예맨 4%, 러시아 3%, 이집트 2%, 나이지리아 2%, 트리니다드 1%, 기타 1%로 중국 천연가스 수입에서 차지하는 비중이 13% 밖에 되지 않는다. 이와 같이 중국의 경우 향후 수입선 다변화를 모색해야 되는 문제점을 안고 있다.

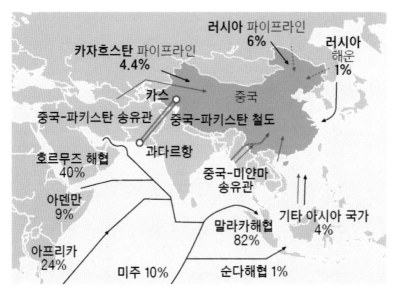

출처: POSRI, 친디아플러스
　　　이성규, 「중국의 중앙아 가스 확보 러시아 오일 머니 전략에 차질」, 『친디아플러스』vol.87 (2013), p. 62.

<그림 2.3-7> 중국의 주요 석유·가스 수입 수송노선(2012년)

그리고 중국이 수입선의 다변화를 모색하는 원인 중에 안보적인 문제 또한 있다. 기존의 천연가스수입의 루트는 말라카 해협을 이용하여 수송되어져 왔다. 특히 중국이 수입하는 원유·천연가스의 80%가 이 지역을 통과하고 있다. 하지만 문제는 이 말라카 해협이 미국의 영향력 아래에 있는 싱가포르, 인도네시아, 말레이시아가 관할하는 지역이기 때문에 중국으로서는 미국의 위협을 받는 불편한 상황이었던 것이다. 이러한 이유로 중국은 미얀마를 가로지르는 파이프라인(중국-미얀마 라인)을 건설하기 시작하였고, 2013년부터 중국은 미얀마를 거쳐서 오는 이 파이프라인을 통해 원유와 천연가스를 공급받기 시작하였고, 이 라인의 미얀마 국경 내 천연가스관 구간은 793km이다. <표 2.2-1>에서 볼 수 있듯이, 2016년에는 290억 입방 미터의 천연가스가 미얀마에서 중국으로 수입되었다.

　　<그림 2.3-8>에서 볼 수 있듯이, 중국-미얀마 라인과 함께 중국은 2009년에 첫 수송을 시작한 중국-중앙아시아 파이프라인과 향후 시작하게 될 중국-러시아 파이프라인이 동시에 가동된다면 중국은 안보 문제를 해결함과 동시에 천연가스 수입선의 다변화에 대한 한계점을 해결하고자 하고 있다. 그리고 중국의 입장에서는 이러한 파이프라인이 단순한 수입선으로 끝나는 것이 아니라 군사적으로도 이용이 가능하기 때문에 수입선 이상의 용도로 활용이 가능하다는 점에서 중국의 에너지안보적 차원의 입장을 강화할 수 있는 수단으로도 사용된다.

　　중국에서 천연가스 수입과 공급은 일본과 같은 민간기업이 아닌 국영석유회사(NOC: National Oil Corporation)들이 주도하고 있다. 국영석유회사들의 종류로는 중국 석유천연가스집단공사(CNPC), 중국 국영 해양석유총공사(CNOOC), 중국석유화공집단공사(SINOPEC)

로 크게 세 가지로 볼 수 있다. 지역마다 운영되는 소규모의 천연가스 회사들이 존재하기는 하지만 이러한 소규모 회사들은 국영석유회사들, 특히 중국 석유천연가스집단공사(CNPC)에 의존할 수밖에 없고 그러한 이유로 가스공급은 중국 석유천연가스집단공사에 의해 거의 독점으로 이루어지고 있는 실정이다.

<표 2.3-6>은 최근 중국에서 국영석유회사와 지역의 소규모 천연가스 회사들이 공동투자를 하고 있는 LNG터미널 운영 및 건설현황 표이다. 앞서 언급한 것처럼 국영석유회사들이 거의 독점적으로 천연가스시장을 지배하는 구조를 보였지만, 최근 들어 소규모 가스공급회사들이 기존의 국영석유회사들과 함께 LNG터미널 건설에 공동투자를 하면서 소규모 회사들의 경쟁력이 증가할 것으로 전망된다.[26]

<표 2.3-6> 중국의 LNG터미널 운영 및 건설 현황

터미널 이름	운영현황/가동시기	개발기업	개통단계 / 확장단계 용량 (MMcf/d)
Dapeng/ Guangdong	운영중; 2차 확장사업 건설 중 / 2015	CNOOC (33%); BP, Guangdong Province Consortium	885 / 305
Mengtougou Peaking Facility	운영중	Shanghai Gas Group (Shenergy)	15
Fujian	운영중	CNOOC (60%); Fujian Investment and Development Co. (40%)	665
Shanghai/ Yangshan	운영중; 확장 계획 / 2018	CNOOC (45%); Shenergy (55%)	395 / 395
Dalian	운영중; 확장 계획 / 2017	CNPC (75%); Dalian Port Authority; Dalian Construction Investment	395 / 395

---

26) IEA, Developing a Natural Gas Trading Hub in Asia, 2013, pp.57.

Rudong/ Jiangsu	운영중; 확장 사업 건설 중 / 2017	CNPC/Kunlun Energy (55%); Jiangsu Guoxin Investment Group, Pacific Oil & Gas	460 / 395
Zhejiang/ Ningbo	운영중; 확장 사업 건설 중 / 2017	CNOOC (51%); Zhejiang Energy Group, Ningbo Power Development	395 / 395
Zhuhai	운영중; 확장 계획 / 2016	CNOOC (30%); Guangdong Yuedian Group; local gas companies	460 / 460
Tianjin FSRU	운영중; Onshore terminal 확장 사업 건 설 중 / 2017	CNOOC (46%); Tianjin Port; local gas companies	290 / 500
Caofeidian/ Tangshan	운영중 / 확장 계획	CNPC (51%); Beijing municipal government; Hebei Construction Investment	460 / 395
Dongguan	운영중	JOVO Group	135
Qingdao/ Shandong	운영중 / 확장 계획 / 2020	Sinopec	395 / 265
Hainan	운영중; 확장 계획/ 2017	CNOOC (65%); Hainan Development (35%)	260 / 130
Beihai/Guangxi	건설 중 / 2015	Sinopec	395
Shenzhen/Diefu	건설 중 / 2015	CNOOC (70%); Shenzhen Energy (30%)	530
Tianjin Binhai	건설 중 / 2016	Sinopec	395
Shenzhen	건설 중 / 2016	CNPC (51%); CLP; Shenzen Gas	395
Yuedong/Jieyang	건설 중 / 2016	CNOOC	260
Fujian Zhangzhou	건설 중 / 2017	CNOOC (60%); Fujian Investment Development	395
Zhoushan LNG	건설 중 / 2017	ENN Group	395
Jiangsu Qidong	건설 중 / 2016	Guanghui Energy (51%); Shell (49%)	80

출처: EIA International Statistics[27)]

27) "미국정부 EIA(Energy Information Administration) 통계",
    https://www.eia.gov/beta/international/analysis.cfm?iso=CHN

<표 2.3-7> 천연가스 공급가격 국제비교

US dollars per million Btu	LNG Japan cif	Average German Import Price*	UK (Heren NBP Index)†	US Henry Hub‡	Canada (Alberta)†	Crude oil OECD countries oil
1986	4.10	3.93	–	–	–	2.57
1987	3.35	2.55	–	–	–	3.09
1988	3.34	2.22	–	–	–	2.56
1989	3.28	2.00	–	1.70	–	3.01
1990	3.64	2.78	–	1.64	1.05	3.82
1991	3.99	3.23	–	1.49	0.89	3.33
1992	3.62	2.70	–	1.77	0.98	3.19
1993	3.52	2.51	–	2.12	1.69	2.82
1994	3.18	2.35	–	1.92	1.45	2.70
1995	3.46	2.43	–	1.69	0.89	2.96
1996	3.66	2.50	1.87	2.76	1.12	3.54
1997	3.91	2.66	1.96	2.53	1.36	3.29
1998	3.05	2.33	1.86	2.08	1.42	2.16
1999	3.14	1.86	1.58	2.27	2.00	2.98
2000	4.72	2.91	2.71	4.23	3.75	4.83
2001	4.64	3.67	3.17	4.07	3.61	4.08
2002	4.27	3.21	2.37	3.33	2.57	4.17
2003	4.77	4.06	3.33	5.63	4.83	4.89
2004	5.18	4.30	4.46	5.85	5.03	6.27
2005	6.05	5.83	7.38	8.79	7.25	8.74
2006	7.14	7.87	7.87	6.76	5.83	10.66
2007	7.73	7.99	6.01	6.95	6.17	11.95
2008	12.55	11.60	10.79	8.85	7.99	16.76
2009	9.06	8.53	4.85	3.89	3.38	10.41
2010	10.91	8.03	6.56	4.39	3.69	13.47
2011	14.73	10.49	9.04	4.01	3.47	18.56
2012	16.75	10.93	9.46	2.76	2.27	18.82
2013	16.17	10.73	10.64	3.71	2.93	18.25
2014	16.33	9.11	8.25	4.35	3.87	16.80
2015	10.31	6.72	6.53	2.60	2.01	8.77
2016	6.94	4.93	4.69	2.46	1.55	7.04

출처: BP Statistical Review of World Energy June 2017, p.3 3.

전 세계 LNG의 최대 소비국인 일본과 환경문제 등의 이유로 LNG 사용이 급증하고 있는 한국과 중국이 위치한 동북아지역에서 천연가스 도입단가는 다른 지역에 공급되는 천연가스에 비해 지나치게 높은 가격으로 도입되고 있다.

2016년 일본의 LNG 평균 수입가격은 미국 Henry Hub 천연가스 평균가격에 비해서 거의 3배 가까이 높은 가격이었다. 이와 같이 동아시아 지역의 높은 천연가스 수입가격을 '아시아 프리미엄(Asia Premium)'이라고 부른다.

동북아시아 지역에 천연가스가 비교적 높은 가격으로 도입되는 이유는 동북아시아 지역의 천연가스 도입이 LNG방식으로 이루어지고 있다는 점이고, 다른 이유는 북미와 유럽지역과 달리 천연가스 교역이 에너지 허브가 아닌 개별국가 단위로 이루어져서 천연가스 생산과 소비의 유동성이 거의 존재하지 않는다는 점이 그 이유이다.

더구나 LNG방식은 PNG방식에 비해 투자 및 운영비, 단위당 수송원가에서 불리한 측면이 있다. <표 2.3-8>는 러시아 천연가스의 국내 도입을 검토할 때 투자 및 운영비, 단위당 수송원가에 대해서 한국가스공사에서 산정한 비교도이다.

<표 2.3-8> 러시아 천연가스 도입 3개안 경제성 평가

	투자 및 운영비 (단위: 달러)	단위당 수송원가 (MMbtu당 달러)
PNG	47억 9800만	0.31
LNG	226억 4300만	0.94
CNG	105억 5200만	0.60

출처: 한국가스공사[28]

또 다른 이유는 역내 허브를 통해서 천연가스 교역이 이루어지는 북미 지역 및 영국과 달리 동북아시아에는 역내 가스 허브가 존재하지 않아서, 가스의 공급계약이 개별 국가단위로 이루어졌고, 이 과정에서 산유국의 입장이 크게 반영되어 공급계약이 천연가스 수입국에 불리하게 적용된 것을 그 원인으로 들 수 있다.

이와 같은 이유들로 인해서, <그림 2.1-17>에서 볼 수 있듯이 동북아시아로 도입되는 천연가스는 북미, 유럽 지역으로 도입되는 천연가스에 비해서 항상 가격이 높게 설정되었다. 그리고 2011년이후 동북아시아 최대의 천연가스 소비국인 일본에서 천연가스 소비가 급증하자 이 지역으로 도입되는 천연가스의 가격은 폭등하게 되었다. 그 결과 북미지역에 도입되는 천연가스와 일본으로 도입되는 천연가스 간의 가격차가 6배 가까이 발생하게 되었다.

---

28) "문화일보 (2010년 5월 7일자 기사 재인용)."
   http://www.munhwa.com/news/view.html?no=2010050701031424242190020&mobile=false

<표 2.3-9> 한국, 중국, 일본의 LNG 수입량과 수입가 (2008년-2015년)

연도	수입 (단위: 천톤)				평균수입가 ($/백만 BTU)		
	일본	한국	중국	합계	일본	한국	중국
2008년	69628	26257	3336	99221	12.5	13.8	5.4
2009년	64492	25847	5532	95871	9.0	10.0	4.4
2010년	70008	32466	9295	111769	10.8	10.4	6.1
2011년	78411	36679	12215	127305	14.7	12.5	9.1
2014년	104669	44622	23673	172964	18.5	18.6	13.5
2014년 1월	8179	4451	2652	15282	16.7	15.5	13.3
2014년 2월	7511	4194	1498	13203	16.8	16.5	11.7
2014년 3월	8044	4115	1479	13638	16.6	16.5	12.0
2014년 4월	7212	3220	1375	11807	16.8	16.4	10.8
2014년 5월	6495	2212	1579	10286	16.3	16.3	11.4
2014년 6월	6821	2207	1343	10371	16.1	16.6	11.2
2014년 7월	7838	2182	1835	11855	16.1	16.3	10.3
2014년 8월	7050	2543	1582	11175	15.7	16.2	11.7
2014년 9월	7276	2302	1394	10972	15.2	16.5	12.2
2014년 10월	6944	2755	1381	11080	15.9	16.2	12.3
2014년 11월	6877	2932	1757	11566	15.6	15.9	11.6
2014년 12월	8258	4289	2016	14563	15.6	16.1	12.1
2015년 1월	8434	4122	2121	14677	15.1	14.3	11.1
2015년 2월	7730	3098	1661	12489	13.3	13.4	10.3
2015년 3월	8137	3048	1346	12531	12.2	13.1	10.1
2015년 4월	6598	2839	1545	10982	10.2	11.7	8.1
2015년 5월	5755	2364	1123	9242	8.7	9.5	8.8
2015년 6월	6633	1777	1724	10134	8.6	9.1	9.5
2015년 7월	6953	2271	1922	11146	8.9	8.8	7.5
2015년 8월	7062	1998	1348	10408	9.2	9.2	7.1
2015년 9월	6853	2450	1295	10598	9.6	9.6	7.4
2015년 10월	6057	2915	1602	10574	9.4	9.7	8.0
2015년 11월	6694	2706	1818	11218	8.9	9.5	7.9

출처: Organization of Arab Petroleum Exporting Countries

<표 2.3-9>에서 볼 수 있듯이, 동북아시아에서 천연가스 소비는 큰 폭으로 확대되고 있다. 한국에서 LNG 수입물량은 2011년에 2008년 대비 1.4배, 그리고 중국의 LNG수입량은 2011년에는 2008년 대비 3.66배로 증가하였다. 이 같은 상황에서 일본, 중국, 한국의 LNG 평균수입단가는 2014년까지 해마다 증가하였다. 특히 후쿠시마 원자력발전소 방사능 누출사고 이후 원자력 발전을 천연가스를 사용하는 화력발전으로 대체하여 천연가스 수요가 증가하고 있는 일본에서 천연가스의 평균 수입가는 가파르게 상승하였다.

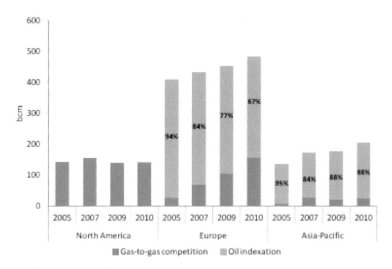

출처: IEA, Developing a Natural Gas Trading Hub in Asia, 2013, p. 13.

<그림 2.3-8> 북아메리카, 유럽, 아시아-태평양 지역의 천연가스 시장가격 결정방식

이와 같은 천연가스 가격에서 아시아 프리미엄을 해소하는 가장 확실한 방안 중 하나는 천연가스 트레이딩 허브를 구축하는 것이다. 실제로 싱가포르와 말레이시아는 LNG 허브기지 건설에 이미 착수

하였다. 국제에너지기구(IEA)의 마리아 반더 호이븐 사무총장은 "아시아 태평양 지역의 수급상황에 맞는 단가가 형성되기 위해서는 LNG 트레이딩 허브가 조성돼야 한다"고 지적하면서 "현재로선 제도와 인프라 구축에 가장 앞선 싱가포르가 아시아 태평양 지역의 허브가 될 가능성이 가장 높다"고 평가하였다.

실제로 싱가포르에서는 아시아의 오일허브에 이어 LNG 허브를 차지하기 위한 계획이 실행 중이다. 2013년 5월 연간 처리용량은 300만톤의 첫 LNG터미널을 가동하기 시작하였다. 싱가포르가 정부 차원에서 추진하는 이 사업에는 14억 달러가 투자된다. 싱가포르는 향후 2016년까지 추가 투자를 통해 LNG 처리용량을 900만톤으로 증대시키는 것을 목표로 하고 있다. 다른 한 편에서, 싱가포르는 천연가스 공급선을 확보하는 작업도 착실하게 진행하고 있다. 싱가포르 정부는 지난 4월 LNG를 수입해 아시아지역에 공급하기 위해 파빌리온 에너지를 설립했다. 파빌리온은 싱가포르의 국부펀드 테마섹 홀딩스의 자회사로 설립되었다. 파빌리온은 2013년 11월 중순 동부 아프리카 탄자니아의 3개 해상천연가스 광구의 지분 30%를 영국 오피르 에너지로부터 13억달러에 매입했다. 이들 광구에는 천연가스 15조입방피트가 매장된 것으로 추정된다. 탄자니아 광구에서 생산된 천연가스는 2020년부터 인도될 예정이다. 파빌리온은 2013년 10월에 LNG 장기도입 계약을 유럽회사와 처음으로 체결하여 2018년부터 10년 동안 매년 50만톤을 수입하기로 했다.

이처럼 아시아에서 LNG 허브 구축이 추진되는 것은 독자적인 시장이 형성되지 않아 가격결정 시스템도 없는 실정이고 이에 따라 LNG 도입단가 결정이 합리적이지 않기 때문이다. 이로 인해 가스 시장이 원유에 비해 공급초과가 됐을 때에도 도입가를 충분히 떨어

뜨리지 못하는 불합리한 경우가 발생할 수 있다. 또한 셰일가스 혁명으로 LNG 공급이 크게 증가하게 되면 독자적인 시장과 가격 지표를 갖추고 있어야 도입가를 낮출 수 있다.[29]

따라서 싱가포르는 이러한 상황에서 발빠르게 LNG 허브 구축을 위해서 움직이고 있다.

반면에 한국의 LNG 허브 도약 구상은 진척을 보지 못하고 있다. 한국 정부는 2012년 9월 마련한 '셰일가스 선제적 대응을 위한 종합전략'에서 한국가스공사의 제5인수기지를 건설하고 민간 저장시설 투자를 유도하겠다고 발표했다. 2011년 당시 379만톤인 가스공사의 저장 능력을 2017년까지 529만톤으로 확충하기 위해 100만톤 규모의 제5인수기지를 짓는 계획을 올해 수립한다고 밝혔다. 하지만 2017년 9월 28일에 가서야 제5인수기지 건설을 위한 우선협상 대상지로 충남 당진 석문국가산업단지가 겨우 선정되었다.

또 다른 문제는 한국이 LNG허브가 되려면 국내시장에 천연가스 공급이 가스공사에 의해 거의 독점되고 있는 구조가 개선되어 LNG 수입을 민간기업에 개방해야 한다는 점이다. 이와 관련하여 김한표 새누리당 의원이 2013 4월 도시가스사업법 개정안을 대표발의했지만 통과되지 않았다. 개정안은 민간 기업이 자가소비용으로 직도입한 LNG를 다른 직도입자에게 판매하거나 수출하는 것을 허용하고 천연가스 반출입업을 신설하는 등의 내용을 담고 있었다. 천연가스 반출입업은 보세구역에 저장 탱크를 지어놓고 LNG를 거래하는 사업을 의미한다. 이는 현행법규에서 가스공사 이외에 LNG를 자기소비하는 기업들만 LNG를 수입하도록 되어 있기 때문에, LNG트레이

---

29) "아시아경제기사(2013년 12월 2일자)."
http://www.asiae.co.kr/news/view.htm?idxno=2013112916155111986

딩을 활성화하기 위해서는 법규개정이 시급하다. 제도 개정에 반대하는 쪽에서는 LNG 도입을 놓고 민간 기업끼리 경쟁하면 가격협상에서 불리해지며, 현재 가스공사가 대규모 물량을 들여오는 것보다 단가가 더 비싸진다는 주장하였다.

　이와 같은 공방이 오고가는 과정에서 한국에서 LNG허브를 운영한다는 계획을 2010년부터 추진하였던 효성그룹이 2014년 2월 12일 LNG허브 설립계획을 철회하였다. 2014년 2월 12일 금융감독원 전자공시시스템에 따르면 효성의 자회사 아시아LNG허브는 해산을 결의했다고 공시했다. 효성그룹은 지난 2010년 아시아LNG허브를 출범하고 동북아 국가의 구매력을 앞세워 저렴하고 안정적으로 LNG를 구입할 수 있도록 동북아 LNG 스팟시장을 건설할 계획이었다. 한국, 중국, 일본 등 동북아 국가가 전 세계 LNG 거래량의 약 60%를 수입하는 '큰 손'이지만 '아시아 프리미엄'이 붙은 비싼 가격에 LNG를 들여오는 상황에 주목하였던 것이다. 당시 아시아LNG허브가 일본과 함께 공동으로 LNG를 구매할 경우 대량 구매에 따른 가격경쟁력을 확보할 수 있을 것으로 예상됐다. 아시아LNG허브는 셰일가스 혁명으로 가스 소비가 증가할 것으로 예상됨에 따라 한국 남해안 저장시설에 LNG를 저장했다가 타 국가에 판매하는 350만 톤 규모의 LNG 허브 터미널 구축 사업을 의욕적으로 추진하였다. 그러나 사업은 아시아LNG허브의 기대만큼 일사천리로 진행되지 않았다. LNG 허브 구축은 국내의 LNG 수입 체계의 변화를 수반하는 여러 가지 문제와 얽혀있어 현실화하는데 어려움이 있었다. 또한 싱가포르가 정부 차원의 지원을 받아 이미 600만톤 규모의 아시아 LNG 수입 터미널을 건설하고 있다는 점도 아시아LNG허브에 부담으로 작용한 것으로 보인다. 싱가포르는 기존 아시아 오일 허브로서 풍부한 경험과 선진적 제도를 갖추고 있어 이를 넘어서서 성공적으로 LNG허브를 한국에서 운영하기 어렵다고 판단한 것이다. 결국 효성은 4년째 매출이 전무한 아시아LNG허브 사업을 정리하였고, 초기 자본금 13억원을 포함한 42억원의 손실을 보게되었다.[30]

동북아시아에서 한국에 LNG 트레이딩 허브를 유치하기 위해서는 일본과 중국의 협조가 필수적인데, 현재로서는 이들 국가 혹은 이들 국가의 기업이 트레이딩 허브 구축에서 한국을 지원한다는 입장은 크게 부각되고 있지 못하다.

오히려 일본최대의 석유와 천연가스 탐사기업인 INPEX는 2013년 12월에 싱가포르로 석유와 LNG의 트레이딩 사무소를 이전하였다. INPEX의 이전 목적 중의 하나는 INPEX의 원유 물량을 석유소비가 줄어드는 일본 이외의 지역의 판매자 및 구매자와 활발하게 접촉하기 위한 것이었다. 2012년에는 미츠이(Mitsui)상사와 Tonen General등의 일본기업이 오일 트레이딩 기능을 일본에서 싱가포르로 이전한 바가 있다. INPEX는 호주에서 Ichthys 프로젝트를 추진하면서 천연가스 자원을 개발 중인데, 본 프로젝트가 가동되는 2017년이전까지 LNG자원을 확보하는데 싱가포르의 트레이딩 허브를 적극 활용할 예정이다.[31]

싱가포르의 트레이딩 허브에 투자를 확대하고 있는 일본 기업과는 달리, 중국의 경우는 트레이딩 허브 구축에 가시적인 성과를 보이고 있지 않다. 그 이유는 해외 천연가스 생산지역에 대한 직접투자, 파이프라인을 이용한 PNG 수입, 천연가스 국내생산 등 다양한

---

30) "가스신문 기사(2014년 2월 18일자)."
   http://www.gasnews.com/news/articleView.html?idxno=64187
31) "로이터 통신 기사 (2013년 12월 11일자)."
   http://www.reuters.com/article/2013/12/12/inpex-oil-singapore-idUSL3N0JQ0PP20131212

천연가스 공급원이 중국에 있었기 때문이다. 이는 늘어나는 자국의 에너지 수요에 중국 국영에너지 기업들이, 공통의 트레이딩 허브를 통해 지역차원에 유동성을 확보하는 것보다, 개별 에너지원 생산지역에 투자를 확대하는데 집중하고 있기 때문이다. 앞에서 언급한대로 중국은 호주지역의 천연가스개발에 관련된 투자를 지속적으로 하고 있는 상황이고, 향후 중국의 투자는 지속적으로 늘어날 것으로 예상된다. 그리고 중국은 LNG 수입뿐만 아니라 미얀마와 중앙아시아에서 연결된 파이프라인을 이용한 PNG 수입도 하고 있는 상황이다. 이를 통해 중국에서 PNG 수입이 지속적으로 증가하고 있다. 중국-중앙아시아 파이프라인과 중국-미얀마 파이프라인을 통해 수입이 가능해지면서 중국은 더욱 저렴한 가격으로 천연가스를 국내로 공급하는 것이 가능해졌다. 더군다나 중국-중앙아시아 파이프라인의 경우는 현재 중국이 완전 인수를 한 상태라 가격은 수입비용이 더욱 하락할 것으로 예상된다. 또한 중국은 산유국이자 천연가스 생산국이기도 하기 때문에 아시아 LNG 허브 구축에 대한 집중도가 떨어질 수밖에 없는 상황이다. 여러 가지 수입선과 국내생산이 존재하기 때문에 중국의 아시아 LNG 허브구축에 대한 입장이 한국, 일본과 입장이 같을 수만은 없다.

동북아시아 지역은 전 세계 최대의 LNG소비지역이지만, 개별 국가단위의 가스도입계약에 따른 시장의 운영으로 다른 지역에 비해 높은 가격으로 천연가스를 도입하고 있다. 이는 미국에서 셰일가스 혁명을 통해 발생한 잉여 천연가스 자원이 다른 지역으로 수출될 여력이 생기면서, 역내 트레이딩 허브 구축을 통해, 아시아 프리미엄을 해소하려 역내의 몇몇 국가들이 시도하고 있다.

이와 같은 움직임에서 가장 적극적인 것이 싱가포르와 일본인데,

한국 역시 역내 천연가스 트레이딩 허브를 한국에 유치하기를 희망하고 있다. 그러나 천연가스거래가 가스공사의 준독점 체제에서 이루어지는 국내법규 상 국내에서 천연가스트레이딩이 활성화되는데 제약이 발생하고 있고, 이와 같은 제약이 지속되는 속에서 천연가스 트레이딩 허브를 구축하는데 투자를 하였던 효성그룹이 대규모 손실을 보고 본 사업부문에서 철수하였다.

또한 천연가스트레이딩 허브 구축에서 한국을 지지할 것으로 한국정부가 예상하였던 일본기업들이 오일과 천연가스의 트레이딩 기능을 싱가포르로 이전하면서, 현재로서는 한국보다는 싱가포르가 향후 아시아-태평양지역에서 천연가스트레이딩 허브로 발돋움하는데 훨씬 더 유리한 입장에 서게 되었다.

그리고 중국이 환경문제가 대두되면서 천연가스의 수요가 증가하고, 그에 따라 천연가스 개발과 수입에 적극적인 모습을 보이고 있다. 그리고 자국에 LNG터미널 건설에 투자를 하면서 석탄이나 석유와 같은 화석에너지를 천연가스로 대체하는 방향으로 향하고 있다. 하지만 현재 천연가스의 개발과 수입에 적극적인 모습을 보이는 중국마저 천연가스트레이딩 허브에 무관심한 입장을 나타내면서 한중간의 협력이 힘든 상황이다. 특히 중국-중앙아시아 파이프라인과 중국-미얀마 파이프라인이 가동되면서 중국은 더욱 저렴한 가격의 천연가스 수입이 가능해져 무관심한 입장을 나타낼 수밖에 없을 것이다. 중국의 지지를 받지 못할 한국의 천연가스트레이딩 허브 유치는 힘든 상황으로 가고 있다.

이러한 상황 속에서 결국 국내에 천연가스트레이딩 허브가 구축되기 위해서는 두 가지의 우선적 변화가 필요한데, 그것은 전향적인 국내법규개선과 중국과 일본과의 긴밀한 협력이 필요시 된다고 볼 수 있다.

원자력에너지

3. 원자력에너지

원자력에너지는 인류가 현재까지 창조한 에너지자원 중에서 가장 효율이 높으면서, 동시에 가장 위험하고 가장 고도의 기술을 필요로 하는 에너지 자원이다.

전 세계 최초로 군사용 또는 민간용으로 원자력에너지를 운영한 국가는 미국이었다. 1945년 핵폭탄을 제조하려는 맨하탄 프로젝트의 일환으로 원자력에너지 개발이 미국정부차원에서 개시되었다. 1951년 12월 아이다호에 있는 국립원자로시험장(NRTS: National Reactor Testing Station)에서 원자력 발전기를 통한 전력생산이 이루어졌다. 1953년에는 아이젠하워 대통령이 '원자력의 평화적 이용(Atoms for Peace)'을 언급하면서, 민간의 원자력 이용의 물고를 열었다. 1954년에는 민간이 원자로를 소유하고 운전할 수 있도록 원자력법이 개정되었다. 1957년 12월에는 미국 최초의 상업용 원자력발전소인 시핑포트(Shipping port)가 상업 발전을 개시하였다.

미국의 원자력발전 강화를 위한 정책은 1960년대와 1970년대에
도 지속되었다. 그 결과 현재 미국은 원자로의 개수와 발전량을 기
준으로 세계 최대의 원자력 발전을 운영하고 있다. 그러나 1979년
스리마일 섬에서 발생한 방사능 물질 유출사고로 미국에서 신규원
전 건설 허가가 이후에 중단되었다. 미국은 2011년에 가서야 신규원
전 건설 재개를 결정하였다.

반면에 프랑스의 경우는 1956년 이집트 대통령 나세르가 프랑스
와 영국이 통제하던 수에즈 운하를 국유화한 이후에 수에즈 운하의
운영권을 다시 찾을 목적으로 영국, 이스라엘과 함께 이집트를 침공
하였다. 프랑스는 전투에서는 승리하였지만, 냉전시기에 미소관계를
잘 활용한 이집트 대통령 나세르의 탁월한 외교전략으로 프랑스, 영
국, 이스라엘이 침공한 영토는 이집트로 반환되었다. 프랑스는 프랑
스로 수입되는 원유의 대부분이 중동에서 수에즈 운하를 통해서 들
어오고 있으며, 이집트가 수에즈 운하를 통제할 경우 에너지 안보문
제가 발생할 수 있다는 사실을 자각하였다. 원유에 대한 의존을 줄
일 대체에너지 자원을 개발할 목적으로 원자력에너지 이용을 적극
적으로 늘려왔다. 그 결과 프랑스는 전력생산에서 원자력발전 의존
비중이 가장 높은 국가가 되었다.

원자력발전은 효율이 가장 높은 에너지자원이지만 가장 위험한
에너지 자원인 만큼 각국의 원자력 발전에 대한 결정은 자국의 상황
에 맞게 각각 다르게 진행되었다.

\<표 3-1\> 원자력에너지 이용 현황 (단위: 백만 석유환산톤)

Million tonnes oil equivalent	2006	2007	2008	2009	2010	2011	2012	2013	2014	2015	2016	Growth rate per annum 2016	2005-15	Share 2016
US	187.5	192.1	192.0	190.3	192.2	188.2	183.2	187.9	189.9	189.9	191.8	0.7%	0.2%	32.4%
Canada	22.0	21.0	21.6	20.2	20.4	21.0	21.3	23.2	24.1	22.8	23.2	1.6%	1.0%	3.9%
Mexico	2.5	2.4	2.2	2.4	1.3	2.3	2.0	2.7	2.7	2.6	2.4	-9.0%	0.7%	0.4%
Total North America											217.4			
Argentina	1.7	1.6	1.7	1.9	1.6	1.4	1.4	1.4	1.3	1.6	1.9	17.5%	0.4%	0.3%
Brazil	3.1	2.8	3.2	2.9	3.3	3.5	3.6	3.5	3.5	3.3	3.6	7.5%	4.1%	0.6%
Chile	-	-	-	-	-	-	-	-	-	-	-			
Colombia	-	-	-	-	-	-	-	-	-	-	-			
Ecuador	-	-	-	-	-	-	-	-	-	-	-			
Peru	-	-	-	-	-	-	-	-	-	-	-			
Trinidad & Tobago	-	-	-	-	-	-	-	-	-	-	-			
Venezuela	-	-	-	-	-	-	-	-	-	-	-			
Other S. & Cent. America	-	-	-	-	-	-	-	-	-	-	-			
Total S. & Cent. America											5.5			
Austria	-	-	-	-	-	-	-	-	-	-	-			
Azerbaijan	-	-	-	-	-	-	-	-	-	-	-			
Belarus	-	-	-	-	-	-	-	-	-	-	-			
Belgium	10.6	10.9	10.3	10.7	10.8	10.9	9.1	9.6	7.6	5.9	9.8	66.3%	5.8%	1.7%
Bulgaria	4.4	3.3	3.6	3.5	3.5	3.7	3.6	3.2	3.6	3.5	3.6	2.3%	-1.9%	0.6%
Czech Republic	5.9	5.9	6.0	6.2	6.3	6.4	6.9	7.0	6.9	6.1	5.5	-10.4%	0.8%	0.9%
Denmark	-	-	-	-	-	-	-	-	-	-	-			
Finland	5.2	5.4	5.3	5.4	5.2	5.3	5.3	5.4	5.4	5.3	5.3	-0.5%	*	0.9%
France	101.9	99.5	99.4	92.7	96.9	100.0	96.3	95.9	98.8	99.0	91.2	-8.1%	-0.3%	15.4%
Germany	37.9	31.8	33.7	30.5	31.8	24.4	22.5	22.0	22.0	20.8	19.1	-8.0%	-5.6%	3.2%
Greece	-	-	-	-	-	-	-	-	-	-	-			
Hungary	3.0	3.3	3.4	3.5	3.6	3.5	3.6	3.5	3.5	3.6	3.6	1.1%	1.4%	0.6%
Ireland	-	-	-	-	-	-	-	-	-	-	-			
Italy	-	-	-	-	-	-	-	-	-	-	-			
Kazakhstan	-	-	-	-	-	-	-	-	-	-	-			
Lithuania	2.0	2.2	2.2	2.5	-	-	-	-	-	-	-			
Netherlands	0.8	1.0	0.9	1.0	0.9	0.9	0.9	0.7	0.9	0.9	0.9	0.7%	0.2%	0.2%
Norway	-	-	-	-	-	-	-	-	-	-	-			
Poland	-	-	-	-	-	-	-	-	-	-	-			
Portugal	-	-	-	-	-	-	-	-	-	-	-			
Romania	1.3	1.7	2.5	2.7	2.6	2.7	2.6	2.6	2.6	2.6	2.6	-3.3%	7.7%	0.4%
Russian Federation	35.4	36.2	36.9	37.0	38.5	39.2	40.2	39.1	40.9	44.2	44.5	0.3%	2.8%	7.5%
Slovakia	4.1	3.5	3.8	3.2	3.3	3.5	3.5	3.6	3.5	3.4	3.3	-2.7%	-1.6%	0.6%
Spain	13.6	12.5	13.3	11.9	14.0	13.1	13.9	12.8	13.0	13.0	13.3	2.2%	*	2.2%
Sweden	15.2	15.2	14.5	11.8	13.1	13.7	14.5	15.0	14.7	12.8	14.2	11.1%	-2.5%	2.4%
Switzerland	6.3	6.3	6.2	6.2	6.0	6.1	5.8	5.9	6.3	5.3	4.8	-8.7%	*	0.8%
Turkey	-	-	-	-	-	-	-	-	-	-	-			
Turkmenistan	-	-	-	-	-	-	-	-	-	-	-			
Ukraine	20.4	20.9	20.3	18.8	20.2	20.4	20.4	18.8	20.0	19.8	18.3	-7.9%	-0.1%	3.1%
United Kingdom	17.1	14.3	11.9	15.6	14.1	15.6	15.9	16.0	14.4	15.9	16.2	1.7%	-1.5%	2.7%
Uzbekistan	-	-	-	-	-	-	-	-	-	-	-			
Other Europe & Eurasia	1.9	1.9	2.0	1.9	1.8	2.0	1.8	1.7	2.0	1.9	1.8	-4.3%	-0.2%	0.3%
Total Europe & Eurasia											268.2			
Iran	-	-	-	-	-	†	0.3	0.9	1.0	0.8	1.4	75.3%	-	0.2%
Israel	-	-	-	-	-	-	-	-	-	-	-			
Kuwait	-	-	-	-	-	-	-	-	-	-	-			
Qatar	-	-	-	-	-	-	-	-	-	-	-			
Saudi Arabia	-	-	-	-	-	-	-	-	-	-	-			
United Arab Emirates	-	-	-	-	-	-	-	-	-	-	-			
Other Middle East	-	-	-	-	-	-	-	-	-	-	-			
Total Middle East											1.4	75.3%		0.2%
Algeria	-	-	-	-	-	-	-	-	-	-	-			
Egypt	-	-	-	-	-	-	-	-	-	-	-			
South Africa	2.7	2.6	2.9	2.9	2.7	3.1	2.7	3.2	3.1	2.8	3.6	29.7%	0.8%	0.6%
Other Africa	-	-	-	-	-	-	-	-	-	-	-			
Total Africa											3.6			
Australia	-	-	-	-	-	-	-	-	-	-	-			
Bangladesh	-	-	-	-	-	-	-	-	-	-	-			
China	12.4	14.1	15.5	15.9	16.7	19.5	22.0	25.3	30.0	38.6	48.2	24.5%	12.4%	8.1%
China Hong Kong SAR	-	-	-	-	-	-	-	-	-	-	-			
India	4.0	4.0	3.4	3.8	5.2	7.3	7.5	7.5	7.8	8.7	8.6	-1.3%	9.0%	1.4%
Indonesia	-	-	-	-	-	-	-	-	-	-	-			
Japan	69.0	63.1	57.0	65.0	66.2	36.9	4.1	3.3	-	1.0	4.0	299.7%	-34.1%	0.7%
Malaysia	-	-	-	-	-	-	-	-	-	-	-			
New Zealand	-	-	-	-	-	-	-	-	-	-	-			
Pakistan	0.6	0.6	0.4	0.6	0.5	0.9	1.2	1.2	1.1	1.1	1.3	15.1%	6.2%	0.2%
Philippines	-	-	-	-	-	-	-	-	-	-	-			
Singapore	-	-	-	-	-	-	-	-	-	-	-			
South Korea	33.7	32.3	34.2	33.4	33.6	35.0	34.0	31.4	35.4	37.3	36.7	-1.8%	1.2%	6.2%
Taiwan	9.0	9.2	9.2	9.4	9.4	9.5	9.1	9.4	9.6	8.3	7.2	-13.4%	-0.9%	1.2%
Thailand	-	-	-	-	-	-	-	-	-	-	-			
Vietnam	-	-	-	-	-	-	-	-	-	-	-			
Other Asia Pacific	-	-	-	-	-	-	-	-	-	-	-			
Total Asia Pacific											105.9			
Total World	605.0	621.5	619.5	613.6	625.9	599.1	560.2	563.9	576.0	582.7	592.1	1.3%	-0.7%	100.0%
of which: OECD	537.3	521.6	517.0	511.4	521.0	488.3	444.0	447.1	449.9	446.7	446.8	-0.2%	-1.7%	75.5%
Non-OECD	97.6	99.9	102.5	102.3	104.9	111.8	115.3	116.8	125.1	136.0	145.2	6.5%	3.8%	24.5%
European Union	224.1	211.7	212.2	202.4	207.4	205.2	199.7	198.5	198.3	194.0	190.0	-2.3%	-1.5%	32.1%
CIS	56.4	57.7	57.8	56.3	59.3	60.2	61.1	58.5	61.5	64.7	63.3	-2.3%	1.8%	10.7%

출처: BP Statistical Review of World Energy June 2017, p.41.

3.1. 원자력에너지의 전 세계 생산과 소비 동향

1986년 체르노빌 사건에서 발생한 방사능 유출사고에서 볼 수 있듯이 원자력에너지는 문제가 발생했을 때 대규모 피해를 양산한다. 그럼에도 불구하고 원자력에너지 사용국가가 신흥국가로 확대되고 있는 이유는 단기적인 측면에서 전력생산 단가가 다른 에너지원에 비해서 저렴하기 때문이다. 또한 원자력에너지는 소량의 에너지 자원으로도 대량의 전력생산이 가능하다. 우라늄 1g은 양질의 석탄 3t을 태웠을 때 나오는 열량과 같으며, 벙커C유 10드럼을 태웠을 때와 맞먹는 에너지가 나온다. 100만kW급 발전소를 1년간 운전하려면 석유는 150만t이 필요하지만 우라늄은 20t이면 가능하다.[32]

출처: 한국수력원자력[33]

<그림 3.1-1> 전원별 발전단가 (단위: 원/kWh, 2014년)

---

32) 김소연, "新기후체제, 원자력 '제2의 르네상스' 이끌다," 『한국원자력신문』, 2016. 1. 16.

33) 한국수력원자력, "전원별 발전단가," http://blog.khnp.co.kr/blog/archives/20175 (검색일: 2017. 1. 20). 원자력에너지 발전 단가에 대해서는 폐기물 처리비용 등이 반영되어야 한다는 지적(이와 같은 사례로, 2012년 11월 1일자 한겨레 신문의 "원전은 값싼 에너지? 새빨간 거짓말" http://www.hani.co.kr/arti/economy/economy_general/558574.html#csidx240db634a1ec9a79e51849e82faec53)이 있는데, 이에 대해 한국수력원자력은 현재의 원전단가에도 원자력발전에 필요한 모든 직·간접 비용뿐만 아니라 원전해체비용, 사용후핵연료 처분비용 및 중·저준위폐기물 관리비용 등 사후처리비용까지 이미 합리적으로 반영되어 있다고 반박하였다.(한수원 블로그 http://blog.khnp.co.kr/blog/archives/4588)

또한 한국수력원자력의 자료인 <그림 3.1-1>에서 볼 수 있듯이, kWh당 발전단가는 태양광이 237.29원, 천연가스가 156.13원, 석유가 221.32원, 수력이 168.66원, 무연탄이 91.19원, 유연탄이 65.79원, 원자력이 54.96원이었다. 이는 원자력에너지의 발전단가가 다른 에너지원보다 압도적으로 낮은 것을 의미한다.

그러나 원자력에너지는 다른 에너지와는 차원이 다른 치명적인 약점을 가지고 있다. 이는 안전성의 문제이다. 1979년 미국의 스리마일 섬(Three Mile Island) 원자력발전소 방사능 누출사고, 1986년 소련의 체르노빌 원자력발전소 방사능 누출사고, 2011년 후쿠시마 원자력발전소 방사능 누출사고에서 볼 수 있듯이, 문제가 발생했을 경우에 심각한 재앙으로 발전될 수 있다. 원자력발전의 장점과 단점이 극명하게 대비되는 상황에서 대부분의 국가에서 원자력발전은 정치적 판단에 따라서 이루어지는 경우가 많았다.

때문에 후쿠시마 원자력발전소 누출사고가 발생했을 때, 사고가 발생한 일본은 안전점검을 위해서 전국의 원자력발전소 가동을 즉시 중단하였고, 독일에서도 원자력발전에 관대하였던 독일 기민당 정부가 독일 전역의 원자력 발전소를 2022년까지 전면 폐쇄하는 쪽으로 정책 방향을 전환하였다. 중국 역시 후쿠시마 원전사고 이후, 원자력발전소 신규건설을 1년 동안 중지하였었다. 이탈리아의 경우도 체르노빌 사고 이후 이탈리아에서 중단된 원자력 발전을 재개하기 위한 국민투표가 2011년 실시되었을 때, 원자력 발전을 재개하려는 정부안이 부결되었다.

화력 발전도 화석연료 사용에 의해 발생하는 지구온난화 문제에 대한 해결비용이 발전원가에 반영이 되어 있지 않으며, 친환경에너지도 낮은 효율성으로 인해 넓은 면적에 장비설치를 하는 과정에서 발생하는 환경파괴 문제와 풍력발전의 소음 공해 비용 등이 반영되어 있지 않기 때문에 모든 발전에 그에 따른 피해비용을 모두 포함해서 단가를 산정하는 것이 쉽지 않은 것이 사실이다.

그러나 선진국이 중심인 OECD회원국의 경우에도, <그림 3.1-2>의 자료에서 보는 바와 같이, 전체 전력생산에서 원자력에너지가 차지하는 비중은, 후쿠시마 사태에서 불구하고, 크게 감소하지 않았다.

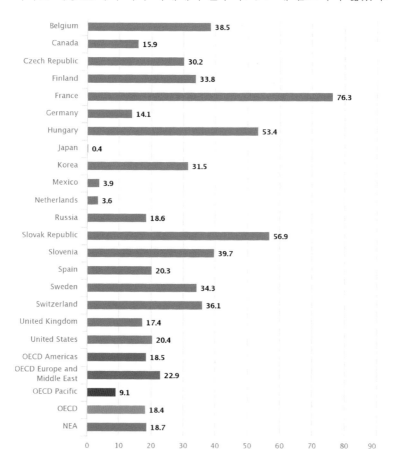

출처: Nuclear Energy Agency[34]

<그림 3.1-2> OECD회원국의 전력생산에서 원자력 발전이
차지하는 비중 (단위: %, 년도: 2015년)

34) NEA, "전력생산에서 원자력에너지가 차지하는 비중,"
   http://www.oecd-nea.org/ndd/nuclear-energy-data/2016/

전력생산에서 원자력발전 비중이 76.3%를 차지하고 있는 프랑스 이외에서 슬로바키아는 전체 전력생산의 56.9%를 원자력 발전에 의존하고 있고 핀란드의 경우도 전체 전력생산에서 원자력 발전이 차지하는 비중이 33.8%였다. 다만 일본, 호주, 뉴질랜드, 한국만이 OECD 회원국인 아시아-태평양 지역에서는 호주, 뉴질랜드에서 원자력발전이 운영되고 있지 않기 때문에, 일본의 원자력에너지 운영 축소에 따라서 큰 폭으로 원자력에너지 발전비중이 감소하였다.

실제로 World Nuclear Industry Status Report 2016[35]의 자료인 <그림 3.1-3>에 따르면, 전 세계 원자로 숫자는 2011년 후쿠시마 원전 사고 이후 잠시 축소되었다가, 다시 증가추세에 있다.

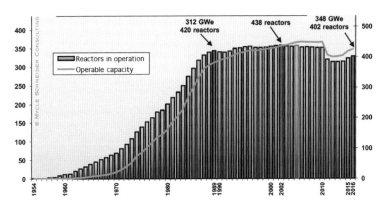

출처: World Nuclear Industry Status Report 2016

<그림 3.1-3> 전 세계 원자로 현황 (1954년-2016년, 단위: GWe, 원자로)

그리고 후쿠시마 원전 사고 이후, 원자력에너지 운영이 증가한 경우도 있다. 중국의 경우 원자력발전소 신규건설을 후쿠시마 원자력

---

35) Schneider, Mycle and Antony Froggatt, *World Nuclear Industry Status Report 2016* (Paris, London: A Mycle Schneider Consulting Project, 2016), p.26.

발전 사고 1년 뒤에 재개하였고, 미국의 경우도 1979년 스리마일 원
전사고 이후 중단되었던 신규원전 건설허가를 후쿠시마 원자력 발
전 사고가 있었던 2011년에 재개하였다.

<표 3.1-1> 전 세계 원자로 건설현황 (2016년 7월 1일 기준)

국가	원자로	MWe(net)	건설시작 연도	전력망 연결 연도
중국	21	21,500	2009-2015	2016-2021
러시아	7	5,473	1983-2010	2016-2019
인도	6	3,907	2002-2011	2016-2019
미국	4	4,468	2013	2019-2020
대한민국	3	4,020	2009-2013	2017-2019
아랍에미리트	4	5,380	2012-2015	2017-2020
벨로루스	2	2,218	2013-2014	2018-2020
파키스탄	3	1,644	2011-2015	2016-2021
슬로바키아	2	880	1985	2017-2018
일본	2	2,650	2007-2010	?
아르헨티나	1	25	2014	2018
브라질	1	1,245	2010	2018
핀란드	1	1,600	2005	2019
프랑스	1	1,600	2007	2018
합계	58	56,610	1983-2015	2016-2021

출처: World Nuclear Industry Status Report 2016[36]

또한 지구온난화 문제에 대한 범세계적인 논의가 이루어지는 가
운데, 최근 들어 원자력 발전에 대한 관심이 개발도상국을 중심으로
크게 증대되고 있다. 현재 원자력 에너지 시장 성장을 주도하고 있
는 시장은 중국, 인도, 방글라데시, 동남아시아(인도네시아, 베트남,
말레이시아), 한국, 라틴아메리카, 중동, 아프리카(이집트, 요르단, 튀

---

36) Schneider, Mycle and Antony Froggatt, *World Nuclear Industry Status Report 2016* (Paris,
London: A Mycle Schneider Consulting Project, 2016), p.28.

니지, 남아프리카 공화국, 나이지리아)이다. <표 3.1-1>의 자료에서 볼 수 있듯이, 2016년 7월 1일을 기준으로, 중국에서 21기의 원자로가 건설 중이고, 러시아에서 7기의 원자로, 인도에서 6기의 원자로, 미국에서 4기의 원자로, 한국과 파키스탄에서 각각 3기의 원자로, 아랍에미리트에서 4기의 원자로, 벨로루스, 슬로바키아에서 각각 2기의 원자로, 아르헨티나, 브라질, 핀란드, 프랑스에서 각각 1기의 원자로가 건설 중이다. 따라서 후쿠시마 원전사고 이후 원자력 발전소 감축에 관련된 사례만 분석하는 것은 전 세계 차원의 원자력 발전 현황에 대해 불완전한 이해를 갖도록 할 수 있다.

원자력 발전이 현재 증가추세에 있는 원인으로, 앞에서 언급한 경제성 이외에도, 원자력발전 운영을 통한 탄소배출 감소효과를 들 수 있다. 원자력 발전은 탄소배출이 거의 없는 에너지원이다.

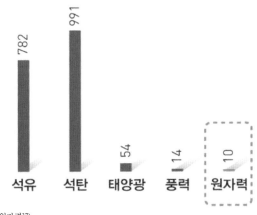

출처: 한국수력원자력[37)]

<그림 3.1-4> 발전원별 이산화탄소 배출량 (단위: g/kWh)

37) 한국수력원자력. 2015. "발전원별 이산화탄소 배출량." http://blog.khnp.co.kr/blog/archives/10695

<그림 3.1-4>에서 볼 수 있듯이, 석탄의 이산화탄소 배출량은 원자력 발전의 99배에 이르고 있다. 지구온난화 문제로 세계 각국이 온실가스 배출을 감축해야하는 상황에서 석탄사용을 증대시킬 수는 없다. 이와 같이, 경제성과 이산화탄소 배출 억제라는 점에서 원자력 발전은 매력적인 대체에너지원이다.

지구온난화 문제에 따라서 온실가스 감축에 전 세계적인 관심이 증대하고 있는 가운데, 원자력에너지는 다시 크게 주목을 받고 있다. 특히 미국과 같은 선진국에서의 정책변화 뿐만아니라 중국, 인도, 중동, 동남아시아, 라틴아메리카 등의 개발도상국에서 원자력에너지 발전시장 규모가 증대하고 있다.

이를 가늠할 수 있는 실례가 2015년 6월 1일부터 6월 3일까지 러시아 모스크바에서 열린 '아톰엑스포-2015(ATOMEXPO-2015) 총회'였다. 아톰엑스포-2015는 원자력 에너지 발전에 관련한 다양한 주제들과 세계 원자력 에너지 산업 발전 동향에 대한 견해와 경험을 교환하는 장을 마련하였다. 아톰엑스포-2015에 참석한 에너지 전문가들에 따르면, 원자력에너지는 기후변화와 온실가스 감축, 경제성, 에너지 안보 등 다양한 환경변화에 능동적으로 대응할 수 있는 에너지자원이다. 안전성이 확보된다면 온실가스 감축이라는 목표를 달성하는 데 가장 효율적인 전력생산원이 원자력이다.[38] 포럼의 전문가들에 따르면, 최근 동향은 원자력 에너지의 이용이 선진국에서 개발도상국으로 확산되고 있다는 점이다. 현재 원자력 에너지 시장 성장을 주도하고 있는 시장은 중국, 인도, 방글라데시, 동남아시아(인도네시아, 베트남, 말레이시아), 한국, 라틴아메리카, 중동, 아프리카(이집트, 요르단, 튀니지, 남아프라카 공화국, 나이지리아)이다.

---

38) "아톰엑스포-2015." http://ep-bd.com/online/details.php?cid=31&id=18597

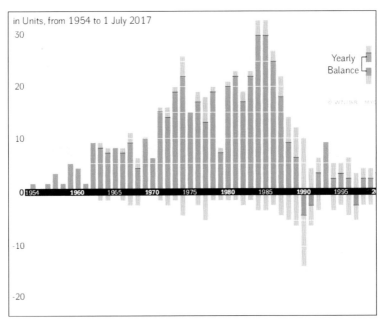

출처: World Nuclear Association[39]

<그림 3.1-5> 전 세계 원전로 신규운영과 폐로 현황 (1954년-2017년 7월 1일)

상업적 원전건설이 인류역사에서 시작된 이래 대부분의 해(年)에 신규운영되는 원자로 수가 폐로 되는 원자로 수를 능가하였다. 이는 원자로 운영에 대한 각국 정책의 상이함에도 불구하고 전 세계적으로는 원전운영이 확대되어 왔음을 의미하는 것이다. 특히 후쿠시마 원전사태가 발생한 2011년 대규모 폐로가 진행되었지만, 이후 전 세계 원자로는 다시 증가추세에 있다. 또한 이와 같은 원자로 운영증가를 중국 등의 신흥국이 주도하고 있다는 측면에서 과거의 원자력 발전 운영확대와는 다른 경향을 보이고 있다.

---

39) World Nuclear Association, https://www.worldnuclearreport.org/IMG/pdf/20170912wnisr2017-en-lr.pdf

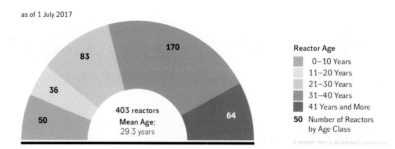

as of 1 July 2017

출처: World Nuclear Association[40]

<그림 3.1-6> 전 세계에서 운용 중인 원자로의 연령 현황

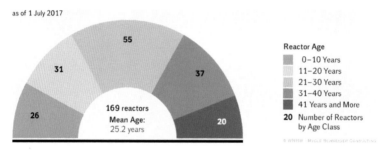

as of 1 July 2017

출처: World Nuclear Association[41]

<그림 3.1-7> 전 세계에서 폐로 된 원자로의 연령 현황

또한 전 세계에서 운용 중인 원자로는, 세계원자력협회(WNA: World Nuclear Association)에 따르면, 31년 이상 된 원자로가 전체 원자로의 절반 이상을 차지하고 있다. 또한 운영을 시작한지 10년 미만의 원자로도 50기로 최근 신규원전 운용이 가속화되고 있음을 의미하기도 한다.

---

40) World Nuclear Association, https://www.worldnuclearreport.org/IMG/pdf/20170912wnisr2017-en-lr.pdf

41) World Nuclear Association, https://www.worldnuclearreport.org/IMG/pdf/20170912wnisr2017-en-lr.pdf

반면에 전 세계에서 폐로되는 원자로의 대부분은 원전 운영기간이 비교적 오래되지 않은 원자로이다. 이는 전 세계에서 진행된 폐로 결정이 경제성보다는 정치적 결정에 의한 것이라는 것을 의미한다.

<표 3.1-2> 전 세계에서 건설 중인 원자로 현황 (2017년 7월 1일 기준)

Country	Units	Capacity MW net	Model	Construction Start (dd/mm/yyyy)	Expected Grid Connection	Behind Schedule
Argentina	1	25				
Carem25		25	CAREM (PWR)	08/02/2014	2019[1]	yes
Belarus	2	2 218				
Belarusian-1		1 109	VVER V-491	06/11/2013	End 2019[2] (commercial operation)	yes
Belarusian-2		1 109	VVER V-491	03/06/2014	Late 2020[3] (commercial operation)	
China[4]	20	20 500				
Fangchenggang-3		1000	HPR-1000 (Hualong One)	24/12/2015	2019[5]	
Fangchenggang-4		1000	HPR-1000 (Hualong One)	23/12/2016	2020[6]	
Fuqing-4		1000	CPR-1000	01/10/2012	7/2017[7]	
Fuqing-5		1000	HPR-1000 (Hualong One)	07/05/2015	6/2020 (Completion)[8]	yes
Fuqing-6		1000	HPR-1000 (Hualong One)	22/12/2015	2020[9]	
Haiyang-1		1000	AP-1000	24/09/2009	2018[10] (commercial operation)	yes
Haiyang-2		1000	AP-1000	21/06/2010	2018[11]	yes
Hongyanhe-5		1000	ACPR-1000	29/03/2015	2019[12]	
Hongyanhe-6		1000	ACPR-1000	24/07/2015	2020[13]	
Sanmen-1		1000	AP-1000	19/04/2009	2018[14]	yes
Sanmen-2		1000	AP-1000	17/12/2009	2018[15]	yes
Shidao Bay-1		200	HTR-PM	01/12/2012	2018[16]	yes
Taishan-1		1660	EPR-1750	28/10/2009	S2/2017[17]	yes
Taishan-2		1660	EPR-1750	15/04/2010	S1/2018[18]	yes
Tianwan-3		990	VVER V-428M	22/12/2012	2/2018[19]	yes
Tianwan-4		990	VVER V-428M	27/09/2013	3/2019[20]	yes
Tianwan-5		1000	ACPR-1000	27/12/2015	12/2020[21] (commercial operation)	
Tianwan-6		1000	ACPR-1000	07/09/2016	10/2021[22] (commercial operation)	
Yangjiang-5		1000	ACPR-1000	18/09/2013	11/2017[23]	
Yangjiang-6		1000	ACPR-1000	31/12/2013	7/2019[24]	yes

Finland	1	1600				
Olkiluoto-3		1600	EPR	12/08/2005	2018[5]	yes
France	1	1600				
Flamanville-3		1600	EPR	03/12/2007	Second Quarter 2019[26]	yes
India	6	3907				
Kakrapar-3		630	PHWR-700	22/11/2010	2018[27] (commercial operation)	yes
Kakrapar-4		630	PHWR-700	22/11/2010	2018[28] (commercial operation)	yes
Kudankulam-3		917	VVER1000	29/06/2017	mid-2023[29] (completion)	
PFBR		470	FBR	23/10/2004	2018[30]	yes
Rajasthan-7		630	PHWR	18/07/2011	2018[31] (completion)	yes
Rajasthan-8		630	PHWR	30/09/2011	2019[32]	yes
Japan[v]	1	1325				
Shimane-3		1325	ABWR	12/10/2007	?[34]	yes
Pakistan	2	2028				
Kanupp-2		1014	ACP-1000 (Hualong One)	20/08/2015	2021	
Kanupp-3		1014	ACP-1000 (Hualong One)	31/05/2016[35]	Late 2022[36]	
Russia	6	4359				
Leningrad 2-1		1085	VVER V-491	25/10/2008	5/2018[37]	yes
Leningrad 2-2		1085	VVER V-491	15/04/2010	11/2019[38]	yes
Novovoronezh 2-2		1114	VVER V-392M	12/07/2009	10/2018[39]	yes
Rostov-4		1011	VVER V-320	01/01/1983[40]	12/2017[41]	yes
Akademik Lomonosov-1		32	KLT-40S 'Floating'	15/04/2007	2019	yes
Akademik Lomonosov-2		32	KLT-40S 'Floating'	15/04/2007	2019	yes
Slovakia	2	880				
Mochovce-3		440	VVER V-213	01/01/1985	End 2018[42] (operation)	yes
Mochovce-4		440	VVER V-213	01/01/1985	End 2019[43] (operation)	yes
South-Korea	3	4020				
Shin-Hanul-1		1340	APR-1400	10/07/2012	4/2018[44] (commercial operation)	yes
Shin-Hanul-2		1340	APR-1400	19/06/2013	2/2019[45] (commercial operation)	yes
Shin-Kori-4		1340	APR-1400	19/09/2009	9/2018[46] (commercial operation)	yes
UAE	4	5380				
Barakah-1		1345	APR-1400	19/07/2012	2018[47]	yes
Barakah-2		1345	APR-1400	30/05/2013	2018	?
Barakah-3		1345	APR-1400	24/09/2014	2019	?
Barakah-4		1345	APR-1400	30/07/2015	2020	?
USA	4	4468				
Summer-2[d]		1117	AP-1000	09/03/2013	2020	yes
Summer-3		1117	AP-1000	02/11/2013	2020	yes
Vogtle-3		1117	AP-1000	12/03/2013	mid-2019[49]	yes
Vogtle-4		1117	AP-1000	19/11/2013	mid-2020[50]	yes
WORLD	53	52310			2017-2023	37

출처: World Nuclear Association[42)]

---

42) World Nuclear Association, https://www.worldnuclearreport.org/IMG/pdf/20170912wnisr2017-en-lr.pdf

3.2. 2011년 후쿠시마 사태 이후 각국의 원자력에너지 정책

2011년 후쿠시만 원전사고는 체르노빌 사고 이후 발생한 사상 최대의 원전사고였다. 이후 각국은 자국의 정치, 경제적 상황에 맞추어 자국의 원자력에너지 정책을 변화하였다. 독일의 경우 원자력발전에 관대하였던 기민당의 메르켈 총리가 2022년부터 원자력발전 운영 중지를 결정하였던 과거 사민당 정부의 정책을 수용하였다. 반면에 전력생산 비중에서 세계 최대의 원자력발전을 운영하고 있는 프랑스는 2011년 후쿠시마 사태로 에너지정책에 대한 영향을 받지 않았다.

2011년 미국에서는 심지어 1979년 스리마일 사고 이후 중단되었던 신규 원전건설 허가가 재개되었다.

이와 같이 전 세계차원에서 원자력 발전이 다르게 운영되는 이유는 원자력발전이 탄소배출이 없는 에너지원이며, 인류가 만들어낸 에너지원 중 현재까지 가장 고효율이라는 점이다. 반면에 인류가 만들어낸 에너지원 중 가장 고도의 기술을 필요로 하며, 가장 위험한 에너지원이다.

이와 같은 원자력에너지의 뚜렷하게 대비되는 장점과 단점 때문에 세계 각국은 원자력발전 운영에서 각기 다른 접근을 하고 있다.

3.2.1. EU 회원국 사이의 상이한 원자력에너지 정책

EU회원국에는 프랑스와 같이 전력생산에서 원자력발전에 의존하는 비율이 세계 최대인 국가가 존재함과 함께 독일과 같이 원자력발전 폐쇄를 계획하고 있는 국가 그리고 핀란드, 영국 등과 같이 신규 원전 건설을 진행하고 있는 국가들이 모두 존재한다.

벨기에 사례

벨기에에서는 후쿠시마 원전사고 이후 벨기에에서는 노후한 3개 원자로를 2015년까지 폐기하고, 나머지 원자로 4곳도 대체에너지원을 찾을 경우 2025년까지 폐기한다고 벨기에 주요 6개 정당이 합의하였다.[43] 전국에서 7개의 원전을 운영하고 있으며, OECD 원자력기구(NEA: Nuclear Energy Agency)회원국 중 프랑스, 슬로바키아 다음으로 전력생산에서 원자력발전에 대한 의존이 가장 큰 벨기에에서는 이미 2003년 녹색당 주도로 벨기에 연방의회에서 원자력발전소를 2015년부터 2025년까지 단계적으로 폐쇄하는 방안을 의결했다. 그러나 2009년 헤르만 반 롬푸이 총리 정부 시절에 대체 전력공급원의 문제로 30년 된 노후 원전 3기의 가동 시한을 10년 연장하는 것으로 2003년의 원자력 발전소 폐기 정책이 전환되었다. 이런 상황에서 후쿠시마 원전사태는 벨기에의 원자력 정책을 다시 2003년의 상황으로 되돌려 놓은 것이다.

이탈리아 사례

이탈리아는 1986년 체르노빌 원전사고 이후 원자력발전을 전면중단하였다. 그러나 2000년대 후반의 가파른 유가상승에, 이탈리아 정부는 2008년 5월 22일 급격한 유가상승에 원자력발전을 재개한다고 밝혔다.[44] 클라우디오 스카욜라 경제개발부 장관은 법률 제정 등을 거쳐, 2013년 원자력발전소 건설을 재개할 계획이라고 공표하였

---

43) "르몽드 (2011년 10월 31일자),"
http://www.lemonde.fr/europe/article/2011/10/31/la-belgique-va-sortir-du-nucleaire_1596364_ 3214.html

44) "한국경제 (2013년 3월 8일자),"
http://www.hankyung.com/news/app/newsview.php?aid=2013030861801&sid=0106&nid=009&ltype=1

다.[45] 그러나 원자력발전소 건설 재개와 같은 정치적 판단을 다른 국내 정치적 이슈와 묶어서 국민투표에 맡겼고, 국민투표에서 정부 안이 부결됨에 따라 정부의 원자력에너지 정책은 다시 급격하게 수 정될 수밖에 없었다. 1986년 체르노빌 원전 사고 뒤에 원자력발전을 전면 중단했던 그러나 이탈리아에서 6월 12일부터 6월 13일 양일간 실시된 국민투표에서 '원전 재도입 정책', '총리직 수행과 재판출석 양립불가', '공공수도사업의 민영화', '수도사업의 수익성에 기초한 수도요금 책정' 등 정부 주도로 추진 등에 관련한 4개 법령의 폐기 여부가 유권자들의 선택에 놓여졌고, 투표결과 총 투표자 95%의 압 도적인 찬성으로 위의 법령들을 폐기하기로 결정하였다. 이탈리아정 부는, 2013년부터 원자력발전소건설에 착수하여, 2020년까지 총 400억 유로를 투자하여 신형원자로 4기를 건설하고 2030년까지 전 체 전력 생산량에서 원자력발전의 비중을 25%로 높인다는 계획이 었지만, 이탈리아는 1987년 우크라이나 체르노빌 원자력 발전소 사 고 때 국민투표를 거쳐 원자력발전을 폐기한 이후, 다시 한 번 국민 투표를 통해 원자력발전 재도입 정책이 폐기되어 이탈리아 정부의 에너지 정책에 재수정이 불가피해졌다.[46]

독일 사례

독일 역시 벨기에와 같이 원자력 에너지정책에서 연속성이 없었 다. 정권교체 및 여론에 대한 인기영합주의에 따라서 독일의 원자력

45) "한겨레 (2008년 5월 23일자)," http://www.hani.co.kr/arti/international/europe/289277.html
46) "주 이탈리아 대한민국 대사관,"
   http://ita.mofat.go.kr/webmodule/htsboard/template/read/korboardread.jsp?typeID=15&boardid=10 993&seqno=814790&c=&t=&pagenum=1&tableName=TYPE_LEGATION&pc=&dc=&wc=&lu= &vu=&iu=&du=

정책이 뒤죽박죽되었다. 독일 연방정부는, 1998년 사민당-녹색당 연정 출범 이후, 원자력발전에 부정적인 견해를 갖고 있는 녹색당의 이해를 반영하여 장기적으로 독일 내에 있는 원자력발전소를 폐쇄하기로 결정하였다. 한 걸음 더 나아가 사민당-녹색당 연립정부는 2002년 4월 원자력법을 개정하여 독일에서 신규 원전 건설을 중단하고 전력생산이 만료된 원자력발전소는 2021년까지 단계적으로 폐쇄하기로 결정한 것이다. 이는 전력생산에서 석탄에 대한 의존도가 지나치게 높은 독일의 사정을 전혀 고려하지 않은 정치적인 결정이었다.

그러나 2009년 9월의 총선으로 기민/기사연합과 친기업 성향의 자민당 연립정부가 출범함에 따라, 양당은 재생에너지로의 전환 과정에서 원전가동 기한 연장이 필요하다는데 합의를 하였다. 또한 기민/기사연합과 자민당 연립정부는 노후원전의 수명을 12년 연장하고 독일 내에서 원전가동도 사민당-녹색당 정권에서 결정된 기한보다 1년 뒤인 2022년에 중단하기로 결정하였다. 하지만 이와 같은 독일 우파 연립정부의 원자력 발전에 대한 결정 역시 후쿠시마 사태이후 원자력발전에 대한 독일 내부에서 부정적인 시각이 증대하여 변화하게 되었다. 후쿠시마 원전 사고 직후인, 2011년 3월 15일, 독일정부는 건설된 원전 17기 중 노후 원전 7기와 크루에멜 발전소에 대한 가동중단을 선언하였다. 이는 2011년에 예정되어 있던 7개의 지방선거에서 기민/기사연합이 승리하기 위한 전략에 하나였다. 그러나 기민/기사연합은 지방선거에서 참패하였고, 독일의 에너지정책의 안정성도 심각한 손상을 입었다. 2011년 9월 19에는 독일 최대 기업이자 세계 선두 원전사업 기업인 지멘스가 모든 원전사업에서 철수하기로 결정한다고 발표하였다. 이는 독일정부의 오락가락하는 에너지정책에 대한 독일 기업의 응답이었다.

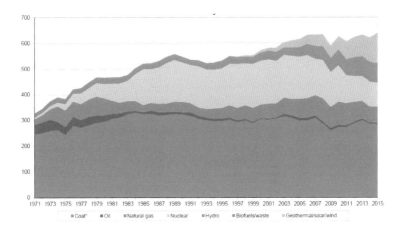

출처: International Energy Agency

<그림 3.2.1-1> 독일의 발전원별 전력생산

독일 정부는 이런 오락가락하는 에너지정책으로 에너지 기업에
의해 줄 소송을 당하고 있다. 단적인 사례가 스웨덴 에너지기업인
바텐팔(Vattenfall)이 독일정부의 원전 중단정책으로 피해를 입은데
대해서 10억유로 상당의 소송을 하였다. 바텐팔은 2011년 독일정부
의 조치로 폐쇄된 브룬스뷔텔(Brunsbüttel)원전의 지분 66.7%와 크
루에멜(Krümmel) 원전의 지분 50%를 보유하고 있다.[47]

독일의 원자력 기업인 RWE[48]은 독일정부의 원전 취소를 중단시
키기 위해 2011년 4월 1일 소송을 제기하였고, 독일의 원자력 기업
은 에온(E.on) 역시 2011년 11월 14일 원전폐지를 요구하는 독일정
부의 원자력법 개정이 위헌임을 주장하며, 독일 최고법원인 연방헌

---

47) "슈피겔(2011년 11월 2일자)," http://www.spiegel.de/international/germany/vattenfall-vs-germany-
nuclear-phase-out-faces-billion-euro-lawsuit-a-795466.html

48) "연합뉴스 (2011년 4월 1일자)," http://www.yonhapnews.co.kr/international/2011/04/01/0606000
000AKR20110401208300082.HTML

법재판소에 독일 정부를 상대로 소송을 제기하였다. 이와 같이 독일 정부의 섣부르고 인기영합주의의 에너지정책은 국내 에너지 산업 및 외국의 에너지기업에서 큰 발발을 샀다

<표 3.2.1-1> 독일 내에서 폐쇄된 원자력발전소 현황

Reactor Name (Type, Net Capacity)	Owner/Operator	First Grid Connection	End of License (latest closure date)
Biblis-A (PWR, 1167 MW)	RWE	1974	6 August 2011
Biblis-B (PWR, 1240 MW)	RWE	1976	
Brunsbüttel (BWR, 771 MW)	KKW Brunsbüttel²	1976	
Isar-1 (BWR, 878 MW)	E.ON	1977	
Krümmel (BWR, 1346 MW)	KKW Krümmel²	1983	
Neckarwestheim-1 (PWR, 785 MW)	EnBW	1976	
Philippsburg-1 (PWR, 890 MW)	EnBW	1979	
Unterweser (BWR, 1345 MW)	E.ON	1978	
Grafenrheinfeld (PWR, 1275 MW)	E.ON	1981	31 December 2015 (closed 27 June 2015)
Gundremmingen-B (BWR, 1284 MW)	KKW Gundremmingen²	1984	31 December 2017
Philippsburg-2 (PWR, 1402 MW)	EnBW	1984	31 December 2019
Brokdorf (PWR, 1410 MW)	E.ON/Vattenfall²	1986	31 December 2021
Grohnde (PWR, 1360 MW)	E.ON	1984	
Gundremmingen-C (BWR, 1288 MW)	KKW Gundremmingen	1984	
Isar-2 (PWR, 1410 MW)	E.ON	1988	31 December 2022
Emsland (PWR, 1329 MW)	KKW Lippe-Ems²	1988	
Neckarwestheim-2 (PWR, 1310 MW)	EnBW	1989	

출처: World Nuclear Association[49)]

프랑스 사례

프랑스는 1956년 수에즈 위기이후, 중동으로 부터의 석유수급 등 에너지 안보에 정부차원에서 관심을 기울였다. 이로 인해 원자력 에너지 개발에 드골 정권이후 프랑스 정권은 지속적인 관심을 보였다.

---

49) World Nuclear Association, https://www.worldnuclearreport.org/IMG/pdf/20170912wnisr2017-en-lr.pdf

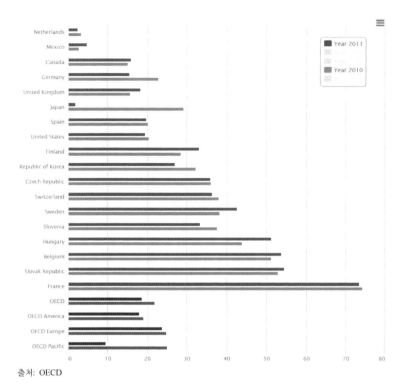

출처: OECD

<그림 3.2.1-2> 2010년과 2013년 OECD회원국 전력생산에서
원자력 발전이 차지하는 비중 (단위: %)

<표 3.2.1-2> OECD NEA 회원국 전력생산의 원자력 발전 의존도

국가	전력망에 연결된 원자력 발전소	원자력 에너지 이용 전력생산 (net TWh) 2013		전체 전력생산 대비 원자력 발전 비율	
호주	0	0.0		0.0	
오스트리아	0	0.0		0.0	
벨기에	7	42.5		53.7	
캐나다	19	97.0	*	15.9	
Chile	0	0.0		0.0	
체코	6	29.0	***	35.8	

덴마크	0	0.0		0.0
에스토니아	0	0.0	**	0.0
핀란드	4	22.6		33.1
프랑스	58	403.7		73.3
독일	9	91.8		15.4
그리스	0	0.0	**	0.0
헝가리	4	14.4		51.2
아이슬란드	0	0.0		0.0
아일랜드	0	0.0		0.0
이스라엘	0	0.0	**	0.0
이탈리아	0	0.0		0.0
일본	48	13.9	**	1.7
룩셈부르크	0	0.0		0.0
멕시코	2	11.4	*	4.6
네덜란드	1	2.6	*	2.3
뉴질랜드	0	0.0		0.0
노르웨이	0	0.0		0.0
폴란드	0	0.0		0.0
포르투갈	0	0.0		0.0
대한민국	23	138.8	*	27.0
슬로바키아	4	14.7		54.4
슬로베니아	1	5.0		33.3
스페인	8	54.3	*	19.7
스웨덴	10	63.6	*	42.6
스위스	5	24.8		36.3
터키	0	0.0		0.0
영국	16	64.1		18.3
미국	100	789.0	*	19.4
Total	**325**	**1 883.2**		**18.6**
OECD America	121	897.4		18.0
OECD Europe	133	833.1		23.7
OECD Pacific	71	152.7		9.5

출처: OECD NEA 2013년 자료[50] * 임시통계, ** OECD NEA 추정치

<그림 3.2.1-2>에서 볼 수 있듯이 프랑스는 OECD 원자력기구 (NEA: Nuclear Energy Agency) 회원국 중에서 전력생산에서 최고 수준의 원자력 발전 의존성을 보이고 있다.

특히 2011년 후쿠시마 원자력발전소 방사능 유출 사고 이후에도 한국에서 원자력에너지 운용이 감소한 반면에 프랑스에서는 안정적으로 운용되었다.

프랑스는 전체 전력생산에서 70%이상을 원자력발전을 통해서 생산하고 있다. 앞서 언급하였듯이, 프랑스가 원자력발전을 의욕적으로 추진한 배경은 프랑스의 주요 원유수송로인 수에즈운하 통제권을 상실함에 따라 발생하는 에너지안보문제를 해결하려 한 것이었다. 또한 정부가 정책적으로 거대 국영에너지 기업을 육성하였다. 현재까지도 세계 최대 원자력기업은 프랑스의 AREVA(아레바)이다.

OECD NEA 2012년 보고서에 따르면, 프랑스에서 전력소비는 보고서의 기준년도인 2011년에 전년대비 6.5%감소하였고, 전체 전력생산 역시 1.5%감소했는데, 특히 화력발전에 의한 전력생산이 14% 감소해서 그 결과 원자력에너지를 이용한 전력생산이 증가했다고 분석되었다.

현재 프랑스는 58개의 원자력 발전소가 가동 중이다. 원자력 발전소의 숫적인 측면에서, 프랑스는 원자력 발전소 104개를 운영하고 있는 미국 다음으로 많은 원자로를 보유하고 있는 OECD회원국이다.

프랑스의 경우 <그림 3.2.1-2>에서 볼 수 있듯이 1970년대 이후 전력생산에서 석유가 차지하는 비중을 급격하게 줄여나갔다. 1973년 오일쇼크 직전에는 프랑스의 전력생산에서 가장 큰 비중을 차지한 에너지원은 석유였다.

---

50) "OECD NEA," http://www.oecd-nea.org/general/facts/

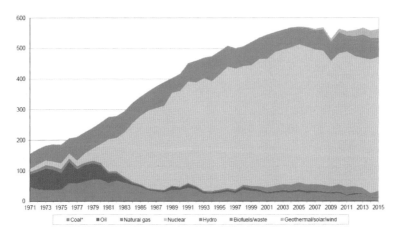

출처: International Energy Agency

<그림 3.2.1-2> 프랑스의 발전원별 전력생산(단위: TWh)

한편 1980년 이후 프랑스에서 원자력 발전에 의한 전력 생산이 급격하게 증가하였고, 원자력 발전의 증가와 함께 전력생산에서 석유를 이용한 화력발전의 비중은 급격하게 감소하였다.

그 결과 프랑스 원자력청(CEA: Commissariat à l'énergie atomique)의 자료에 따르면 독일은 프랑스보다 1인당 온실가스 배출량이 1.8배 더 많은 상황이다. 미국의 경우 프랑스보다 1인당 온실가스 배출량이 2.9배 더 많다.

실제로 CEA는 프랑스가 원자력 발전을 중지할 경우 온실가스 배출이 12% 증가할 것으로 예측하고 있다.[51] 현재 프랑스는 58개의 원자력 발전소가 가동 중이다. 원자력 발전소의 수적인 측면에서, 프랑스는 원자력 발전소 104개를 운영하고 있는 미국 다음으로 많

---

51) "CEA," http://www.cea.fr/jeunes/themes/l_energie_nucleaire/questions_sur_le_nucleaire/l_energie_
nucleaire_en_france (2015년 12월 1일 검색)

은 원자로를 보유하고 있는 OECD 회원국이다.

프랑스는 현재 OECD 회원국 중 미국 다음으로 많은 원자로를 운영하고 있으며, 전력생산에서 원자력발전 의존이 가장 높은 국가이다. 사민당-녹색당 좌파정권에 의해 원자력 발전 감축에 뒤이은 기민당-자민당 우파연정에 의해 원자력 발전소 감축 계획 축소가 있었던 독일과 달리 프랑스는 원자력 정책은 드골정권이후 정권교체의 변화와 관련없이 지속되어왔다. 프랑스에서 운영되는 원자로의 대부분이 미테랑 대통령의 임기(1981년 5월 21일-1995년 5월 17일) 중에 가동을 시작하였다.

좌파정권인 미테랑 정권시기에 원자력 발전소 건설 및 운용에 박차를 가하였고, 우파정권인 시라크 정권 당시에는 민간분야 원자력 에너지 운영에서 세계 최대의 원자력 기업인 프랑스 국영기업 아레바 (AREVA)를 설립하였다.

전 세계에서 유일하게 AREVA만이 원자력 에너지 운용에 필수적인 우라늄 광산개발부터 시작하여, 원자력 터빈 제작, 원자력 발전소 건설 및 전력공급 등 원자력 에너지에 관련된 모든 사업을 하나의 기업에서 관장하고 있다.

이와 같은 거대 원자력기업은 탄생은 프랑스 정부의 정책에 따른 것이다. 프랑스 정부 정책에 따라, 2001년 9월 원자로 제작사인 프라마톰(Framatom: Franco-Américaine de Constructions Atomiques), 프랑스핵연료공사인 코제마(Cogema: Compagnie générale des matières nucléaires) 그리고 원자력 발전소 설계 및 제작사인 테크니카톰 (Technicatome: Société Technique pour l'Energie Atomique)이 합병하여 AREVA가 설립되었다.

<표 3.2.1-3> 프랑스 원자력발전소 현황

발전소명	노형	위치	출력 (MWe)	설비용량 (MWe)	가동 시기
BELLEVILLE-1	PWR	CHER	1,310	1,363	1987/10/14
BELLEVILLE-2	PWR	CHER	1,310	1,363	1988/07/06
BLAYAIS-1	PWR	GIRONDE	910	951	1981/06/12
BLAYAIS-2	PWR	GIRONDE	910	951	1982/07/17
BLAYAIS-3	PWR	GIRONDE	910	951	1983/08/17
BLAYAIS-4	PWR	GIRONDE	910	951	1983/05/16
BUGEY-2	PWR	AIN	910	945	1978/05/10
BUGEY-3	PWR	AIN	910	945	1978/09/21
BUGEY-4	PWR	AIN	880	917	1979/03/08
BUGEY-5	PWR	AIN	880	917	1979/07/31
CATTENOM-1	PWR	MOSELLE	1,300	1,362	1986/11/13
CATTENOM-2	PWR	MOSELLE	1,300	1,362	1987/09/17
CATTENOM-3	PWR	MOSELLE	1,300	1,362	1990/07/06
CATTENOM-4	PWR	MOSELLE	1,300	1,362	1991/05/27
CHINON-B-1	PWR	INDRE-ET-LOIRE	905	954	1982/11/30
CHINON-B-2	PWR	INDRE-ET-LOIRE	905	954	1983/11/29
CHINON-B-3	PWR	INDRE-ET-LOIRE	905	954	1986/10/20
CHINON-B-4	PWR	INDRE-ET-LOIRE	905	954	1987/11/14
CHOOZ-B-1	PWR	ARDENNES	1,500	1,560	1996/08/30
CHOOZ-B-2	PWR	ARDENNES	1,500	1,560	1997/04/10
CIVAUX-1	PWR	VIENNE	1,495	1,561	1997/12/24
CIVAUX-2	PWR	VIENNE	1,495	1,561	1999/12/24
CRUAS-1	PWR	ARDECHE	915	956	1983/04/29
CRUAS-2	PWR	ARDECHE	915	956	1984/09/06
CRUAS-3	PWR	ARDECHE	915	956	1984/05/14
CRUAS-4	PWR	ARDECHE	915	956	1984/10/27
DAMPIERRE-1	PWR	LOIRET	890	937	1980/03/23
DAMPIERRE-2	PWR	LOIRET	890	937	1980/12/10
DAMPIERRE-3	PWR	LOIRET	890	937	1981/01/30
DAMPIERRE-4	PWR	LOIRET	890	937	1981/08/18
FESSENHEIM-1	PWR	HAUT-RHIN	880	920	1977/04/06
FESSENHEIM-2	PWR	HAUT-RHIN	880	920	1977/10/07
FLAMANVILLE-1	PWR	MANCHE	1,330	1,382	1985/12/04
FLAMANVILLE-2	PWR	MANCHE	1,330	1,382	1986/07/18
GOLFECH-1	PWR	TARN-ET-GARONNE	1,310	1,363	1990/06/07
GOLFECH-2	PWR	TARN-ET-GARONNE	1,310	1,363	1993/06/18
GRAVELINES-1	PWR	NORD	910	951	1980/03/13
GRAVELINES-2	PWR	NORD	910	951	1980/08/26
GRAVELINES-3	PWR	NORD	910	951	1980/12/12
GRAVELINES-4	PWR	NORD	910	951	1981/06/14
GRAVELINES-5	PWR	NORD	910	951	1984/08/28
GRAVELINES-6	PWR	NORD	910	951	1985/08/01
NOGENT-1	PWR	AUBE	1,310	1,363	1987/10/21

NOGENT-2	PWR	AUBE	1,310	1,363	1988/12/14
PALUEL-1	PWR	SEINE-MARITIME	1,330	1,382	1984/06/22
PALUEL-2	PWR	SEINE-MARITIME	1,330	1,382	1984/09/14
PALUEL-3	PWR	SEINE-MARITIME	1,330	1,382	1985/09/30

출처: 원자력국제협력정보서비스[52]

은 미테랑 집권시기

이와 같이 프랑스에서 거대원자력 기업이 탄생할 수 있었던 이유
는 프랑스 정부가 1974년이후 원자력에너지 개발에 에너지 정책의
촛점을 맞추고 일관성있게 발전시켰기 때문이다. 특히 프랑스의 국
영 원자로 제작사인 프라마톰(Framatome)과 미국 원자로제작사인
웨스팅하우스 (Westinghouse)간의 1981년 "원자력 기술협력 협정
(Nuclear Technical Agreement)"을 통해서, 프라마톰(Areva NP의 전
신)은 원자로 제작의 원천기술을 확보할 수 있었다.

<표 3.2.1-4> 전 세계 수요 원자로 제작업체

원자로형	개발국가및업체		원천 기술 보유	기술개발
가압 경수로	미국	Westinghouse (WEC)	○	독자개발
	프랑스	ArevaNP	○	WEC로부터 기술사용권구입
	한국	한국수력원자력	×	미국GE기술지원, WEC, Areva로부터 기술도입
	일본	Mitsubishi	×	WEC로부터 기술 이전
	러시아	AEP	○	독자개발
비등 경수로	미국	GE-Hitachi	○	독자개발
	일본	Toshiba	×	GE로부터기술이전
가압 중수로	캐나다	AECL	○	독자개발

출처: 해5경제연구소 산업투자조사실 2010, p.1.

---

52) "원자력국제협력정보서비스," http://www.icons.or.kr/pages/view/308/cooper

이 협약에 따라, 웨스팅하우스에서 프라마톰으로 이전된 기술은 프라마톰이 관련 기술에 대해 모든 권한을 갖게 되었다.[53]

이미 1972년에 프랑스의 프라마톰은 프랑스 정부의 주도로 1972년 미국의 웨스팅하우스 (WEC: Westinghouse Electric Company) 기술을 도입해 원전을 건설하였다. 당시 프랑스 정부는 기술자립을 목표로 WEC의 한 기종만 6개를 연속으로 건설하여 원전건설에서 경험을 축적하였다. 프라마톰이 웨스팅하우스를 기술을 도입하여 원전건설을 시작한 초기에는, 웨스팅하우스가 프랑스 내 원전건설에 국한해서만 프라마톰에 기술을 이전하였다.

그러나 1979년 스리마일 원전사고로 미국 내에서 신규 원전건설이 금지됨에 따라 원전시장의 침체 및 향후 원전시장의 발전가능성을 낮게 판단한 웨스팅하우스가 1981년 프랑스에 원천기술 사용권을 판매하여 프라마톰은 원천기술을 확보하게 되었다. 다시 말해,

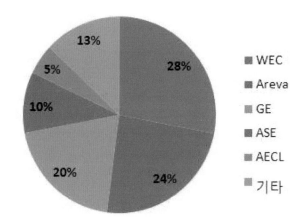

출처: 해외경제연구소 산업투자조사실 2010, p.15.

<그림 3.2.1-3> 세계 주요 원자로 제작업체

53) "Areva NP," http://www.areva-np.com/common/liblocal/images/historique/Fra_en.htm

1979년 미국의 스리마일 원전사고 이후 미국 내에서 원자로 건설이 힘들어지자 웨스팅하우스가 관련 분야의 사업을 축소하기로 결정한 것을 프라마톰이 적절하게 활용한 것이다.

이와 같은 원자력 에너지 발전에 대한 프랑스의 정책적 연속성 덕분에, <그림 3.2.1-3>과 같이, 프랑스의 원자력기업인 Areva는 전 세계 주요 원자로 생산업체로 성장할 수 있었다. Areva는 현재 원자로 제작에서 웨스팅하우스를 뒤 이은 전 세계 2위의 시장점유율을 확보하고 있다.

또한 미국의 원자로 제작사인 제네럴일렉트릭(GE), 독일의 원자로 제작사인 지멘스가 민간기업인 것과는 달리, <표 4>에서 볼 수 있듯이, 프랑스의 원자로 제작사인 Areva는 지분의 대부분을 정부 혹은 정부기관이 소유한 국영기업이다. Areva의 최대 주주는 프랑스

<표 3.2.1-5> 프랑스 핵기업 AREVA의 지분구조 변화 (단위: %)

AREVA 대주주	2011		2009		2001-2008	
	지분	투표권	지분	투표권	지분	투표권
CEA	73.03	73,03	78.96	83.16	78.96	82.99
프랑스정부	10.17	10.17	8.39	8.41	5.19	5.19
KIA*	4.82	4.82	-	-	-	-
CDC	3.32	3.32	3.59	3.59	3.59	3.59
EDF	2.24	2.24	2.42	2.42	2.42	2.42
Framépargne	0.26	0.26	0.42	0.42	0.62	0.62
CALYON	0.89	0.89	0.96	0.96	0.96	-
Total**	0.95	0.95	1.02	1.02	1.02	1.02
AREVA자체 보유	0.31	0.31	0.20	-	-	-

출처: AREVA[54]

---

54) "Areva," http://www.areva.com/EN/finance-402/shareholding-structure-of-the-world-leader-in-the-nuclear-industry-and-major-player-in-bioenergies.html

정부기관인 원자력청(CEA: Commissariat à l'énergie atomique)이다. 프랑스 정부기관인 CEA와 프랑스 정부의 지분은 83.20%에 달할 정도로 Areva의 경영에 프랑스 정부의 정책은 결정적인 영향을 미칠 수 밖에 없다. 따라서 프랑스 정부의 원자력 정책에 대한 현재와 같은 의지가 지속되는 한 Areva의 원자력 사업운영도 안정적으로 지속될 것이다.

물론 이와 같은 프랑스 에너지 정책의 연속성이 위협을 받은 적도 있었다. 대표적인 사례가 2012년 프랑스 대선 당시에 프랑스 사회당이 후쿠시마 사태 이후 원자력 발전의 불안감을 이용하고, 원자력 발전에 부정적인 프랑스 녹색당과의 연대를 위해서 1977년에 가동된 페센하임(Fessenheim)과 같은 낡은 원자력 발전소를 당장 폐쇄하고, 2025년까지 프랑스 전력생산에서 원자력이 차지하는 비중을 75%에서 50%로 낮추겠다는 공약을 발표하였다.[55] 사회당이 녹색당과 연대를 모색하는 과정에서 마르틴 오브리(Martine Aubry) 사회당 당수는 원자력 발전소의 전면폐쇄를 주장하는 녹색당 노선에 동조하여 2025년까지 프랑스에서 원자력 발전소를 24개 폐쇄하겠다는 공약을 발표하였다.

사회당과 녹색당 간의 합의에 대해, 세실 뒤플로(Cécile Duflot) 녹색당 대표는 원자력 발전에 대한 프랑스 내에서 사고의 혁명적 전환'이라고 언급하면서 좌파와 환경주의자들이 대선에서 승리할 경우 프랑스 에너지 정책의 전환점이 될 것이라고 공언하였다. 그러나 2012년 대통령 선거이전에 원자력발전 문제는 대통령 선거에서 한 번도 주요현안이 되지 않았고, 원자력 발전에 대한 의존도가 지나치

---

55) "르몽드 (2012년 1월 18일자)," http://www.lemonde.fr/election-presidentielle-2012/article/2012/01/18/hollande-s-engage-a-ne-fermer-que-la-centrale-de-fessenheim_1630990_1471069.html

게 높은 프랑스에서 이와 같은 정책은 대단히 과격한 위험하고 위험한 것으로 간주되었다.

우파진영은 사회당의 공약을 대대적으로 비판하였다. 우선 사르코지 대통령은 사회당과 녹색당의 합의로 에너지 안보와 수십 만명의 일자리가 위협받게 됐다며 우려를 표명했다. 또한 올랑드가 폐쇄하기로 한 페센하임(Fessenheim)원전을 방문하여 프랑스의 원자력발전의 중요성을 역설하며, 원자력발전에 대한 지속적인 지지를 표명하였다.[56] 발레리 페크레스 (Valérie Pécresse) 예산장관은 사회당의 주장대로 원자력발전이 축소되면 전기요금이 50% 오르고 결국 부담은 프랑스 국민들에게 돌아갈 것이라고 비난했다.[57]

결국 사회당의 원자력발전 축소 공약으로 여론의 지지가 올라가지도 않고 오히려 궁지에 몰린 올랑드 당시 대통령 후보는 24개의 원전 폐쇄 결정이 자신이 동의한 사항이 아니라 사회당 당수인 마르틴 오브리(Martine Aubry)가 단독으로 결정한 것이며 자신은 입장이 다르다며 기존의 입장에서 뒤로 물러섰다. 그리고 올랑드는 대통령이 되어도 노후된 페센하임(Fessenheim) 원전만을 폐쇄할 것이라고 공약하였다. 이로서 프랑스에서 원자력발전 축소라는 담론은 2012년에 등장하자마자 효과를 발휘하지도 못하고 후퇴되었다. 이는 프랑스의 전력생산이 거의 전적으로 원자력발전에 의존하고 있고, 독일에 비해 원자력발전에 대한 국민의 반감이 적은 상황에서 원자력발전 축소 공약은 현실성이 없어 보였고 오히려 프랑스 국민에게 미래에 대한 불안감을 증대시킬 수 있었다. 이와 같은 사회분위기 아

---

56) "렉스빵시옹," http://lexpansion.lexpress.fr/election-presidentielle-2012/nucleaire-l-accord-ps-verts-est-il-irresponsable_271260.html

57) "렉스프레스," http://www.lexpress.fr/actualites/2/actualite/des-ministres-tirent-a-vue-sur-l-accord-ps-eelv-sur-le-nucleaire_1051859.html

래서 사회당의 원전 축소 공약은 후퇴될 수 밖에 없었다. 올랑드 후보의 원자력발전 축소공약의 부인에 따라 다시 프랑스에서 원자력발전의 연속성은 유지될 수 있었다.

물론 이와 같은 프랑스 정부의 원자력에너지 정책의 연속성에는 원자력정책에 대해, <표 3.2.1-6>에서 보는 바와 같이, 비교적 호의적인 여론이 밑바탕이 되었다.

<표 3.2.1-6> 독일과 프랑스의 원자력 에너지 운용에 대한 여론조사 결과 (단위: %)

	축소되야함	유지되야함	증가되야함	의견 없음
프랑스	37	45	12	6
독일	52	37	7	4

출처: European Commision, Special Eurobarometer 324, p26.

이와 같은 원자력발전에 기반을 둔 에너지 정책의 연속성에 힘입어 <표 3.2.1-7>와 <표 3.2.1-8>에서 보는 바와 같이 프랑스의 전기세는 다른 국가에 비해서 비교적 낮은 수준으로 유지되었다.

<표 3.2.1-7> 주요국 산업용 전기요금을 비교한 OECD통계인데, 프랑스는 비슷한 소득수준의 선진국인 오스트리아, 독일, 영국, 이탈리아, 아일랜드, 일본, 스페인에 비해서 산업용 전기요금이 매우 저렴하였다. 심지어 터키. 슬로바키아 등의 신흥국에 비해서도 산업용 전기요금이 저렴한 편이었다.

<표 3.2.1-8>는 주요국의 가정용 전기요금을 비교한 OECD 통계자료이다. 프랑스는 비슷한 1인당 GDP를 가진 일본, 이탈리아, 영국, 독일에 비해서 가정용 전기요금이 압도적으로 저렴하였다. 유럽 내 신흥국가인 슬로바키아, 슬로베니아, 아일랜드에 비해서도 프랑스의 가정용 전기요금은 저렴한 상황이다.

<표 3.2.1-7> 주요국 산업용 전기요금 (단위: Current USD/toe[58])

	1978	1980	1990	2000	2009	2010	2011	2012	2013	2014
Australia	311.8	357.9	534.3	525.3	..	..	..	..	..	..
Austria	459.2	588.8	760.2	444.8	..	..	..	1605.3	1641.4	1571.1
Belgium	518.1	673.6	814.9	555.1	1613.8	1447.7	1609.5	1472.2	1491.1	1489.6
Canada	177.4	227.7	436.4	447.1	711.1	848.8	941.7	990.3	1120.9	..
Chile	..	..	..	553.3	1830.9	1762.2	1794.7	1473.2	1372.3	1207.4
Czech Republic	..	..	343.3	499.6	1717.2	1673.1	1857.9	1684.6	1730.7	1428.4
Denmark	569.5	580.8	723.6	670.8	1286.6	1330.0	1374.0	1291.3	1390.9	1183.8
Estonia	..	..	..	..	981.6	1083.3	1173.8	1174.0	1451.8	1370.8
Finland	543.5	633.4	734.2	449.0	1133.0	1102.9	1320.5	1208.0	1239.7	1215.3
France	376.9	557.9	655.6	415.8	1240.7	1243.6	1412.2	1351.4	1465.3	1464.6
Germany	551.4	669.6	1061.4	471.5	1622.7	1579.4	1827.0	1729.2	1968.9	2084.3
Greece	312.2	493.0	756.8	491.7	1324.7	1324.5	1459.1	1555.1	1650.1	1660.0
Hungary	..	..	864.6	566.5	1857.4	1542.7	1594.6	1529.8	1543.2	1433.6
Ireland	437.4	592.7	785.8	569.1	1964.8	1595.6	1770.8	1804.6	2015.4	1934.6
Israel	..	..	..	745.2	1122.3	1009.9	1128.4	1254.7	1411.2	..
Italy	501.8	757.7	1134.6	1034.2	3211.0	3001.1	3245.5	3392.9	3740.6	3811.4
Japan	723.8	1005.3	1421.4	1665.0	1926.3	1885.1	2189.4	2371.9	2127.2	2187.5
Korea	497.8	943.7	813.0	599.6	672.1	..	..	..	..	..
Luxembourg	406.5	546.9	..	..	1586.4	1347.6	1371.0	1298.8	1239.5	1149.4
Mexico	256.1	355.4	465.0	591.4	1002.5	1209.8	1341.0	1334.2	1413.1	1412.3
Netherlands	362.3	688.4	608.1	663.4	1612.2	1349.9	1376.7	1273.4	1312.1	1373.1
New Zealand	235.5	345.0	396.9	328.6	744.6	819.2	946.8	993.8	1090.7	..
Norway	135.3	212.0	408.8	226.0	682.3	857.6	826.6	689.3	798.9	634.8
Poland	..	..	295.0	428.9	1392.3	1399.8	1413.8	1332.4	1273.0	1162.0
Portugal	313.3	527.7	1141.5	779.1	1481.3	1432.3	1618.0	1712.8	1768.2	1813.5
Slovak Republic	241.3	284.1	339.3	491.3	2264.8	1966.7	2073.9	1973.8	2082.2	1825.1
Slovenia	..	..	..	..	1563.3	1411.5	1468.5	1369.4	1462.0	1338.5
Spain	325.4	515.3	1132.4	495.1	1199.5	1533.5	1728.7	..	..	..
Sweden	334.7	467.4	579.6	..	961.8	1119.7	1210.3	1037.1	1051.6	950.3
Switzerland	596.3	654.9	1036.5	803.3	1087.7	1304.8	1533.4	1514.4	1541.3	1497.0
Turkey	715.1	704.9	954.0	929.7	1600.5	1754.9	1609.5	1723.5	1705.0	1521.1
United Kingdom	441.6	729.8	822.0	644.2	1561.5	1407.7	1506.6	1560.4	1616.8	1826.3
United States	324.4	429.1	552.3	534.9	792.0	789.4	793.1	775.8	795.1	815.6
OECD	423.3	579.1	772.5	681.6	1248.2	1308.0	1403.0	1388.4	1427.4	..

출처: OECD Energy Information 2015, Part III, p. III57.

<표 3.2.1-7> 주요국 가정용 전기요금 (단위: Current USD/toe)

	1978	1980	1990	2000	2009	2010	2011	2012	2013	2014
Australia	450.4	503.8	833.7	734.8	..	..	..	..	..	..
Austria	928.3	1177.6	1810.3	1366.4	2973.0	2995.7	3170.5	2952.6	3161.6	3103.8
Belgium	1335.5	1639.1	1937.0	1537.9	2704.2	2693.7	3071.9	2906.2	3067.1	2835.6
Canada	280.3	330.1	617.7	615.4	964.7	1084.7	1220.3	1216.1	1209.0	..
Chile	..	..	479.4	993.3	2478.9	2428.2	2451.1	2155.6	2003.6	1760.9
Czech Republic	399.7	448.2	310.9	632.0	2234.0	2157.4	2447.7	2313.3	2390.4	2028.4
Denmark	789.5	1181.2	1912.5	2295.8	4241.6	4142.9	4758.0	4456.4	4580.5	4687.4
Estonia	..	..	..	..	1439.1	1477.8	1587.7	1615.7	2032.1	1964.0
Finland	671.4	806.2	1195.3	904.5	2020.1	2039.4	2482.2	2265.9	2352.0	2341.3
France	936.3	1327.1	1745.6	1182.1	1851.3	1921.8	2174.0	2036.5	2248.4	2408.4
Germany	993.0	1169.0	1904.7	1402.9	3696.1	3706.3	4089.7	3939.0	4507.3	4593.6
Greece	732.1	865.1	1378.3	823.4	1765.7	1842.0	2011.3	2099.2	2516.1	2740.0
Hungary	..	369.2	450.7	759.4	2398.0	2542.2	2541.0	2373.9	2116.4	1839.7
Ireland	655.2	891.8	1526.2	1178.9	2965.3	2704.5	3015.0	3143.3	3403.0	3549.7
Israel	..	..	..	..	1081.8	1590.3	1626.0	1729.7	1763.0	1994.1
Italy	581.4	894.5	1822.1	1575.4	3304.9	3060.1	3240.5	3353.1	3553.1	3567.6
Japan	1083.0	1364.4	2055.8	2488.8	2779.3	2834.5	3191.0	3379.0	2956.4	2944.9
Korea	773.6	1140.9	1118.4	974.1	894.4	967.1	1031.2	1082.3	1179.3	1274.5
Luxembourg	796.5	994.4	1439.1	1154.2	2743.0	2504.2	2569.1	2433.2	2404.9	2539.4
Mexico	409.8	609.3	532.9	794.0	928.8	1042.7	1106.6	1048.8	1056.4	1047.4
Netherlands	957.9	1331.7	1362.7	1524.0	3000.3	2571.6	2764.3	2770.2	2990.7	2935.2
New Zealand	292.5	418.1	639.2	699.4	1668.8	2037.9	2361.4	2517.6	2630.0	2744.8
Norway	330.5	412.2	852.8	672.3	1541.9	2045.4	1982.8	1581.2	1726.9	1478.0
Poland	..	263.1	120.0	761.2	1947.5	2082.8	2304.8	2219.5	2282.5	2234.3
Portugal	541.6	826.8	1713.1	1390.0	2505.5	2502.7	2857.7	3031.0	3250.8	3390.3
Slovak Republic	399.7	447.9	321.9	582.8	2684.9	2476.5	2808.8	2670.2	2768.0	2488.1
Slovenia	..	..	..	..	2128.5	2156.6	2345.5	2249.3	2473.9	2473.5
Spain	665.9	930.8	2206.1	1362.1	2469.0	2868.8	3431.5	..	..	..
Sweden	540.6	687.4	1021.7	..	2256.3	2534.8	2882.7	2604.2	2716.9	2493.6
Switzerland	767.3	843.6	1287.6	1294.4	1906.0	2092.9	2589.8	2374.0	2368.5	2433.6
Turkey	895.3	728.2	588.8	981.6	1919.7	2141.2	1966.0	2148.3	2208.8	1972.0
United Kingdom	608.6	1013.6	1377.6	1240.9	2223.3	2138.8	2433.4	2532.2	2673.8	2972.8
United States	501.2	623.3	912.8	953.5	1338.0	1346.1	1362.4	1381.2	1409.7	1453.8
OECD	641.8	793.3	1190.9	1173.7	1821.0	1855.1	1984.4	1963.1	1995.3	..

출처: OECD Energy Information 2015, Part III, p. III57.

---

58) 석유환산톤(toe: Ton of Oil Equivalent)

3.2.2. 2011년 미국의 원자력발전소 건설허가 재개의 시사점

군사용 또는 민간용으로 최초로 원자력에너지를 운영한 국가는 미국이었다. 1945년 핵폭탄을 제조하려는 맨하탄 프로젝트의 일환으로 원자력에너지 개발이 미국정부차원에서 개시되었다. 1951년 12월 아이다호에 있는 국립원자로시험장(NRTS: National Reactor Testing Station)에서 원자력 발전기를 통한 전력생산이 이루어졌다. 1953년에는 아이젠하워 대통령이 '원자력의 평화적 이용(Atoms for Peace)'을 언급하면서, 민간의 원자력 이용의 물꼬를 열었다. 1954년에는 민간이 원자로를 소유하고 운전할 수 있도록 원자력법이 개정되었다. 1957년 12월에는 미국 최초의 상업용 원자력발전소인 시핑포트(Shipping port)가 상업 발전을 개시하였다. 이와 같은 미국정부의 조치에 힘입어, 현재 미국의 대부분의 상업용 원자로는 민간기업이 소유하고 있다.

원자력발전 강화를 강력하게 추진할 목적으로, 1962년 미국 원자력위원회(AEC: Atomic Energy Commission)는 케네디 대통령에게 "민간 원자력 에너지에 대한 대통령 보고서(Report to the President on Civilian Nuclear Power)"를 제출하였다. 이에 따라 미국 내 전력회사들은 원자력발전을 유망 사업으로 인식했었다. 1964년에는 존슨 대통령이 특수 핵물질 보유에 대한 법률에 서명함으로써, 원자력발전회사가 핵연료를 보유하는 것을 허락했다.

1973년 제1차 오일쇼크가 발생하자, 미국에서는 연간 최고 기록인 무려 41기의 신규 원전이 발주되었다. 1974년 포드 대통령은 원자력위원회(AEC)를 에너지연구개발청(ERDA: Energy Research Development Administration)과 원자력규제위원회(NRC: Nuclear Regulatory Commission)로 개편했다. 그 후 ERDA는 연방에너지청을 합병해 지금의 에너지부(DOE: Department of Energy)로 발전하였다. 그러나

오일쇼크의 여파로 1970년대 말과 1980년대 초 미국 경기가 후퇴하고, 에너지 소비감소와 에너지 절약으로 전력 수요가 감소했다. 그리고 경제적으로 급격한 인플레이션 현상이 일어나 거액을 투자해야 하는 대규모 프로젝트가 위축되었다. 특히 1979년 스리마일 섬에서 미국 원자력 사상 초유의 사고가 발생함으로써 원자력발전에 대한 국민의 우려가 깊어졌다.

스리마일 발전소의 방사성 물질 유출사고는 미국원자력 정책에 큰 방향전환을 가져왔다. 1979년 3월 28일 펜실베니아의 스리마일섬 (Three Mile Island)의 원자력발전소에서 원자로의 냉각수 장치가 고장나면서 방사성 물질이 대거 외부로 유출되기 직전까지 사태가 진행되었고, 이후 미국에서 신규원전 건설사업에 대한 허가가 중단되었다.

이후 국내에서 원자력발전소 건설을 할 수 없게 된 미국 원자력기업인 웨스팅하우스 (WEC: Westinghouse Electric Company)는 원자력발전의 원천기술을 프랑스로 수출하였다. 프랑스로 WEC가 원자력발전의 원천기술을 프랑스로 이전하기 전인 1972년에 미국의 웨스팅하우스 (WEC: Westinghouse Electric Company)는 프랑스 원전 건설에 기술을 제공하였다. 당시 프랑스 정부는 기술자립을 목표로 WEC의 한 기종만 6개를 연속으로 건설하여 원전건설에서 경험을 축적하였다. 프라마톰이 웨스팅하우스의 기술을 도입하여 원전건설을 시작한 초기에는, 웨스팅하우스가 프랑스 내 원전건설에 국한해서만 프라마톰에 기술을 이전하였다. 그러나 1979년 스리마일 원전 사고로 미국 내에서 신규 원전건설이 금지됨에 따라 원전시장의 침체 및 향후 원전시장의 발전가능성을 낮게 판단한 웨스팅하우스가 1981년 프랑스에 원천기술 사용권을 판매하여 프라마톰은 원천기술을 확보하게 되었다. 그리고 이를 바탕으로 프랑스정부는 프랑스의 원자력발전을 가속화시킬 수 있었고, 현재 프랑스의 원자력기업인 아레바(AREVA)가 세계 최대의 원자력기업이 된 바탕이 되었다.

2001년 5월 부시 대통령은 국가에너지정책개발(NEPD: National Energy Policy Development) 그룹이 만든 보고서인 '신(新)국가 에너지 정책'을 성명으로 미국 내에서 원자력발전은 다시금 각광을 받게 되었다. 부시 대통령의 '신 국가 에너지 정책' 성명은 원자력 이용 확대 지원정책을 포함하여, 전체 에너지 분야에 대한 권고사항 포함하고 있다. 입법화 과정을 거쳐서 2005년 8월 에너지정책법이 발효되었다. 이 법은 미국 에너지원의 다양화, 에너지 효율성의 증대, 새로운 에너지 생산기술 개발, 에너지 인프라 보강 등에 초점을 맞추고 있다. 2005년 에너지정책법이 담고 있는 원자력과 관련 주요 내용은 다음과 같다.

- 원자력 손해배상법인 '프라이스 앤더슨법'의 효력을 2025년 말까지 연장한다.[59]
- 원전 인허가 지연으로 인한 산업체의 재정적 손실을 보상한다.
- 차세대 원전에 대해서는 가동 후 8년 동안 kWh당 1.8센트의 세금을 감면한다.
- 에너지부의 원자력 핵심 프로그램으로 NERI와 원자력에너지 2010 (Nuclear Power 2010) 프로그램, Gen-IV('젠포'로 읽음, 제4세대 원자로) 개발한다.

---

59) 프라이스 앤더슨법(Price-Anderson Act)은 1957년 미국에서 제정된 세계 최초의 원자력 손해배상법으로, 원전 공급자의 손해배상 책임 면제와 원전 운영자의 유한책임을 규정하고 있다. 따라서 이 법은 전력회사와 원전 공급자의 원전 건설 리스크를 줄여주는 구실을 해왔다. 이 법은 2006년 만료될 예정이었는데 이 법이 만료되면 원전 사업자들의 원전 건설 의지가 저하될 것이란 지적이 제기됐다.

후쿠시마 원전사태가 발생한지 8개월 뒤인 2011년 12월 22일 미국 원자력규제위원회(NRC: Nuclear Regulatory Commission)가 만장일치로 신규원전 허가를 결정되면서 미국원자력 발전은 스리마일 섬 사고 이후 다시금 큰 방향전환을 가져왔다.[60]

2011년의 신규 원전건설 허가는 스리마일 섬 원전 사고가 터지기 1년 전인 1978년에 원자력발전소 건설을 승인한 이후 미국에서 33년만에 원자력 발전소 신규건설[61]을 허가한 조치였다. 미국 원자력규제위원회는 만장일치로 미국 남부 조지아주와 캘리포니아 남부에 각각 2기씩 총 4기 신규 원자력발전소 건설을 허가하였다. 미국정부에 의해 승인된 원전의 운영기간은 40년이며, 20년간 연장이 가능한 조건이었다. 그리고 미국의회는 신규원전 건설을 위해서 185억 달러의 대출보증을 승인하기까지 하였다. 미국정부가 기후변화에 보다 적극적으로 대응하면서 향후 미국 내에서 원자력발전은 더 강화될 것으로 예상된다.

비록 스리마일 사고 이후 오랫동안 미국 내에서 원자력 발전소 건설이 제한되었지만 미국은 현재 100여기의 원자력발전소를 가동하고 있는 세계 최대의 원자력발전 운영국이다. 2013년 말 미국원자력규제위원회는 원전건설과 운영에 관련된 9건의 신청을 검토하였다. 2014 회계년도에 100여기의 미국내 원전에 대한 점검예산으로 10억 5500만 달러를 배정하였다.

<그림 3.2.2-1>은 미국내 원자력 발전의 배치도이다. 미국 내 원전은 미국의 동부지역에 집중배치되어 있다. 이는 지진 등의 자연재

---

60) "뉴욕타임스 (2012년 12월 22일자)," http://www.nytimes.com/2011/12/23/business/energy-environment/nrc-clears-way-for-new-nuclear-plant-construction.html?_r=0

61) "연합뉴스 (2012년 9월 16일자)," http://www.yonhapnews.co.kr/bulletin/2012/09/15/0200000000AKR20120915058100003.HTML

해 문제와 1976년에 제정된 캘리포니아 내 신규 원전 건설 금지법
이 때문이다. 캘리포니아의 신규 원전 금지법은 캘리포니아 주 에너
지자원 보전 및 개발 위원회가 인정하는 고준위방사성폐기물 해결
책이 마련될 때까지 신규 원전 건설을 금지하고 있다.

출처: 미국원자력규제위원회(U.S. NRC: United States Nuclear Regulatory Commission)[62]

<그림 3.2.2-1> 미국 내 원전 100기의 위치 (기준: 2015. 11. 13)

이와 같은 제약에도 불구하고, 최근까지 석탄에 이은 미국 내 제
2에너지원은 원자력 발전이었다

후쿠시마 원전사태가 발생한 2011년에 미국은 1979년 스리마일
사고 이후 중단되었던 신규원전건설 허가 재개를 결정하였다. 이와
함께 1973년 원전건설이 시작되어, 1985년 원전건설이 중단되었다
가 2007년 다시 건설이 재개된 Watt Bar 2호기가 2015년에 완공되
었고, 2016년에 전력망에 연결되었다.[63]

---

62) 미국원자력규제위원회. 2015. "미국 내 원전 100기의 위치."
    http://www.nrc.gov/reactors/operating/map-power-reactors.html

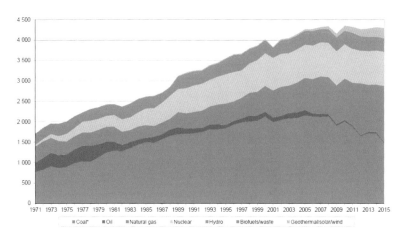

출처: International Energy Agency

<그림 3.2.2-2> 미국의 발전원별 전력생산 (단위: TWh)

스리마일 사고 이후 미국 내에서 신규원전 건설 허가는 중단되었다
가 2011년부터 다시 시작될 정도로 미국 내에서 원자력 발전에 대한
트라우마가 있었다. 때문에 **Watt Bar2**호기의 완공과 전력망 연결은
미국 원전정책에서 획기적인 변화를 가져온 상징성이 있는 조치였다.

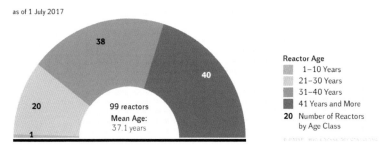

출처: World Nuclear Association[64]

<그림 3.2.2-3> 미국 내 운용 중인 원자로의 연령 현황

---

63) EIA. "First new U.S. nuclear reactor in almost two decades set to begin operating."
https://www.eia.gov/todayinenergy/detail.php?id=26652

이와 같이 미국 내에서 원자력발전은 오랜 중단 끝에 다시 시작되었기에, 미국의 평균 원전 연령이 다른 국가 에 비해서 훨씬 높은 편이다. 미국내 평균 원전 연령은 37.1세였다.

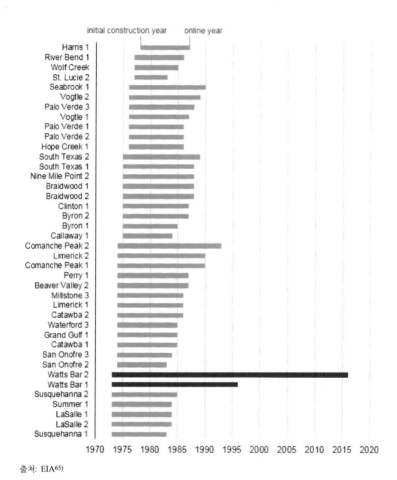

<그림 3.2.2-4> 1973년 이후 착공되어 전력망에 연결된 미국 내 원자로

64) World Nuclear Association, https://www.worldnuclearreport.org/IMG/pdf/20170912wnisr2017-en-lr.pdf

이와 같은 미국의 원전건설 재개에 따른 원자력 발전 활성화에 대한 기대와 함께, 최근 발생한 세계 최대 원자력기업의 하나인 웨스팅하우스(WEC)의 파산보호신청은 또 다른 시사점을 주고 있다.

2006년에 미국 웨스팅하우스의 원자력부문은 일본 도시바에 인수되었다. 도시바는 당시 예상 매각가격 17억 달러의 3배에 달하는 54억 달러를 제시하여 WEC를 인수하였다. 그러나 후쿠시마 원전사고 이후 미국의 강화된 안전기준 점검에 따른 원전건설 추가비용이 발생하고, 후쿠시마 원전사고 당시 노심용융이 발생한 원자로 3기 중 2기를 도시바에서 제작하여 원자력발전에서 도시바에 대한 신뢰가 추락하였다. 게다가 웨스팅하우스가 도시바에 인수된 이후 최첨단이라고 자랑하면서 원전 건설 때 적용했던 신기술 AP1000에서 안전상 결함이 발견되고, 공기 지연이 발생하면서 천문학적인 추가비용이 발생하기 시작되었다. 엎친 데 덮친 격으로, 웨스팅하우스를 중심으로 실적이 악화하면서 도시바 내에서 단기실적 목표를 달성해야 한다는 압박이 강해졌고, 이는 2015년 도시바 회계부정 스캔들로 이어졌다. 결국 도시바의 자회사인 WEC는 2017년 3월 29일, 미국 연방법원에 연방파산법 11조에 의거한 파산보호신청을 하였다.

3.2.3. 중국, 일본의 원자력에너지 정책변화

후쿠시마 원전사태 이후에 일본정부는 국내 원자력발전 운용을 한시적으로 정지했다가 재가동하였다. 석탄에 대한 의존이 높은 중국의 경우는 국내 대기오염 문제와 세계 최대수준의 탄소배출을 억제하기 위해서 원자력에너지에 관심을 기울이고 있다. 그 결과 전

---

65) EIA. "First new U.S. nuclear reactor in almost two decades set to begin operating." https://www.eia.gov/todayinenergy/detail.php?id=26652

세계 신규원전 건설의 1/3가량이 중국에서 이루어지고 있다.

중국 사례

중국 역시 후쿠시마 원전사고 이후, 원자력발전소 신규건설을 1년 동안 중지하였었다. 후쿠시마 원자력발전소 사고 발생 5일 뒤인 2011년 3월 16일 중국 국무원은 원자바오 총리 주재로 상무회의를 열어 일본 후쿠시마 원전사고 관련 대응책을 논의했다. 그 결과 중국 내에서 가동 중이거나 건설 중인 원자력발전 시설에 대해 전면 안전검사를 실시하고 핵안전계획 제정 때까지 신규 건설허가를 일시 중단하는 것이 결정되었다.[66] 그러나, 2012년 10월 24일 중국 원자바오 총리가 "중국은 정상적인 건설로 되돌아가 '질서 정연하게' 신규 원자력발전소의 건설을 계속한다"고 발표하면서 원자력발전소 건설을 재개하였고 2013년 2월 17일 랴오닝(遼寧)성에서 신규원전인 홍옌허(紅沿河) 1호기를 통한 발전을 시작하였다.[67][68][69]

중국의 전체 전력생산에서 원자력 발전이 차지하는 비중은, IAEA 통계[70]에 따르면, 2011년 기준으로 1.9%로 미미한 편이지만, 중국은 원자력 발전을 의욕적으로 추진하고 있다. 그 이유는 중국은 현재 에너지 운용에서 석탄에 대해 매우 높은 의존도를 보이고 있으며, 온실가스 배출 감축문제나 대기오염 억제를 위해서도 다른 에너

---

66) "파이낸셜뉴스 (2011년 3월 17일자)," http://www.fnnews.com/view?ra=Sent1101m_View&corp=fnnews&arcid=00000922254913&cDateYear=2011&cDateMonth=03&cDateDay=17

67) "한국원자력 산업회의," http://www.kaif.or.kr/know/01_2.asp?mode=view&pidx=12294000&schk=&skey=&nP=

68) "아주경제 (2013년 2월 18일자)," http://www.ajunews.com/kor/view.jsp?newsId=20130218000698

69) "연합뉴스 (2013년 2월 18일자)," http://www.yonhapnews.co.kr/international/2013/02/18/0601050100AKR20130218169000074.HTML

70) 대외경제정책연구원, <중국의 원자력, 풍력산업 현황과 발전계획>, 《KIEP 북경사무소 브리핑》 13:21(2010.12), p. 4.

지원으로 대체해야하는 상황이기 때문이다.

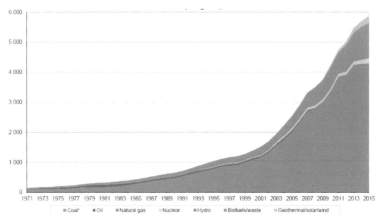

출처: International Energy Agency[71]

<그림 3.2.3-1> 중국의 발전원별 전력생산 (단위: TWh)

<그림 3.2.3-1>에서 볼 수 있듯이, 현재 중국은 전력생산에서 석탄과 수력을 제외한 다른 에너지원이 차지하는 비중은 지극히 낮은 편이다. 특히 중국의 전력생산에서 석탄이 차지하는 비중은 다른 에너지원과는 비교가 안 될 정도로 압도적이다.

<표 3.2.3-1> 주요국의 탄소 배출량 비교

	기준년도	탄소 배출량 (CO_2 백만 입방 톤)	1990년 이후 변화 (%)	일인당 탄소 배출량 (CO_2 입방 톤)
프랑스	2008년	531.80	-6.1	8.57
독일	2008년	958.06	-22.2	11.65
중국	1994년	4057.62	자료 없음	3.39
미국	2008년	6924.56	13.3	22.22
대한민국	2001년	542.89	87.6	11.62

출처: 유엔통계국(UNSTAT)[72]

71) "IEA," http://www.iea.org/stats/pdf_graphs/14ELEC.pdf

<표 3.2.3-1>의 유엔통계국 통계는 주요국의 탄소 배출량 및 각국 정부의 탄소 배출량 감축의지를 알아보기 위한 1990년 이후 탄소배출량 변화, 그리고 각 국 시민 개개인이 지구온난화에 미치는 영향을 측정하기 위한 일인당 탄소 배출량을 제시하고 있다. 독일이 1990년 이후 온실가스 배출을 22.2% 축소하여 프랑스에 비해 큰 감소 폭을 보였지만 아직도 독일의 일인당 온실가스 배출은 프랑스에 비해 높은 편이다. 중국의 경우는 유엔통계국의 자료가 1994년 통계여서 비교에 어려움이 있다.

<표 3.2.3-2> 주요국의 탄소 배출량 변화 추이 (단위: 백만 입방 톤)

	1991년	1993년	2009년	2010년	2011년
미국	4997.43	5093.41	5,435.28	5,636.74	5,490.63
대한민국	269.67	330.64	524.43	581.10	610.95
독일	928.95	892.93	772.42	793.30	748.48
중국	2295.67	2498.76	7,573.38	7,997.04	8,715.31
프랑스	392.79	368.56	386.15	388.66	374.32

출처: 미국에너지정보청(U.S. EIA)[73]

공신력 있는 UN통계국 자료에서 중국의 탄소 배출량에 대한 최신정보가 제공되지 않아서, 중국의 탄소배출량에 대한 최신정보 분석을 진행하기 위해서 <표 3.2.3-3>는 미국에너지정보청의 자료를 활용하였다. 미국 에너지부(Department of Energy) 산하기관인 미국에너지정보청은 각국의 통계자료를 수집하여 탄소 배출량 변화를 분석하였다.

72) "UNSTAT," http://unstats.un.org/unsd/ENVIRONMENT/air_greenhouse_emissions.htm

73) "미국에너지정보청(U.S. Energy Information Administration)," http://www.eia.gov/cfapps/ipdbproject/IEDIndex3.cfm?tid=93&pid=44&aid=33 (2013년 2월 25일 검색)

<표 3.2.3-2>의 미국 에너지정보청 자료에 따르면, 미국에서 탄소 배출은 최근 들어 감소 추세에 있다. 그리고 독일에서는 1990년대 초반이후, 프랑스에서는 2010년 이후 탄소 배출이 감소하고 있는 추세이다. 반면에 한국과 중국에서 탄소 배출은 크게 증가하여 왔다. 중국은 2006년 이후 과거 세계 최대였던 탄소 배출국가였던 미국을 훨씬 앞지르게 되었다.

<표 3.2.3-3> 각국의 인구 (단위: 백만 명, 2011년)

미국	중국	한국	프랑스	독일
311.592	1,136.718	48.755	65.296	81.472

출처: 미국에너지정보청(U.S. EIA)[74]

하지만 중국의 인구규모는 미국의 3.6배, 프랑스의 17.4배, 독일의 13.9배에 이르고 있다. 이를 토대로 각국의 1인당 탄소 배출량을 계산하면 2011년 중국의 1인당 탄소 배출량은 7.66 입방 톤으로 이는 <표 8>에서 선진국 중 가장 낮은 1인당 탄소 배출량을 보인 프랑스보다도 훨씬 낮은 수치라는 것을 알 수 있다. 이는 중국의 산업화가 더 진행될 경우 인구 1인당 에너지 소비가 더욱 증가하여, 중국에서 탄소배출이 더욱 큰 폭으로 확대될 수 있는 여지가 있음을 보여주는 것이다.

<표 3.2.3-4> 중국의 전력생산에서 원자력 발전 비율 (2010년)

원자력 에너지 이용 전력생산 (net TWh)	전체 전력생산에서 원자력 발전 비율
70	2%

출처: 미국에너지정보청(U.S. EIA)[75]

---

74) "미국에너지정보청(U.S. Energy Information Administration),"
   http://www.eia.gov/cfapps/ipdbproject/iedindex3.cfm?tid=90&pid=44&aid=8

따라서 중국정부는 이에 대한 정책적 대안을 만들 필요가 있었고, 그 방안 중 하나가 중국의 전력생산에서 높은 비중을 차지하고 있는 석탄을 다른 에너지원으로 대체하는 것이다. 이러한 대안 중 하나가 원자력발전이었다.

실제로 2011년 3월 개최된 전국인민대표대회(전인대)에서 제 12차 5개년 규획(12·5규획)이 승인되고, 12·5규획의 7대 전략 신흥사업[76]을 확정되었고, 7대 전략 신흥산업의 하나인 '신에너지산업' 분야에서 원자력에너지의 중요성이 크게 부각되었다.[77]

현재 중국은 2013년 2월 17일 랴오닝(遼寧)성에서 신규원전인 홍옌허(紅沿河) 1호기 가동과 함께 17개의 원전을 가동 중이고 28개의 원전이 건설 중에 있다. 미국에너지정보청의 자료에 따르면, 중국은 2010년에 원자력발전을 통해서 70TWh의 전력생산을 하였고, 전체 전력 생산에서 원자력발전이 차지하는 비율은 2%였다.

<표 3.2.3-5>의 OECD의 NEA(원자력기구: Nuclear Energy Agency) 자료에 따르면, 중국의 원자력 발전량은 2012년 기준으로, 한국의 절반 수준에 불과하며, 프랑스의 1/6 수준이고, 미국의 1/10 수준이며, 최근 원자력발전을 축소하고 있는 독일에 비해서도 작은 편이라고 할 수 있다.

이는 중국이 1964년 첫 핵실험을 통해 군사분야에서 핵강국으로 부상했지만, 민간 분야에서 원자력을 통한 전력생산에는 그동안 큰

---

75) "미국에너지정보청(U.S. Energy Information Administration),"
http://www.eia.gov/countries/cab.cfm?fips=CH

76) 에너지 절약과 환경보호, 신에너지, 신에너지자동차, 바이오, 차세대 정보기술, 첨단장비 제조업, 신소재

77) 정보통신산업진흥원 정책연구팀, <중국 신성장동력 주요 정책 분석>, 《정책분석》 16(2011.7.28.), pp. 2-9.

관심을 기울이지 않았음을 의미한다고 볼 수 있다.

중국의 전력생산에서 지나치게 높은 석탄의존은 중국 내에서의 대기오염 및 지구온난화를 초래하는 탄소배출의 주요 원인 중 하나가 되었다. 중국정부도 이를 의식하여 석탄 등 화석에너지 사용을 다른 에너지원으로 대체하려고 하고 있다.

이와 같은 중국정부의 노력을 파악할 수 있는 것이 중국 국무원 보도판공실은 2012년 10월 24일 발표한 "중국에너지정책(2012)" 백서이다.[78] 중국에너지정책 백서에 따르면, 중국은 기존 화석에너지 이용의 효율성을 증진하여 화석에너지 사용을 억제하고, 지나치게 석탄에 의존한 에너지자원의 이용을 원자력, 신재생에너지의 이용으로 다원화하려고 하고 있다.

<표 3.2.3-5> OECD NEA 회원국 전력생산의 원자력 발전 의존도

국가	전력망에 연결된 원자력 발전소 수		원자력 에너지 이용 전력생산 (net TWh)		전체 전력생산에서 원자력 발전 비율	
	2012년	2011년	2012년	2011년	2012년	2011년
그리스	0	0	0.0	0	0.0	0
네덜란드	1	1	3.9	4	3.6	3.2
노르웨이	0	0	0.0	0	0.0	0
뉴질랜드	0	0	0.0	0	0.0	0
덴마크	0	0	0.0	0	0.0	0
독일	9	17	102.0	133	17.6	22.8
룩셈부르크	0	0	0.0	0	0.0	0
멕시코	2	2	9.7	5.6	4.2	2.6
미국	104	104	786.0	803	19.7	20.3
벨기에	7	7	45.9	45.7	50.5	51.2
스웨덴	10	10	58.0	55.1	39.6	38.1

78) "중국에너지정책(2012)백서," http://www.gov.cn/english/official/2012-10/24/content_2250497.htm

스위스	5	5	26.0	25.2	39.4	38
스페인	8	8	54.9	59.2	19.5	20.1
슬로바키아	4	4	14.3	13.5	55.2	52.9
슬로베니아	1	1	5.9	5.4	41.8	37.5
아이슬란드	0	0	0.0	0	0.0	0
아일랜드	0	0	0.0	0	0.0	0
에스토니아	0	0	0.0	0	0.0	0
영국	18	19	62.7	56.4	17.8	15.7
오스트리아	0	0	0.0	0	0.0	0
이스라엘	0	0	0.0	0	0.0	0
이탈리아	0	0	0.0	0	0.0	0
일본	50	0	156.2	0	18.1	0
체코	6	54	26.7	279.3	33.0	29.2
칠레	0	6	0.0	26.4	0.0	35.9
캐나다	17	0	90.0	0	17.0	0
터키	0	17	0.0	85.3	0.0	15
포르투갈	0	0	0.0	0	0.0	0
폴란드	0	0	0.0	0	0.0	0
프랑스	58	0	421.1	0	77.7	0
핀란드	4	58	22.3	407.9	31.6	74.1
한국	21	4	149.2	21.9	32.7	28.4
헝가리	4	21	14.7	142	43.2	32.2
호주	0	4	0.0	14.8	0.0	43.8

출처: OECD NEA 2012년 자료,[79] OECD NEA 2011년 자료[80]

예를 들어 중국정부는 8000만 kw이하의 발전설비를 갖춘 효율성
이 낮은 소규모 화력발전소를 정리하여 연간 6000만톤의 석탄사용
을 절감할 수 있었다. 그 결과 kwh를 생산하는데 사용된 석탄이 37
그램만이 필요하게 되었다. 이는 2006년과 비교하면 10%가 절감된
수치이다. 중국은 수력에너지 개발에도 박차를 가하여 2011년에 수

79) "OECD NEA," http://www.oecd-nea.org/general/facts/
80) <표 3.2.3-5>의 2011년도 자료는 아래의 문헌 재인용
    안상욱, <프랑스 원자력 에너지 정책의 연속성과 변화가능성>, ≪프랑스학 연구≫ 63(2013). pp. 6-8.

력 발전장비 용량 규모는 2억 3000만 kw에 달하여, 수력에너지를 전력생산 규모에서 전 세계 1위로 부상하였다. 개발 가능한 수력발전량이 5.42억 kw인 것을 감안하면, 중국의 수력에너지 개발의 잠재력을 주목할 만한 것이다.

또한 중국에너지정책 백서에서 중국정부는 12차 5개년 계획기간 중에 1차 에너지 소비 중 비화석에너지 비중을 11.4%로, 비화석에너지 발전장비용량 비중을 30%로 제고시킬 계획이다. 이를 통해서 2020년까지 비화석 에너지 소비비중을 15%까지 향상시키려 하고 있다.

이와 같이 비화석 에너지 다변화 차원에서 중국정부는 원자력에너지에 접근하고 있다.

중국에너지정책 백서[81]에서 중국 정부는 원자력에너지를 "양질, 청정 및 높은 효율성의 현대 에너지자원 (high-quality, clean and efficient modern energy source)"이라고 정의하였다. 이는 중국정부의 원자력 에너지에 대한 시각을 잘 보여주는 사례라고 할 수 있다. 본 보고서에서 중국정부는 1.8%에 불과한 전력생산에서 원자력에너지 비중을 높이려는 의지를 피력하였다.

다만 중국에너지정책(2012)백서에서 중국정부가 세계의 원자력에너지 전력생산 비중의 평균이 14%라고 아래와 같이 언급하였는데, 전 세계 대부분의 국가에서 아직 원자력 발전이 이루어지고 있지 않은데 근거 자료와 부연설명 없이, 에너지 정책 백서에 관련 문구를 삽입한 것은 아직 중국정부의 에너지정책에 대한 전문성이 다른 에너지강국에 비해서는 뒤떨어지는 것으로 파악할 수 있다.

---

81) "중국에너지정책(2012)백서," http://www.gov.cn/english/official/2012-10/24/content_2250497_5.htm

At present, nuclear power only accounts for 1.8 percent of China's total power output, far below the world average, which is 14 percent.

(현재 원자력에너지는 중국전력생산에서 1.8%의 비중을 차지하고 있을 뿐이다. 이는 전 세계 평균인 14%에 훨씬 못 미치는 수치이다.)

이는 중국이 최초 핵실험을 1964년에 하였지만, 원자력에너지의 민간부문에서의 활용에는 그동안 관심을 안 기울여 온 사례 중 하나일 것이다. 중국에너지정책(2012)백서는 후쿠시마 원전사태 이후 중요 이슈가 된 원자력에너지의 안전성에 대해서도 언급을 하고 있다. 중국정부가 후쿠시마 원전 사태 직후 중국정부가 중국 내에서 가동 중이거나 건설 중인 원자력 발전 시설에 대해 전면적인 안전검사를 실시한 사례를 들면서, 중국정부의 원자력발전 안정성 관리의 우수성에 대해 설명을 하였다.

그리고 중국이 원자력발전소를 운영한 지난 20년간 중요 원자력 발전 사고가 일어나지 않았던 점과 원자력발전소의 안전상태가 세계 평균 이상이라는 점을 강조하고 있다. 이처럼 후쿠시마 원전사태 이후 중국이 원자력발전에 대한 전면적인 안전검사를 실시했을 때, 중국정부의 원자력정책에 변화가 있을 것이라는 예상과는 달리 중국은 현재 꾸준히 원자력발전을 확대하고 있다.

실제로 중국에서는 세계 최대의 원전건설이 진행 중이다. 중국의 원전건설 또한 빠른 속도로 진행되고 있으며, 중국 내 원전건설이 모두 실현이 되면 중국은 세계 최대의 원전 운용국가가 될 전망이다. 중국에 건설되는 대부분의 원전은 동부해안 지역에 건설되고 있다. 또한 중국은 원전건설 경험을 바탕으로 해외원전 건설 수주에도 진출하고 있다. 대표적인 사례가 한국과 원전수주를 영국에서 경쟁했던 사례를 들 수 있다.

출처: World Nuclear Association[82]

<그림 3.2.3-2> 중국 내 신규원전 건설

전 세계 원자로 신규운영에서 중국은 상당한 비중을 차지하고 있다. 2010년 이후 전 세계에서 가장 많은 원전이 건설되고 있는 국가는 중국이다. 이에 따라서 중국에서 운영 중인 원자로의 연령은 다른 국가에 비해서 많이 낮은 편이다. 중국 원전의 대부분이 운전을 시작한 지 아직 10년이 안되었다.

---

82) World Nuclear Association, http://www.world-nuclear.org/information-library/country-profiles/countries-a-f/china-nuclear-power.aspx

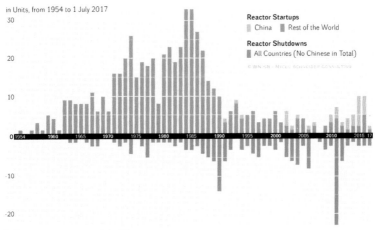

출처: World Nuclear Association[83]

<그림 3.2.3-3> 전 세계 원자로 신규운영과 폐로 현황 및
전 세계 원자로 신규운영에서 중국의 비중 (1954년-2017년 7월 1일)

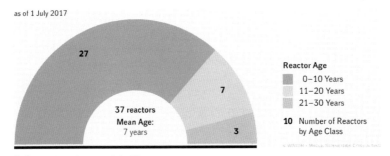

출처: World Nuclear Association[84]

<그림 3.2.3-4> 중국 내 운용 중인 원자로의 연령 현황

---

83) World Nuclear Association, https://www.worldnuclearreport.org/IMG/pdf/20170912wnisr2017-en-lr.pdf

84) World Nuclear Association, https://www.worldnuclearreport.org/IMG/pdf/20170912wnisr2017-en-lr.pdf

일본사례

2011년 3월 11일 강진으로 형성된 지진해일로 후쿠시마 제1원자력발전소의 냉각시스템이 고장나고 원자로의 노심이 용해되면서 방사능 누출사고가 발생하였다. 이후 일본 정부는 원자력발전소의 안전점검을 이유로 원자력발전소를 차례로 가동중단을 하면서 2012년 5월 5일을 기점으로 일본 내 모든 원자력발전소의 가동을 중지하였다.

최악의 원자력발전소 방사능 누출사고를 겪은 일본의 입장에서 국민의 안전을 고려한 조치였다. 그러나 문제는 2011년 후쿠시마 원자력발전 사고 이전인 2010년 일본의 전력생산에서 원자력 발전이 차지하는 비중은 29.2%였다.

원자력발전이 전력생산에서 차지하는 비중이 2011년부터 2013년 사이에 일본에서 가장 급격하게 감소하였다. 주목할 점은 같은 기간 동안에 원자력발전을 운영하는 OECD회원국에서 전력생산에서 원

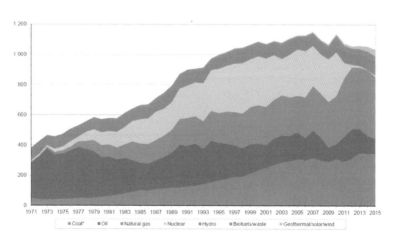

출처: International Energy Agency

<그림 3.2.3-3> 일본의 발전원별 전력생산 (단위: TWh)

자력발전비중이 감소한 국가와 원자력발전비중이 증가한 국가의 수가 거의 비슷하다는 점이다.

문제는 일본에서 전력 공급원의 약 1/3을 차지하는 에너지원인 원자력발전이 가동을 중단한 결과 극심한 전력난을 가져왔다는 점이다. 우선 2011년에 일본 수도권을 중심으로 제 2차 세계대전 이후 처음으로 제한송전이 이루어졌고, 값싼 원자력발전을 화력발전으로 대체했기 때문에 전기료가 급격하게 상승하였다.

<그림 3.2.3-4>에 따르면, 미국, 일본, 영국, 프랑스, 독일, 한국 중에서 일본의 전기요금은 산업용의 경우 가장 비싼 요금이며, 가정용의 경우는 독일에 이어 두 번째로 비싼 수준이다.

일본의 전기료가 다른 경쟁국에 비해 비싼 상황에서 전기료가 한층 더 인상되자 기업들은 큰 피해를 입게 되었다. 기업체가 산업생산을 포기하고 폐업하는 사례가 발생하였다. 실제 동일본지진 이후, 일본에서 전기료는 20%가량 상승하였다. 심지어 전력난 때문에 고유의 업종을 포기하고 화력발전소로 전환되는 기업이 발생하기 시작하였다.

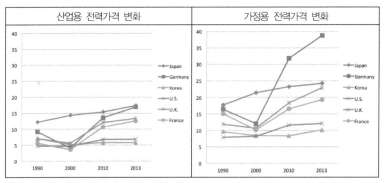

출처: IEA (http://energytopicstrends.blogspot.kr/2014/09/review-of-japan-4th-energy-plan.html)

<그림 3.2.3-4> 전력가격 (단위: 미화 센트/kWh)

일본 3대 제철소 중 하나인 고베제철소는 2014년 고로(高爐)를 없애고 그 자리에 화력발전소를 건설하기로 결정하였다. 1995년 발생한 한신·아와지대지진을 견뎌낸 이 고로는 2017년 철거될 예정이다. 철거되는 고로 자리에 고베제철소는 총 1000억엔을 투입해 2021년까지 전력 생산량이 원자력발전소 1기분을 넘는 대규모 화력발전소를 완공할 계획이다. 일본 경제주간지 닛케이비즈니스가 2014년 7월 28일자에서 보도한 것과 같은 이러한 현상은 전력난이 일상화된 일본에서 비싼 전기요금을 지불하며 철강을 생산하는 것보다는 전력을 생산하는 편이 사업성 면에서 유망하게 되었기 때문이다. 실제로 고베제철에서 매출액 1조엔의 철강 사업이 적자를 내고 있지만, 2002년부터 가동한 화력발전소 하나만으로 매년 170억엔의 이익을 창출하였다. 때문에 고베제철은 기후현에 위치한 알루미늄 가공공장 인근에 화력발전소 건설을 추진하게 되었다. 그리고 기후현의 화력발전소가 가동되면 고베제철은 전력생산에서 오키나와전력을 제치고 일본 내 4위로 올라설 전망이다. 이처럼 원자력발전 중단이후 발생하고 있는 전력난은 일본 산업계에 전혀 원하지 않은 현상을 만들어내었다.

원자력발전 중단이후, 석유와 천연가스 수입급증은 일본의 무역수지를 악화시켰다. 2010년까지 흑자기조를 유지하던 일본의 무역수지는 후쿠시마 원자력발전사고가 발생한 2011년 이후 적자로 돌아섰었다. 일본정부의 단기적인 탈원전 정책과 당시 상승하던 유가와 맞물려서 에너지수입대금 지출이 급증했기 때문이다.

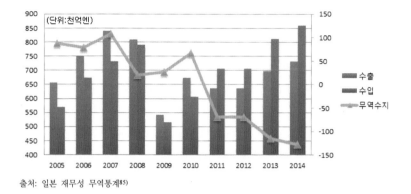

출처: 일본 재무성 무역통계[85]

<그림 3.2.3-5> 일본의 수출입 및 무역수지 연도별 추이

결국 원자력발전 중단에서 비롯된 석유와 천연가스 수입급증은 일본의 무역수지를 악화시키고, 일본의 산업생산에도 재앙을 초래하고 있다. 그 결과 일본 산업계에서는 원자력발전에 대한 찬성여론이 크게 증가하고 있다.

2014년 8월22일 일본 조사기관이 큐슈-오키나와 지방 소재 54개 기업에게 원자력발전 재가동 여부를 조사했을 때, 조사대상 기업의 40%인 23개업체가 큐슈전력의 코치원전의 재가동을 환영한다고 답변하였다. 원전 재가동 환영의 이유는 전력공급 안정의 필요성이 었다.[86]

85) KOTRA Globalwindow 재인용·
  http://www.globalwindow.org/gw/overmarket/GWOMAL020M.html?BBS_ID=10&MENU_CD=
  M10103&UPPER_MENU_CD=M10102&MENU_STEP=3&ARTICLE_ID=5025876&ARTICL
  E_SE=20301
86) 글로벌이코노믹 2014년 8월 27일자.
  http://www.g-enews.com/news/articleView.html?idxno=112898

<표 3.2.3-6> 일본 원자력 운영 현황 (2017년 7월 1일 기준)

Operator	Reactor	MW	Startup Year	Age Years	Shutdown Date * dd/mm/yy	Shutdown Duration	NRA Compliance Application dd/mm/yy	NRA Compliance Approval [b] dd/mm/yy	Status
CHUBU	Hamaoka-3 (BWR)	1056	1987	30.4	29/11/10	6.6	15/06/15		LTO
	Hamaoka-4 (BWR)	1092	1993	24.4	13/05/11	6.1	14/02/14		LTO
	Hamaoka-5 (ABWR)	1325	2004	13.2	14/05/11	6.1			LTO
CHUGOKU	Shimane-2 (BWR)	789	1988	29.0	27/01/12	5.4	25/12/13		LTO
HEPCO	Tomari-1 (PWR)	550	1988	28.6	22/04/11	6.2	08/07/13		LTO
	Tomari-2 (PWR)	550	1990	26.8	26/08/11	5.8	08/07/13		LTO
	Tomari-3 (PWR)	866	2009	7.6	05/05/12	5.2	08/07/13		LTO
HOKURIKU	Shika-1 (BWR)	505	1993	24.5	01/03/11	6.3			LTO
	Shika-2 (ABWR)	1108	2005	12.0	11/03/11	6.3	12/08/14		LTO
JAPCO	Tokai-2 (BWR)	1060	1978	39.3	21/05/11	6.1	20/05/14		LTO
	Tsuruga-2 (PWR)	1108	1986	31.0	29/08/11	5.8	05/11/15		LTO
KEPCO	Mihama-3 (PWR)	780	1976	41.4	14/05/11	6.1	17/03/15	16/11/16	LTO
	Ohi-1 (PWR)	1120	1977	39.5	10/12/10	6.6			LTO
	Ohi-2 (PWR)	1120	1978	38.7	16/12/11	5.5			LTO
	Ohi-3 (PWR)	1127	1991	26.1	02/09/13	3.8	08/07/13	24/05/17	LTO
	Ohi-4 (PWR)	1127	1992	25.0	15/09/13	3.8	08/07/13	24/05/17	LTO
	Takahama-1 (PWR)	780	1974	43.3	10/01/11	6.5	17/03/15	10/6/16 [e]	LTO
	Takahama-2 (PWR)	780	1975	42.5	25/11/11	5.6	17/03/15	10/06/16	LTO
	Takahama-3 (PWR)	830	1984		20/02/12	(3.9)	08/07/13	09/10/15	Restarted 9/6/17 [d]
	Takahama-4 (PWR)	830	1984		21/07/11	(5.8)	08/07/13	09/10/15	Restarted 22/05/17
KYUSHU	Genkai-2 (PWR)	529	1980	37.1	29/01/11	6.4			LTO
	Genkai-3 (PWR)	1127	1993	24.0	11/12/10	6.6	12/07/13	18/01/17	LTO
	Genkai-4 (PWR)	1127	1996	20.6	25/12/11	5.5	12/07/13	18/01/17	LTO
	Sendai-1 (PWR)	846	1983		10/05/11	(4.3)	08/07/13	27/05/15	Restarted 14/08/15
	Sendai-2 (PWR)	846	1985		01/09/11	(4.2)	08/07/13	27/05/15	Restarted 15/10/15
SHIKOKU	Ikata-2 (PWR)	538	1981	35.9	13/01/12	5.5			LTO
	Ikata-3 (PWR)	846	1994		29/04/11	(5.3)	08/07/13	19/04/16	Restarted 15/08/16
TEPCO	Kashiwazaki Kariwa-1 (BWR)	1067	1985	32.4	06/08/11	5.9			LTO
	Kashiwazaki Kariwa-2 (BWR)	1067	1990	27.4	19/02/07	10.4			LTO
	Kashiwazaki Kariwa-3 (BWR)	1067	1992	24.6	16/07/07	10.0			LTO
	Kashiwazaki Kariwa-4 (BWR)	1067	1993	23.5	16/07/07	10.0			LTO
	Kashiwazaki Kariwa-5 (BWR)	1067	1989	27.8	25/01/12	5.4			LTO
	Kashiwazaki Kariwa-6 (ABWR)	1315	1996	21.4	26/03/12	5.3	27/09/13 [c]		LTO
	Kashiwazaki Kariwa-7 (ABWR)	1315	1996	20.5	23/08/11	5.9	27/09/13		LTO

Operator	Reactor	MW	Startup Year	Age Years	Shutdown Date ª dd/mm/yy	Shutdown Duration	NRA Compliance		Status
							Application dd/mm/yy	Approval ᵇ dd/mm/yy	
	Higashi Dori-1 (BWR)	1067	2005	11.8	06/02/11	6.4	20/06/14		LTO
TOHOKU	Onagawa-1 (BWR)	498	1983	33.6	10/09/11	5.8			LTO
	Onagawa-2 (BWR)	796	1994	22.5	06/11/10	6.7	27/12/13		LTO
	Onagawa-3 (BWR)	796	2001	16.1	10/09/11	5.8			LTO

출처: World Nuclear Association[87]

또한 일본 원자력발전은 2013년 5월 터키에서의 원전수주를 통해서 국제사회에서 안전성문제에 대한 의구심을 해소하기 시작하였다. 2013년 5월 29일 에르도안 터키 총리와의 공동기자회견을 통해 일본 미쓰비시(Mitsubishi) 중공업과 프랑스 기업 아레바(Areva)로 구성된 컨소시엄이 터키 흑해 연안 시노프(Sinop)에 원자력발전소를 건설하기로 터키 측과 정식 합의하였다.

산업계의 요청과 국제사회의 일본 원자력발전에 대한 신뢰에 힘입어 일본정부는 2014년 에너지기본계획안에서 원자력에너지를 에너지정책의 핵심으로 삼을 계획을 발표하였다.[88]

그리고 일본정부는 원자력발전 재가동에 대한 일본국민의 의구심을 감안하여, 원자력발전소를 재가동하는 지방자치단체에 주는 교부금을 신설하기 위해 50억 엔을 2015년 예산에 반영하는 등 '안전성이 확인된 원전을 재가동한다'는 기조를 실행하기 위해 회유책도 마련했다.

이와 같은 일본정부의 방침에 힘입어 2014년부터 일본 내에서 원전재가동 승인이 이루어지고 있다. 2014년 규슈(九州)전력의 센다이

---

87) World Nuclear Association,
   https://www.worldnuclearreport.org/IMG/pdf/20170912wnisr2017-en-lr.pdf
88) Wall Street Journal 2014년 2월 26일자

(川内)원전 1,2호기(가고시마<鹿兒島>현)에 대해서 일본 원자력규제위원회가 원전 재가동 안전 심사에서 합격 판정을 내렸고, 2015년에 들어서도 일본 원자력규제위원회는 간사이(關西)전력이 제출한 다카하마(高浜)원전 3,4호 원자로(후쿠이<福井>현) 안전대책에 대해 합격 판정을 내렸다.

이와 같은 상황에서 일본의 원자력발전의 재가동은 탄력을 받고 있다. 물론 현재까지 일본 원전의 대부분은 상업적 발전을 하지 않고 있는 장기가동중단(LTO: Long-Term Outage) 상태에 있다. 그러나 점차적으로 재가동되는 원전이 늘어나고 있는 추세이다.

신재생에너지

4. 신재생에너지

 기후변화 문제를 해결하기 위해서, 세계 각국은 온실가스 배출 감축을 위한 노력을 기울이고 있다. 가시적인 결과는 프랑스 파리에서 열린 제21차 유엔 기후변화협약 당사국총회(COP21)가 2015년 12월 13일 폐막하고 신기후체제 합의문인 '파리 협정'(Paris Agreement)을 채택하여, 선진국과 개발도상국의 구분 없이 195개 협약당사국 모두가 기후변화문제를 해결하기 위한 대응에 동참하게 된 점이다. 파리 협정은 지구 평균기온 상승을 산업화 이전 대비 2℃ 보다 낮은 수준으로 유지하고, 1.5℃로 제한하기 위해 노력한다는 목표 아래, 각국이 2020년부터 온실가스 감축을 위한 기후행동에 참여하며, 5년 주기 이행점검을 통해 온실가스 감축 노력을 강화하도록 규정하고 있다.
 이와 같이 지구온난화 문제의 심각성에 대한 세계 각국의 합의가 이루어지는 과정에서 각국은 자국에서 배출되는 온실가스 감축에 노력을 기울여왔다. 이를 위해 각국은 지구온난화의 주요 원인 중 하나인 온실가스 감축을 위해 화석연료 사용을 억제하고, 대체에너지 사용을 활성화하려고 하고 있다. 하지만 태양력, 풍력 등의 신재생에너지를 이용한 전력생산을 단기적으로 확대하는 것이, 신재생에너지를 활용한 발전단가가 다른 에너지원에 비해 월등하게 높은 상황에서, 쉽지 많은 않은 상황이다.

한국수력원자력의 자료 <그림 3.1-1>에서 볼 수 있듯이 kWh당 태양광의 경우 237원, 천연가스의 경우 156원, 무연탄의 경우 91원, 유연탄의 경우, 65원, 원자력의 경우 54원의 비용이 소요되었다. 비용의 측면에서는 원자력에너지나 석탄에너지를 사용하면 되지만, 후쿠시마 사태에서 볼 수 있듯이 원자력발전의 경우 문제가 발생했을 경우에 심각한 피해가 발생할 수 있다는 점에서, 각국 마다 원자력에너지에 대한 입장은 크게 차이가 나고 있다. 2022년까지 국내의 원자력발전소를 폐쇄하기로 결정한 독일과 같은 국가가 있는 반면에, 미국과 같이 원자력발전을 억제하였다가 최근 다시 활성화하려는 국가가 존재하기도 하고, 프랑스와 같이 원자력 발전에 자국의 전력생산을 크게 의존하는 국가도 있다. 때문에 원자력 발전을 활용한 세계적 차원의 온실가스 감축합의는 불가능하다고 볼 수 있다.

현재까지 대부분의 국가는 전력생산의 발전단가가 낮은 석탄에 크게 의존해왔다. 석탄은 발전원별 이산화탄소 배출량이 다른 에너지원에 비해서 월등하게 높다. 따라서 전 세계 차원의 온실가스 감축노력이 강화되는 상황에서 석탄에너지 사용은 억제되고 다른 에너지원으로 대체되어야 한다. 그러나 민간기업이 태양광과 풍력을 사용하여 전력을 생산해서 전력시장에 판매하면 고비용의 문제로 경쟁력을 상실할 수 있는 문제가 발생한다. 때문에 신재생에너지를 활용한 전력생산을 확대하기 위해서, 많은 국가들이 정부 차원의 인센티브를 제공하고 있다.

그러나 신재생에너지를 활용한 전력생산이 늘어나면서 보조금 지급도 늘어나게 되었고, 이에 따라 각국은 신재생에너지에 대한 보조금을 축소할 수밖에 없게 되었다. 또한 신재생에너지 에너지산업은 다른 에너지산업에 비해 고도의 기술이 필요하지 않기 때문에 현재 신재생에너지 분야에서 중국기업이 빠른 속도로 부상하였다. 다시 말해, 산업의 측면에서 신재생에너지에 대한 투자를 늘릴 경우, 최대 수혜자는 중국기업이 될 수 있다.

실제로 세계 최대 태양광 패널 생산기업이었던 독일의 Q-Cell(큐셀)은 독일정부의 신재생에너지 개별 설비에 대한 보조금 축소와 가격 경쟁력을 무기로 한 중국기업의 빠른 부상에 따라 2014년 파산 신청을 하였고, 한국의 한화그룹에 인수되었다.

4.1. 신재생에너지의 전 세계 생산 및 소비 동향

신재생에너지의 장점은 다른 에너지원에 비해서 탄소배출이 작다는 점이다. 점차 심각해지는 지구온난화 문제에 직면하여, 신재생에너지가 각광을 받는 가장 큰 이유 중에 하나이다. 물론 원자력발전의 경우도 탄소배출이 작지만, 설계, 시공, 운영에서 고도의 기술력을 필요로 하고, 천문학적인 초기투자비용이 발생한다는 기술적, 경제적 제약이 있다. 전 세계에서 자체적으로 원자력발전소와 발전장비를 설계, 시공, 운영할 수 있는 국가는 매우 제한적이다. 반면에 신재생에너지의 경우 초기에 설비투자비가 높지 않은 편이다. 또한 사고가 발생하면, 대규모 피해가 발생하는 원자력발전과 달리 대형사고의 위험성이 거의 없는 편이다.

그러나 신재생에너지는 다른 에너지원에 비해서 생산되는 전력의 양이 자연적인 요건(예를 들어, 날씨 등)에 따라 일정하지 않으며,

생산면적대비 생산성이 매우 낮은 에너지원이다. 따라서 면적이 협소한 인구밀집지역에서 산업체에 공급하는 에너지원으로는 아직까지 큰 한계가 있다.

Million tonnes oil equivalent	2006	2007	2008	2009	2010	2011	2012	2013	2014	2015	2016	Growth rate per annum 2016	2005-15	Share 2016
US	22.8	24.8	29.7	33.9	39.3	45.7	51.7	60.2	67.2	71.5	83.8	16.9%	13.2%	20.0%
Canada	2.5	2.6	2.8	3.4	4.2	4.8	5.6	6.4	7.0	8.5	9.2	8.1%	13.8%	2.2%
Mexico	1.7	1.9	1.8	1.8	2.0	2.0	2.3	2.6	3.1	3.7	4.1	10.4%	7.2%	1.0%
Total North America	27.0	29.4	34.1	39.2	45.5	52.5	59.6	69.3	77.3	83.8	97.1	15.7%	12.9%	23.1%
Argentina	0.4	0.4	0.4	0.4	0.5	0.5	0.6	0.8	0.8	0.8	0.7	5.0%	8.4%	0.2%
Brazil	3.4	4.2	4.7	5.4	7.6	7.9	9.1	10.6	13.3	16.0	19.0	18.4%	17.8%	4.5%
Chile	0.3	0.6	0.7	1.0	0.6	1.1	1.2	1.4	1.6	1.9	2.3	19.9%	16.7%	0.5%
Colombia	0.2	0.2	0.2	0.2	0.3	0.3	0.3	0.3	0.4	0.4	0.5	15.4%	12.8%	0.1%
Ecuador	†	†	†	†	0.1	0.1	0.1	0.1	0.1	0.1	0.1	12.5%	18.1%	*
Peru	0.1	0.1	0.1	0.1	0.2	0.2	0.2	0.3	0.4	0.4	0.6	29.3%	18.5%	0.1%
Trinidad & Tobago	†	†	†	†	†	†	†	†	†	†			-14.1%	*
Venezuela	–	–	–	–	†	†	†	†	†	†				
Other S. & Cent. America	1.3	1.4	1.6	1.8	2.0	2.2	2.7	3.0	3.6	4.5	5.1	11.9%	14.5%	1.2%
Total S. & Cent. America	5.7	6.9	7.7	9.0	11.1	12.3	14.1	16.4	20.2	24.0	28.2	17.1%	16.6%	6.7%
Austria	1.2	1.4	1.4	1.4	1.5	1.5	1.7	1.9	2.0	2.3	2.4	6.0%	10.5%	0.6%
Azerbaijan	–	–	–	–	–	–	–	†	†	†	†	66.3%		*
Belarus	†	†	†	†	†	†	†	†	†	†	0.1	100.5%	65.2%	*
Belgium	0.6	0.7	0.9	1.2	1.4	1.9	2.3	2.6	2.7	3.2	3.2	-1.7%	22.8%	0.8%
Bulgaria	–	–	†	0.1	0.2	0.2	0.5	0.6	0.6	0.7	0.7	1.8%	90.3%	0.2%
Czech Republic	0.2	0.3	0.4	0.5	0.7	1.2	1.3	1.5	1.6	1.7	1.7	-3.5%	27.5%	0.4%
Denmark	2.1	2.3	2.3	2.3	2.8	3.2	3.4	3.6	4.1	4.3	4.1	-5.7%	8.8%	1.0%
Finland	2.5	2.3	2.4	2.0	2.5	2.6	2.6	2.9	2.9	3.1	3.4	8.6%	3.5%	0.8%
France	1.4	1.8	2.3	2.8	3.4	4.4	5.5	5.8	6.5	7.9	8.2	2.3%	21.8%	1.9%
Germany	11.7	15.2	16.5	17.2	18.9	23.8	27.2	29.0	32.1	38.1	37.9	-0.9%	14.7%	9.0%
Greece	0.4	0.5	0.6	0.6	0.7	0.9	1.3	1.8	1.7	2.0	2.1	4.7%	20.2%	0.5%
Hungary	0.3	0.3	0.5	0.6	0.6	0.6	0.6	0.6	0.7	0.8	0.8	15.8%	6.3%	0.2%
Ireland	0.4	0.5	0.6	0.7	0.7	1.1	1.0	1.1	1.3	1.6	1.5	-5.8%	19.0%	0.4%
Italy	3.5	3.8	4.1	4.6	5.8	8.4	11.4	13.4	14.1	15.1	15.0	4.3%	16.4%	3.6%
Kazakhstan	†	†	†	†	†	†	†	†	†	†	0.1	95.1%		*
Lithuania	†	†	†	0.1	0.1	0.1	0.2	0.2	0.3	0.3	0.4	20.0%	65.2%	0.1%
Netherlands	1.8	1.7	2.1	2.4	2.5	2.8	2.8	2.7	2.6	3.1	3.1	0.8%	6.3%	0.7%
Norway	0.2	0.3	0.3	0.3	0.3	0.4	0.4	0.5	0.6	0.6	0.5	-14.6%	12.5%	0.1%
Poland	0.5	0.7	1.0	1.4	1.8	2.4	3.4	3.3	4.0	4.7	4.6	-1.8%	28.9%	1.1%
Portugal	1.1	1.4	1.8	2.3	2.8	2.8	3.1	3.6	3.6	3.6	3.7	4.4%	16.2%	0.9%
Romania	†	†	†	†	0.1	0.4	0.6	1.2	1.5	2.2	2.2	6.0%	100.1%	0.5%
Russian Federation	0.1	0.1	0.1	0.1	0.1	0.1	0.1	0.1	0.1	0.2	0.2	6.9%	4.0%	*
Slovakia	0.1	0.1	0.1	0.1	0.2	0.3	0.3	0.3	0.5	0.5	0.5	1.8%	49.5%	0.1%
Spain	6.2	7.2	8.7	10.7	12.5	12.6	15.0	16.3	16.1	15.8	15.5	-0.9%	10.8%	3.7%
Sweden	2.1	2.5	2.8	3.2	3.6	4.0	4.4	4.8	5.0	6.1	6.1	0.8%	12.4%	1.5%
Switzerland	0.3	0.3	0.3	0.3	0.3	0.4	0.5	0.5	0.6	0.7	0.8	17.6%	10.3%	0.2%
Turkey	0.1	0.2	0.3	0.5	0.9	1.3	1.7	2.3	2.8	3.9	5.2	33.8%	51.0%	1.2%
Turkmenistan	†	†	†	†	†	†	†	†	†	†	†	27.0%		*
Ukraine	†	0.1	0.1	†	0.1	0.1	0.2	0.3	0.4	0.4	0.3	-12.4%	46.9%	0.1%
United Kingdom	3.1	3.3	3.8	4.5	5.0	6.5	8.1	11.0	13.3	17.5	17.5	-0.1%	20.4%	4.2%
Uzbekistan	†	†	†	†	†	†	†	†	†	†	†	50.0%		*
Other Europe & Eurasia	0.7	0.9	1.1	1.3	1.4	1.6	1.9	2.0	2.2	2.3	2.5	7.7%	17.2%	0.6%
Total Europe & Eurasia	40.4	48.1	54.4	61.2	71.0	86.7	101.5	114.1	123.8	141.6	144.9	1.9%	15.0%	34.3%
Iran	†	†	†	0.1	†	0.1	0.1	0.1	0.1	0.1	0.1	2.6%	20.0%	*
Israel	†	†	†	†	†	0.1	0.1	0.1	0.2	0.3	0.4	37.1%	60.6%	0.1%
Kuwait	–	–	–	–	–	–	–	–	–	–	†	580.0%		*
Qatar	–	–	–	–	–	–	–	–	–	–	†	10.0%		*
Saudi Arabia	–	–	–	–	–	†	†	†	†	†	†	14.3%		*
United Arab Emirates	–	–	–	–	–	†	†	†	†	0.1	0.1	2.6%		*
Other Middle East	†	†	†	†	†	†	†	†	†	†	0.2	196.8%	39.8%	*
Total Middle East	†	†	0.1	0.1	0.1	0.1	0.2	0.3	0.4	0.5	0.7	42.0%	38.8%	0.2%
Algeria	–	–	–	–	–	†	†	†	†	†	0.1	190.2%		*
Egypt	0.1	0.2	0.2	0.3	0.3	0.4	0.3	0.3	0.3	0.4	0.6	35.5%	13.3%	0.1%
South Africa	0.1	0.1	0.1	0.1	0.1	0.1	0.1	0.1	0.6	1.4	1.8	26.3%	35.3%	0.4%
Other Africa	0.7	0.8	0.6	0.7	0.9	0.9	1.0	1.3	1.8	2.4	2.6	9.6%	16.6%	0.6%
Total Africa	0.9	0.9	0.9	1.1	1.3	1.4	1.4	1.7	2.7	4.2	5.0	18.5%	19.8%	1.2%
Australia	1.4	1.6	1.7	1.7	1.9	2.5	3.0	3.7	4.1	4.8	5.4	12.0%	14.9%	1.3%
Bangladesh	†	†	†	†	†	†	†	†	†	†	†	15.3%	40.8%	*
China	2.5	3.5	6.4	11.0	15.9	22.8	29.4	42.3	50.8	64.4	86.1	33.8%	22.4%	20.5%
China Hong Kong SAR	†	†	†	†	†	†	†	†	†	†	†	-0.4%		*
India	3.3	4.0	4.8	6.3	7.2	8.8	10.4	11.6	12.0	12.7	16.5	29.2%	18.9%	3.9%
Indonesia	1.5	1.6	1.9	2.1	2.1	2.2	2.2	2.2	2.3	2.4	2.6	7.1%	4.7%	0.6%
Japan	5.8	6.2	6.1	6.1	6.7	7.0	7.7	9.3	11.8	14.8	18.8	26.7%	10.0%	4.5%
Malaysia	–	†	†	0.3	0.3	0.3	0.4	0.3	0.3	0.3	0.3	21.6%		0.1%
New Zealand	1.0	1.1	1.3	1.6	1.8	2.0	2.0	2.0	2.3	2.4	2.4	-0.2%	10.0%	0.6%
Pakistan	†	†	†	†	†	†	†	0.1	0.1	0.2	0.4	47.0%		0.1%
Philippines	2.4	2.3	2.4	2.4	2.3	2.3	2.4	2.2	2.4	2.8	3.1	10.8%	2.2%	0.7%
Singapore	0.1	0.1	0.1	0.1	0.1	0.1	0.1	0.1	0.2	0.2	0.2	14.8%	6.2%	0.1%
South Korea	0.1	0.2	0.3	0.4	1.0	1.7	2.0	2.3	3.3	3.9	4.3	9.8%	45.6%	1.0%
Taiwan	0.5	0.6	0.6	0.6	0.7	0.8	0.8	0.9	0.9	1.0	1.0	1.8%	8.8%	0.2%
Thailand	0.5	0.6	0.5	0.5	0.8	0.9	1.2	1.6	2.0	2.3	2.8	24.4%	18.3%	0.7%
Vietnam	0.1	0.1	0.1	0.1	0.2	0.2	0.2	0.2	0.3	0.3	0.1	40.5%	15.9%	*
Other Asia Pacific	0.1	0.1	0.1	†	0.2	0.2	0.2	0.3	0.3	0.3	0.3	1.3%	20.8%	0.1%
Total Asia Pacific	19.7	22.9	26.2	33.3	41.1	51.7	61.8	79.0	93.0	112.7	144.5	27.0%	21.1%	34.4%
Total World	93.2	107.2	123.4	143.9	170.1	203.6	238.5	280.7	317.3	366.7	419.6	14.1%	16.5%	100.0%
of which: OECD	75.9	86.9	98.2	110.8	127.9	151.5	175.2	199.4	221.0	248.9	270.1	8.2%	13.9%	64.4%
Non-OECD	17.3	20.3	25.1	33.0	42.2	52.1	63.4	81.3	96.3	117.8	149.5	26.8%	23.4%	35.6%
European Union	39.1	48.3	52.4	58.9	68.2	82.3	97.4	109.1	118.0	134.6	135.6	0.5%	14.8%	32.3%
CIS	0.1	0.2	0.2	0.2	0.2	0.2	0.3	0.5	0.6	0.6	0.7	7.8%	19.1%	0.2%

출처: BP Statistical Review of World Energy June 2017, p.44.

<그림 4.1-1> 전 세계 신재생에너지 소비 현황 (단위: 백만 석유환산톤)

신재생에너지가 기후변화문제에서 강한 장점을 가지고 있음에도 불구하고 신재생에너지가 갖는 단점 때문에 신재생에너지 운용은 일부 선진국 과 중국이 주도하고 있다. 2016년 전 세계 신재생에너지 소비에서 OECD회원국이 차지하고 있는 비중은 64.4%였으며, 중국이 차지하는 비중은 20.5%였다. 중국과 OECD회원국이 전 세계 신재생에너지 소비의 대부분을 차지하고 있는 것이다. 이중에서 미국(20%), EU(32.3%)와 중국(20.5)의 비중을 합치면 전 세계 신재생에너지 소비의 70.8%를 차지한다.

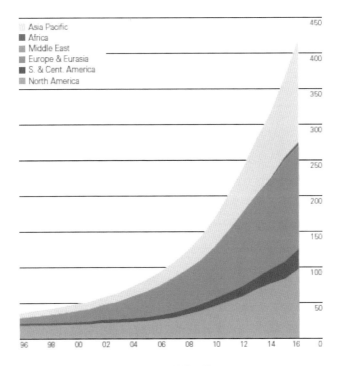

출처: BP Statistical Review of World Energy June 2017, p.43.

<그림 4.1-2> 전 세계 지역별 신재생에너지 소비 현황 (단위: 백만 석유 환산톤)

또한 EU 회원국별로도 신재생에너지의 소비비중이 크게 차이가 나고 있다. 독일이 전 세계 신재생에너지 소비에서 차지하는 비중은 9%, 영국이 전 세계 신재생에너지 소비에서 차지하는 비중이 4.2%, 프랑스가 전 세계 신재생에너지 소비에서 차지하는 비중은 1.9%였다. 신재생에너지의 효율성이 대단히 낮은 상황에서, 신재생에너지 관련 시장은 각국 정부가 신재생에너지 활성화를 추진하는 정책(예를 들어, 보조금 지급)에 크게 영향을 받지 않을 수 없다.

Thousand tonnes oil equivalent	2006	2007	2008	2009	2010	2011	2012	2013	2014	2015	2016	Growth rate per annum 2016	Growth rate per annum 2005-15	Share 2016
US	10870	14708	20934	23761	26044	31184	29808	31057	32890	33849	35779	5.4%	15.2%	43.5%
Canada	174	503	548	786	809	950	1017	1056	1189	1142	1160	1.2%	22.8%	1.4%
Mexico	–	5	5	14	13	15			56	58	58			0.1%
Total North America	10644	15216	21486	24562	26866	32147	30840	32171	34132	35049	36997	5.3%	16.4%	45.0%
Argentina	30	173	635	1055	1670	2234	2295	2014	2644	2038	2828	38.4%	71.7%	3.4%
Brazil	9690	12427	15486	15277	16868	14403	14739	17114	18005	19332	18552	-4.3%	8.4%	22.5%
Colombia	144	155	158	320	455	572	627	660	676	893	626	-10.0%	46.2%	0.8%
Other S. & Cent. America	513	596	806	634	229	310	300	354	378	379	373	-1.9%	6.5%	0.5%
Total S. & Cent. America	10278	13251	17085	17285	19220	17519	17961	20142	21703	22442	22378	-0.6%	9.8%	27.2%
Austria	109	222	269	373	391	390	390	374	329	381	419	9.8%	18.0%	0.5%
Belgium	22	146	282	486	603	664	582	547	574	556	558	–	80.9%	0.7%
Finland	12	54	101	231	301	208	263	330	387	446	446	–	51.8%	0.5%
France	682	1153	2064	2408	2363	1935	2145	2306	2541	2519	2226	-11.9%	18.5%	2.7%
Germany	2603	3243	2805	2834	3022	2967	3031	2770	3460	3191	3198	-0.1%	7.2%	3.9%
Italy	504	448	623	772	678	486	296	457	585	582	583	–	5.1%	0.7%
Netherlands	23	82	78	242	391	674	1276	1495	1756	1675	1680	–	87.5%	2.0%
Poland	154	103	290	408	439	414	652	697	750	940	898	-4.6%	23.2%	1.1%
Portugal	70	162	149	226	284	330	276	274	301	321	298	-7.5%	79.7%	0.4%
Spain	273	378	384	1001	1312	851	620	749	1030	1122	1148	2.0%	14.0%	1.4%
Sweden	91	150	183	254	338	400	431	635	789	222	211	-5.1%	15.7%	0.3%
United Kingdom	228	374	289	220	304	322	303	517	403	310	351	12.8%	22.4%	0.4%
Other Europe & Eurasia	407	506	964	1190	1187	1235	1428	1351	1580	1749	1761	0.4%	19.2%	2.1%
Total Europe & Eurasia	5269	7021	8482	10646	11604	10878	11734	12503	14445	14012	13777	-1.9%	15.5%	16.7%
Total Middle East	–	–	–	–	5	5	5	5	5	5	5	–	–	*
Total Africa	9	6	13	18	8	8	23	32	40	40	40	–	29.5%	*
Australia	59	76	119	174	222	223	239	202	169	157	144	-8.5%	21.9%	0.2%
China	925	982	1194	1224	1584	1970	2103	2346	2609	2653	2053	-22.8%	14.6%	2.5%
India	146	149	169	77	123	210	229	268	349	410	505	23.0%	12.7%	0.6%
Indonesia	44	217	530	489	723	1110	1397	1750	2547	1354	2503	84.3%	65.4%	3.0%
South Korea	41	78	146	358	511	309	283	321	337	365	404	4.7%	45.4%	0.5%
Thailand	87	148	525	658	700	765	1054	1330	1490	1603	1610	0.2%	33.9%	2.0%
Other Asia Pacific	144	227	390	478	443	692	997	1234	1873	1913	1889	-1.5%	69.1%	2.3%
Total Asia Pacific	1446	1876	3074	3458	4306	5280	6300	7450	9374	8476	9110	7.2%	25.0%	11.1%
Total World	27648	37471	50138	55936	64006	66834	66863	72293	79763	80024	82306	2.8%	14.1%	100.0%
of which: OECD	16174	22261	29997	35389	40889	43192	42733	44808	48698	49186	50900	3.2%	15.5%	61.8%
Non-OECD	11674	15190	20141	20547	23119	22642	24130	27485	31005	30838	31407	1.6%	12.2%	38.2%
European Union	5214	6945	8334	10461	11466	10707	11593	12394	14286	13820	13580	-2.0%	15.5%	16.5%
CIS	–	2	7	8	36	34	28	29	23	25	25	–	15.5%	*

출처: BP Statistical Review of World Energy June 2017, p.45.

<그림 4.1-3> 전 세계 바이오연료 생산현황 (단위: 백만 석유환산톤)

기관별 집계에 따라서, 신재생에너지에 포함되는 바이오연료의 생산은OECD국가와 브라질이 주도하고 있다. 전체 바이오연료의 61.8%가 OECD국가가 생산한 것이며, 브라질도 전체 바이오연료의

22.5%를 생산하고 있다. OECD국가와 브라질이 세계 바이오연료 생산의 84.3%를 차지하고 있다. OECD국가 중에서도 곡물생산이 많은 미국이 전 세계 바이오연료 생산의 43.5%를 차지하고 있다.

바이오연료는 기본적으로 곡물 등을 사용하여 생산하기 때문에, 국토가 협소하고 곡물수확이 저조한 국가는 실현하기 어렵다. 바이오연료에서 가장 큰 비중을 차지하는 것이 바이오에탄올과 바이오디젤이다. 미국과 브라질에서는 바이오에탄올이 시장을 주도하고 있고, 유럽에서는 바이오디젤이 시장을 주도하고 있다.

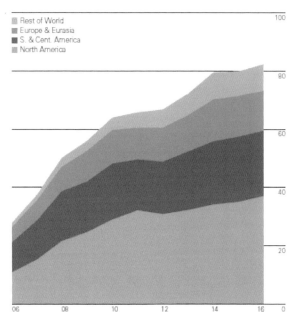

출처: BP Statistical Review of World Energy June 2017, p.45.

<그림 4.1-4> 전 세계 지역별 바이오연료 생산 (단위: 백만 석유환산톤)

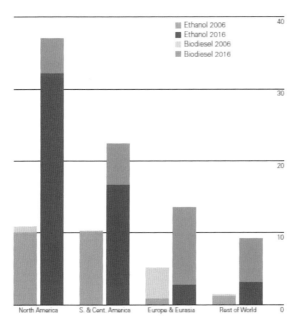

출처: BP Statistical Review of World Energy June 2017, p.45.

〈그림 4.1-5〉 전 세계 지역별로 생산된 바이오연료의 종류 (단위: 백만 석유환산톤, 2006년, 2016년)

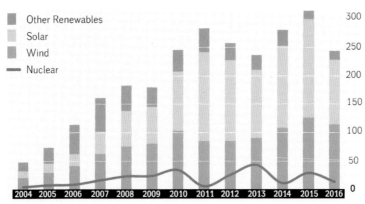

출처: World Nuclear Association[89)]

<그림 4.1-6> 전 세계 신재생에너지와 원자력 에너지 투자 결정
(단위: 십억 US$, 2004년-2016년)

전 세계 차원에서 신재생에너지에 대한 투자결정은 2000년 이후 상당히 빠른 속도로 증가하였다. 2015년에는 3122억 달러로 증가하였다. (위의 통계에서는 대형수력발전은 제외되었다.) 신재생에너지 투자를 주도하는 것은 태양광과 풍력발전이다. 2016년에 2015년에 비해서 투자액수가 줄어 든 것은 신재생에너지의 설비단가 하락에 힘입었다. 2016년에 설치된 신재생에너지의 발전용량은 138.5GW였다. 2015년에 설치된 신재생에너지의 발전용량이 127.5GW였던 것을 감안하면, 2016년에 신규 설치된 발전용량은 훨씬 증가한 것이었다.

2016년에 2015년보다 설비 단가가 하락하였다. 2016년에는 와트 당 1.74 US$였다. 2015년에는 와트 당 2.45 US$였다. 2016년의 설비 단가가 2015년에 비해서 29% 하락한 것이다.

UNEP-FS에 따르면 태양광 패널 전 세계 평균 발전비용은 2016년에 MWh 당 101US$로 전 년도 대비 17% 감소하였다. 지상 풍력 발전의 전 세계평균 발전비용은 2016년에 MWh 당 68US$로 전 년

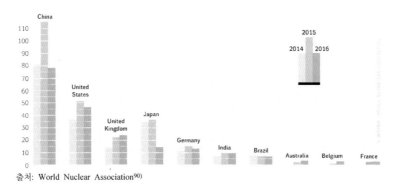

출처: World Nuclear Association[90]

<그림 4.1-7> 신재생에너지 투자 상위 10개국 (단위: 십억 US$, 2014년-2016년)

89) World Nuclear Association, https://www.worldnuclearreport.org/IMG/pdf/20170912wnisr2017-en-lr.pdf

90) World Nuclear Association, https://www.worldnuclearreport.org/IMG/pdf/20170912wnisr20170-en-lr.pdf

도 대비 18% 감소하였다. 해양 풍력발전의 전 세계평균 발전비용은
2016년에 MWh 당 126달러로 전 년도 대비 28% 감소하였다.

  신재생 에너지 투자 상위 10개국은 중국, 미국, 영국, 일본, 독일,
인도, 브라질, 호주, 벨기에, 프랑스였다. 특히 중국에서 신재생에너
지에 대한 투자는 다른 국가에 비해서 압도적인 규모로 진행되었다.

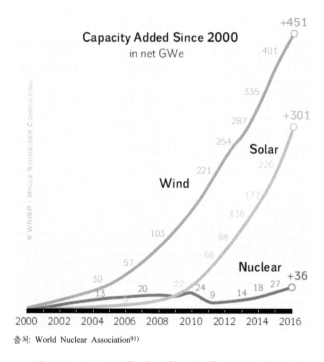

출처: World Nuclear Association[91]

<그림 4.1-8> 2000년 이후 에너지원별 발전용량 증가 (단위 GWe)

  2000년 이후 신재생에너지의 연간 발전용량은 가파른 속도로 증
가하였다. 2016년에 2000년 대비 풍력발전의 발전 용량은 451GWe,

---

91) World Nuclear Association, https://www.worldnuclearreport.org/IMG/pdf/20170912wnisr20170-en-lr.pdf

태양광발전의 발전용량은 301GWe가 증가하였다. 반면에 원자력 발전은 36GWe의 발전용량이 확대되었다.

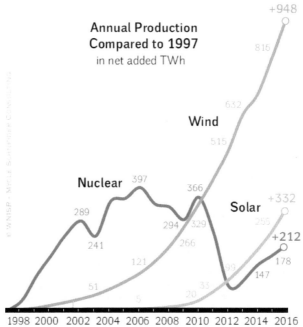

출처: World Nuclear Association[92)

<그림 4.1-9> 1997년 대비 에너지원별 전력생산 증가 (단위 TWh)

1997년 대비 전력생산 증가는 2016년에 풍력발전의 경우 948 TWh, 태양광발전의 경우 332TWh, 원자력발전의 경우 212TWh 증가하였다. 2016년을 기준으로 31개 원자력발전 운용국가 중에서 9개국(브라질, 중국, 독일, 인도, 일본, 멕시코, 네덜란드, 스페인, 영

---

92) World Nuclear Association, https://www.worldnuclearreport.org/IMG/pdf/20170912wnisr20170-en-lr.pdf

국)은 원자력발전보다 신재생에너지(수력발전 제외)로부터 더 많은 전력을 생산하고 있다. 이와 같이 신재생에너지의 활용은 눈부신 속도로 증가하고 있다.

특히 신재생에너지 산업의 비약적인 성장의 견인차 역할은 단일 국가로서는 중국이 하고 있다.

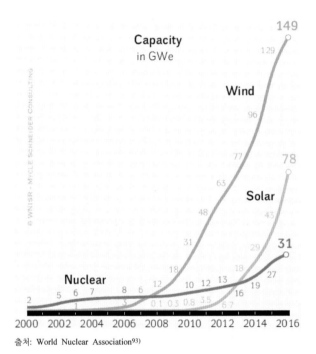

출처: World Nuclear Association[93)]

<그림 4.1-10> 2000년 이후 중국의 에너지원별 발전용량 증가 (단위 GWe)

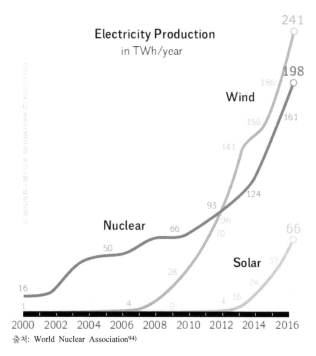

Electricity Production
in TWh/year

241

198

Wind

186

161

156

141

124

93

96

Nuclear

66

70

50

Solar

66

28

16

24

16

4

0

4

16

출처: World Nuclear Association[94]

<그림 4.1-11> 1997년 대비 중국 내 에너지원별 전력생산 증가 (단위 TWh)

2016년 전 세계에서 풍력발전을 이용한 전력생산 증가는 2000년
대비 948TWh였는데, 중국에서 같은 기간 풍력발전을 이용한 전력
생산 증가는 241TWh였다. 태양광 발전의 경우, 2016년 전 세계에
서 풍력발전을 이용한 전력생산 증가는 2000년 대비 332TWh였는
데, 중국에서 같은 기간 태양광발전을 이용한 전력생산 증가는
66TWh였다.

EU내에서도 신재생에너지의 발전용량과 신재생에너지를 이용한
발전용량 증가가 2000년 이후 지속적으로 진행되었다.

---

94) World Nuclear Association, https://www.worldnuclearreport.org/IMG/pdf/20170912wnisr20170-en-lr.pdf

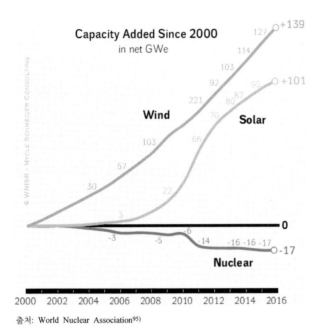

출처: World Nuclear Association[95]

<그림 4.1-12> 2000년 이후 EU 내 에너지원별 발전용량 증가 (단위 GWe)

　2000년 대비 2016년에 EU내에서 풍력을 이용한 발전용량은 139GWe 증가하였고 태양광을 이용한 발전용량은 101GWe 증가하였다. 중국과 EU는 원자력에너지 문제에서는 차이를 보이고 있다. EU내에서 원자력에너지의 발전용량은 2016년에 2000년 대비 감소한 반면에, 중국에서는 폭발적으로 증가하였다.

95) World Nuclear Association, https://www.worldnuclearreport.org/IMG/pdf/20170912wnisr20170-en-lr.pdf

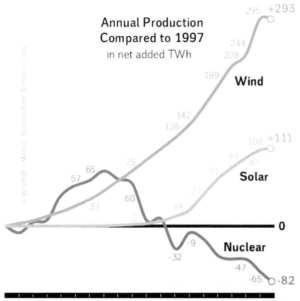

Annual Production
Compared to 1997
in net added TWh

+293

244
228
199

Wind

142
126

+111

108

65
75
57

85

Solar

97

60
57

0

71

14

-9

Nuclear

-32

-47

-65

-82

1998 2000 2002 2004 2006 2008 2010 2012 2014 2016

출처: World Nuclear Association[96]

<그림 4.1-13> 1997년 대비 EU 내 에너지원별 전력생산 증가 (단위 TWh)

4.2. 전 세계 차원의 신재생에너지 친화 정책

OECD회원국의 신재생에너지 소비의 대부분은 미국과 EU에서 발생하고 있다. 미국의 경우 넓은 국토에 힘입어, 단위 면적당 신재생에너지 설비를 설치하기에 유리한 환경을 가지고 있다. 또한 셰일가스 사용으로 최근 탄소배출이 감소하고 있지만, 중국에 이어 미국이 전 세계 2위의 탄소배출국가임을 감안하면, 미국 내에서 신재생에너지 확대의 필요성이 있다. 또한 스리마일 원전사고 이후 최근 원전건설 허가가 재개되기까지 미국 내 신규 원전건설은 중지되었

96) World Nuclear Association, https://www.worldnuclearreport.org/IMG/pdf/20170912wnisr20170-en-lr.pdf

다. 따라서 미국 내에서 탄소배출을 감소하는 확실한 방안은 신재생에너지를 활용한 것이었다. 또한 캘리포니아 주는 1976년 제정된 주법으로 신규원전건설을 금지하고 있다. 특히 미국에서 신재생에너지 확대가 탄력을 받은 것은 오바마 행정부 당시에 제정된 '청정전력계획(CPP: Clean Power Plan)'이다. 이 계획에 따르면, 탄소배출을 줄이기 위해 미국 내 모든 주가 석탄발전 비중을 줄이고 신재생에너지 사용을 늘려야 한다는 내용을 담고 있다. CPP에 따라서, 미국의 모든 주는 에너지 발전소의 탄 소배출량 감축계획을 2018년 9월 6일까지 환경보호청(EPA: Environmental Protection Agency)에 제출해야 한다. 그러나 미국 내 석탄 생산 주의 반발과 이들 주의 지지를 힘입어 집권한 트럼프 행정부의 출범으로 오바마 행정부 당시의 계획대로 진행될 지는 미지수이다.

EU도 기후변화에 대한 대응으로 EU회원국의 신재생에너지 확대를 지속적으로 추진하였다. EU는 2009년 신재생에너지법(The Renewable Energy Directive)을 채택하여 신재생에너지로의 전환을 주도하고 있다. 신재생에너지법에 따르면 2020년까지 EU의 신재생에너지 사용 비율을 20% 향상시키는 것을 목표로 하였다. 또한 EU회원국은 신재생에너지법에 따라서 2020년까지 교통수단에서 소비되는 에너지자원 중 최소 10% 이상이 신재생에너지에서 조달될 수 있도록 해야한다. 그리고 목표 달성을 위해서 EU회원국은 개별국가 각각의 목표치를 설정하고, 이를 실행할 것을 규정하고 있다. 이미 EU 내 일부 회원국은 EU의 신재생에너지 확대 목표인 에너지 소비 중 신재생에너지 사용비율 20%를 달성하였다. EU는 신재생에너지 사용비율 목표를 규정하고, 활용되는 신재생에너지의 종류는 각 EU회원국이 자국의 실정에 맞추어 운영하고 있다.

4.2.1. 미국의 신재생에너지 관련 정책변화

클린턴 대통령이 교토의정서에 서명을 한 이후, 부시 (Geroge W. Bush) 대통령이 집권하자 미국 행정부의 입장도 완전히 바뀌었다. 부시행정부는 2001년 3월 자국경제에 심각한 피해를 주고, 개발도상국이 같이 참여하지 않는다는 이유로 교토의정서 탈퇴를 선언하였다. 이는 미국 내에서 온실가스 배출이 증대하 있었던 부시대통령 재임 당시 상황에서 교토의정서 가입을 통해 초래되는 경제적 비용 부담 뿐고만 아니라 미국의 석유산업 등 전통적인 에너지 산업에 타격을 가할 것이 우려되었기 때문이다. <그림 4.2.1-1>에서 보는 바와 같이 부시대통령이 재임하였던 2001년부터 2009년까지의 기간 중, 2007년까지는 미국에서 온실가스 배출이 급격하게 증가하였다.

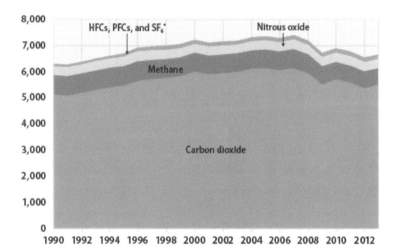

출처: EPA (United States Environmental Protection Agency)[97]

<그림 4.2.1-1> 미국 온실가스 배출량
(기간: 1990년-2012년, 단위: 백만 입방톤의 탄소배출)

그러나 2007년 이후 미국 내에서 온실가스 배출은 급속하게 감소
하였다. 이는 <그림 4.2.1-2>에서 보는 바와 같이 미국 국내에서 배
출되는 온실가스에서 가장 큰 비중을 차지하는 것이 '전력생산'이다.
그 다음이 운송부문이다.

최근 '전력생산' 분야에서 온실가스 배출이 감축된 이유 중 하나
는 미국에서 전력생산에서 '석탄'을 대체해서 '천연가스' 사용 비중
이 증가했기 때문이다.

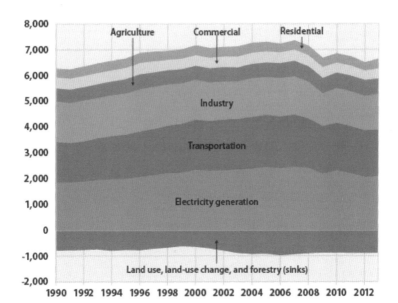

출처: EPA (United States Environmental Protection Agency)[98]

<그림 4.2.1-2> 산업별 온실가스 배출량 (기간: 1990년-2012년,
단위: 백만 입방톤의 탄소배출)

97) EPA, "Climate Change Indicators in the United States," https://www3.epa.gov/climatechange/
science/indicators/ghg/us-ghg-emissions.html

98) EPA, "Climate Change Indicators in the United States," https://www3.epa.gov/climatechange/
science/indicators/ghg/us-ghg-emissions.html

이와 같이 미국 내에서 상황변화와 전임 오바마 정부의 노력으로 미국 내에서 신재생에너지에 대한 정책전환이 시도되었다. 미국 오바마 대통령은 2015년 8월 3일 미국정부의 신재생에너지 정책을 강화하는 "청정전력계획(CPP: Clean Power Plan)" 채택을 공식 발표하였다. 이 계획에 따르면, 탄소배출을 줄이기 위해 미국 내 모든 주가 석탄발전 비중을 줄이고 신재생에너지 사용을 늘려야 한다는 내용을 담고 있다. CPP에 따라서, 미국의 모든 주는 에너지 발전소의 탄 소배출량 감축계획을 2018년 9월 6일까지 환경보호청(EPA: Environmental Protection Agency)에 제출해야 한다.

CPP에 따르면, 2030년까지 미국 내 발전소의 탄소 배출량 감축 목표(2005년 배출량 기준)를 기존 30%에서 32%로 상향조정하였다. 또한 풍력, 태양광 등 재생 가능한 에너지 발전 비중 목표를 22%에서 28%로 상향 조정하였다. 그리고 신재생에너지로 전환하는 주와 전력회사에 인센티브를 주는 방안도 포함됐다.

이와 같이 전임 오바마 행정부가 CPP를 발표한 동기는 이 계획을 통해서 미국 내에서 석탄발전 비중을 획기적으로 줄이고 신재생에너지 사용을 늘리는 효과를 달성할 수 있다는 점과 당면한 지구온난화 문제를 해결하는 데 도움이 될 뿐만 아니라 미래 세대를 위해서도 이번 조치가 필요하다는 점이었다. 실제로 비록 석탄 발전비중이 미국에서 감소하고 있기는 하지만, 대략 40%의 전력이 석탄에너지를 통해 생산되고 있어서, 석탄은 미국에서 가장 큰 전력생산 에너지자원이다.

현재 미국 내 발전연료 비중은 점차 줄어들고 있지만 석탄이 40%를 차지한다. 천연가스 30%, 원자력 20%, 수력발전이 7% 수준이다. 그리고 미국 내 온실가스 배출문제에 가장 큰 산업분야는, <그림

4.2.1-2>의 자료에서처럼, 전력생산 분야이다. 그러나 석탄사용 비중이 큰 주들의 사정을 감안하여, 전임 오바마 행정부는 석탄을 생산하는 주들이 다른 대체에너지원을 가진 주들에 비해서 보다 탄력적인 감축안을 실행할 수 있도록 하였다.

그럼에도 불구하고, 전임 오바마 행정부의 CPP에 대해서 미국의 공화당과 일부 주 그리고 전력회사들이 반발하였다. 우선 공화당은 CPP를 통해서 연방정부가 주정부의 행정에 대해 지나치게 간섭한다고 비판하였다. 에너지기업 이익단체인 ERCC(Electric Reliability Coordinating Council)는 일부 주정부와 연대하여 오바마 행정부 당시 탄소배출 규제에 대한 소송제기도 고려하였다.

이번 조치로 특히, 석탄 생산이 많은 주와 석탄발전 비중이 높은 주인 미주리 와이오밍 유타 인디애나, 켄터키주 등은 오바마 행정부의 CPP로 미국 석탄산업이 상당한 타격을 입을 것이며 많은 전력회사이 재정난을 겪게 될 것이라며, CPP에 반발하고 있다. 실제로 CPP에 대해 미국 내 24개 주(州)가 시행을 반대하며 소송을 제기한 상태이다. 소송을 제기한 주는 앨라배마(Alabama), 애리조나(Arizona), 아칸소(Arkansas), 콜로라도(Colorado), 플로리다(Florida), 조지아(Georgia), 인디애나(Indiana), 캔자스(Kansas), 켄터키(Kentucky), 루이지애나(Louisiana), 미시간(Michigan), 미주리(Missouri), 몬태나(Montana), 네브래스카(Nebraska), 뉴저지(New Jersey), 노스캐롤라이나(North Carolina), 오하이오(Ohio), 사우스캐롤라이나(South Carolina), 사우스다코타(South Dakota), 텍사스(Texas), 유타(Utah), 웨스트버지니아(West Virginia), 위스콘신(Wisconsin), 와이오밍(Wyoming) 등이었다.[99]

<표 4.2.1-1> CPP의 주별 Rate-Based goal* (기준: lb/MWh)

주 또는 인디언 보호구역	중간목표 2022-2024	중간목표 2025-2027	중간목표 2028-2029	중간 목표	최종 목표
Alabama	1,244	1,133	1,060	1,157	1,018
Arizona	1,263	1,149	1,074	1,173	1,031
Arkansas	1,411	1,276	1,185	1,304	1,130
California	961	890	848	907	828
Colorado	1,476	1,332	1,233	1,362	1,174
Connecticut	899	836	801	852	786
Delaware	1,093	1,003	946	1,023	916
Florida	1,097	1,006	949	1,026	919
Georgia	1,290	1,173	1,094	1,198	1,049
Idaho	877	817	784	832	771
Illinois	1,582	1,423	1,313	1,456	1,245
Indiana	1,578	1,419	1,309	1,451	1,242
Iowa	1,638	1,472	1,355	1,505	1,283
Kansas	1,654	1,485	1,366	1,519	1,293
Kentucky	1,643	1,476	1,358	1,509	1,286
Lands of the Fort Mojave Tribe	877	817	784	832	771
Lands of the Navajo Nation	1,671	1,500	1,380	1,534	1,305
Lands of the Uintah and Ouray Reservation	1,671	1,500	1,380	1,534	1,305
Louisiana	1,398	1,265	1,175	1,293	1,121
Maine	888	827	793	842	779
Maryland	1,644	1,476	1,359	1,510	1,287
Massachusetts	956	885	844	902	824
Michigan	1,468	1,325	1,228	1,355	1,169
Minnesota	1,535	1,383	1,277	1,414	1,213
Mississippi	1,136	1,040	978	1,061	945
Missouri	1,621	1,457	1,342	1,490	1,272
Montana	1,671	1,500	1,380	1,534	1,305
Nebraska	1,658	1,488	1,369	1,522	1,296
Nevada	1,001	924	877	942	855

New Hampshire	1,006	929	881	947	858
New Jersey	937	869	829	885	812
New Mexico	1,435	1,297	1,203	1,325	1,146
New York	1,095	1,005	948	1,025	918
North Carolina	1,419	1,283	1,191	1,311	1,136
North Dakota	1,671	1,500	1,380	1,534	1,305
Ohio	1,501	1,353	1,252	1,383	1,190
Oklahoma	1,319	1,197	1,116	1,223	1,068
Oregon	1,026	945	896	964	871
Pennsylvania	1,359	1,232	1,146	1,258	1,095
Rhode Island	877	817	784	832	771
South Carolina	1,449	1,309	1,213	1,338	1,156
South Dakota	1,465	1,323	1,225	1,352	1,167
Tennessee	1,531	1,380	1,275	1,411	1,211
Texas	1,279	1,163	1,086	1,188	1,042
Utah	1,483	1,339	1,239	1,368	1,179
Virginia	1,120	1,026	966	1,047	934
Washington	1,192	1,088	1,021	1,111	983
West Virginia	1,671	1,500	1,380	1,534	1,305
Wisconsin	1,479	1,335	1,236	1,364	1,176
Wyoming	1,662	1,492	1,373	1,526	1,299

출처: EPA[100]
*Rate-Based goal: 발전원별 CO2 배출 목표

실제로 주별로 감축목표에서 편차가 있었다. 발전원별 탄소배출
을 기준으로 한 표 <표 4.2.1-1>에 따르면, 텍사스의 2022-2024년
중간목표에서 2030년 최종목표까지의 감축비중은 19%였다. 반면
캘리포니아의 2022-2024년 중간목표에서 2030년 최종목표까지의
발전원별 감축비중은 24%에 해당하였다.

---

99) Gregory Korte, "24 states challenge Obama's Clean Power Plan as rules go into effect,"
USA Today, October 23, 2015, http://www.usatoday.com/story/news/politics/2015/10/23/24-
states-file-legal-challenge-obamas-power-plan/74472236/ (검색일: 2016. 5. 1.).

100) EPA, "CPP의 주별 Rate-Based goal," https://www.epa.gov/cleanpowerplantoolbox

그리고 최종목표에서 로드아일랜드는 771 lb/MWh로, 발전원별 탄소배출 감축에서 상당히 높은 기준을 설정하고 있는 반면에, 웨스트버지니아와 몬태나는 1305 lb/MWh로 발전원별 탄소배출 감축에서 비교적 낮은 기준이 설정되어 있다.

주별로 탄소배출량을 계산한 경우에도 웨스트버지니아가 18%를 2022-2024년 중간목표시점에서 2030년 최종목표 시점까지 감축해야하는 반면에, 캘리포니아는 2022-2024년 중간목표시점에서 2030년 최종목표 시점까지 10%만 감축하면 되었다.

<표 4.2.1-2> CPP의 주별 Mass-Based goal* (기준: Short ton)

주 또는 인디언 보호구역	중간목표 2022-2024	중간목표 2025-2027	중간목표 2028-2029	중간목표	최종목표
Alabama	66,164,470	60,918,973	58,215,989	62,210,288	56,880,474
Arizona	35,189,232	32,371,942	30,906,226	33,061,997	30,170,750
Arkansas	36,032,671	32,953,521	31,253,744	33,683,258	30,322,632
California	53,500,107	50,080,840	48,736,877	51,027,075	48,410,120
Colorado	35,785,322	32,654,483	30,891,824	33,387,883	29,900,397
Connecticut	7,555,787	7,108,466	6,955,080	7,237,865	6,941,523
Delaware	5,348,363	4,963,102	4,784,280	5,062,869	4,711,825
Florida	119,380,477	110,754,683	106,736,177	112,984,729	105,094,704
Georgia	54,257,931	49,855,082	47,534,817	50,926,084	46,346,846
Idaho	1,615,518	1,522,826	1,493,052	1,550,142	1,492,856
Illinois	80,396,108	73,124,936	68,921,937	74,800,876	66,477,157
Indiana	92,010,787	83,700,336	78,901,574	85,617,065	76,113,835
Iowa	30,408,352	27,615,429	25,981,975	28,254,411	25,018,136
Kansas	26,763,719	24,295,773	22,848,095	24,859,333	21,990,826
Kentucky	76,757,356	69,698,851	65,566,898	71,312,802	63,126,121
Lands of the Fort Mojave Tribe	636,876	600,334	588,596	611,103	588,519
Lands of the Navajo Nation	26,449,393	23,999,556	22,557,749	24,557,793	21,700,587

Lands of the Uintah and Ouray Reservation	2,758,744	2,503,220	2,352,835	2,561,445	2,263,431
Louisiana	42,035,202	38,461,163	36,496,707	39,310,314	35,427,023
Maine	2,251,173	2,119,865	2,076,179	2,158,184	2,073,942
Maryland	17,447,354	15,842,485	14,902,826	16,209,396	14,347,628
Massachusetts	13,360,735	12,511,985	12,181,628	12,747,677	12,104,747
Michigan	56,854,256	51,893,556	49,106,884	53,057,150	47,544,064
Minnesota	27,303,150	24,868,570	23,476,788	25,433,592	22,678,368
Mississippi	28,940,675	26,790,683	25,756,215	27,338,313	25,304,337
Missouri	67,312,915	61,158,279	57,570,942	62,569,433	55,462,884
Montana	13,776,601	12,500,563	11,749,574	12,791,330	11,303,107
Nebraska	22,246,365	20,192,820	18,987,285	20,661,516	18,272,739
Nevada	15,076,534	14,072,636	13,652,612	14,344,092	13,523,584
New Hampshire	4,461,569	4,162,981	4,037,142	4,243,492	3,997,579
New Jersey	18,241,502	17,107,548	16,681,949	17,426,381	16,599,745
New Mexico	14,789,981	13,514,670	12,805,266	13,815,561	12,412,602
New York	35,493,488	32,932,763	31,741,940	33,595,329	31,257,429
North Carolina	60,975,831	55,749,239	52,856,495	56,986,025	51,266,234
North Dakota	25,453,173	23,095,610	21,708,108	23,632,821	20,883,232
Ohio	88,512,313	80,704,944	76,280,168	82,526,513	73,769,806
Oklahoma	47,577,611	43,665,021	41,577,379	44,610,332	40,488,199
Oregon	9,097,720	8,477,658	8,209,589	8,643,164	8,118,654
Pennsylvania	106,082,757	97,204,723	92,392,088	99,330,827	89,822,308
Rhode Island	3,811,632	3,592,937	3,522,686	3,657,385	3,522,225
South Carolina	31,025,518	28,336,836	26,834,962	28,969,623	25,998,968
South Dakota	4,231,184	3,862,401	3,655,422	3,948,950	3,539,481
Tennessee	34,118,301	31,079,178	29,343,221	31,784,860	28,348,396
Texas	221,613,296	203,728,060	194,351,330	208,090,841	189,588,842
Utah	28,479,805	25,981,970	24,572,858	26,566,380	23,778,193
Virginia	31,290,209	28,990,999	27,898,475	29,580,072	27,433,111
Washington	12,395,697	11,441,137	10,963,576	11,679,707	10,739,172
West Virginia	62,557,024	56,762,771	53,352,666	58,083,089	51,325,342
Wisconsin	33,505,657	30,571,326	28,917,949	31,258,356	27,986,988
Wyoming	38,528,498	34,967,826	32,875,725	35,780,052	31,634,412

출처: EPA[101]
* Mass-Based goal: 각주의 연간 탄소배출 목표

CPP에 대해서 24개 주정부와 전력회사의 반발뿐만 아니라, 전력회사의 재정부담은 전기료 인상으로 이어져 결국은 소비자, 특히 저소득층 부담을 키울 것이라는 의견도 제기되고 있다. 실제로 미국의 전기요금은 다른 선진국에 비해서 대단히 저렴한 편이다.

미국의 산업용 전기요금은 2014년 석유환산톤 당 815달러이다. 반면에 2014년 독일의 경우 석유환산톤 당 2084달러이다. 2014년 이탈리아의 경우도 석유환산톤 당 3811달러였다. 현재까지 미국의 산업이 다른 국가에 비해서 훨씬 저렴한 전기요금으로 혜택을 보았으며, 전기요금의 상승이 이루어질 경우에 미국의 산업에 심각한 영향이 발생할 수도 있다.

미국의 가정용 전기요금은 2014년 석유환산톤 당 1453달러였다. 반면에 2014년 독일의 경우 석유환산톤 당 4593달러였다. 2014년 이탈리아의 가정용 전기요금은 석유환산톤 당 3567달러였다. 이는 미국에서 CPP의 실행에 따라 값싼 석탄화력발전소의 사용이 억제되면 미국의 전기요금이 가파르게 상승할 수 있음을 보여주는 것이다.

4.2.2. EU의 신재생에너지 정책과 회원국 별 차이점

EU는 2009년 신재생에너지법(The Renewable Energy Directive)을 채택하여 친환경에너지로의 전환을 주도하고 있다. 신재생에너지법에 따르면 2020년까지 EU의 신재생에너지 사용비율을 전체 에너지 소비에서 20%로 향상시키는 것을 목표로 하였다. 또한 EU회원국은 신재생에너지법에 따라서 2020년까지 운송분야에서 소비되는 에너

---

101) EPA, "CPP의 주별 Mass-Based goal," https://www.epa.gov/cleanpowerplantoolbox

지자원 중 최소 10% 이상이 신재생에너지에서 조달될 수 있도록 해야 한다. 그리고 목표 달성을 위해서 EU회원국은 개별국가 각각의 목표치를 설정하고, 이를 실행할 것을 규정하고 있다. 이를 위해 각국은 '국가 신재생에너지 행동계획(National Renewable Energy Action plan)'을 수립하여 EU집행위원회(European Commission)에 제출해야 한다. 또한 EU 회원국은 2년마다 경과보고서(Progress Report)를 제출하여야 한다.[102]

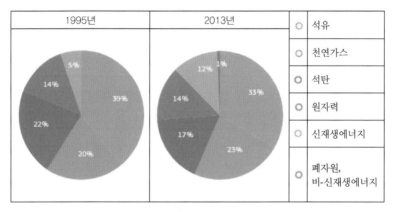

출처: European Commission, EU energy in figures, Statistical Pocketbook (2015), p. 22.
* Inland Gross Consumption

<그림 4.2.2-1> EU에너지 소비* 변화 (1995년, 2013년)

물론 EU차원에서 신재생에너지 이용확대와 탄소배출 감소라는 큰 틀만을 규정했기 때문에, <그림 4.2.2-2>에서 볼 수 있듯이, EU 회원국 내에서 에너지원별 소비규모에서 차이가 발생하고 있다. 스

---

102) EU집행위원회 에너지 총국(Directorate General Energy, European Commission), "Renewable Energy Directive," https://ec.europa.eu/energy/en/topics/renewable-energy/renewable-energy-directive

웨덴과 같이 신재생에너지 사용비율이 높은 국가와 벨기에와 같이
신재생에너지 사용비율이 낮은 국가가 존재한다.

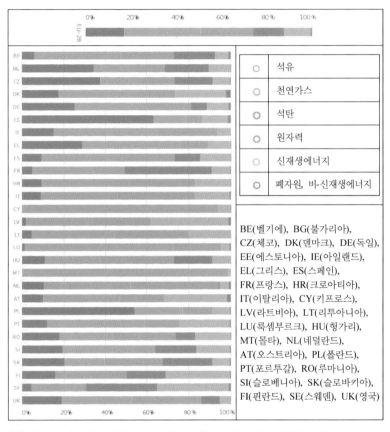

출처: European Commission, EU energy in figures, Statistical Pocketbook (2015), p. 23.
* Inland Gross Consumption

<그림 4.2.2-2> EU회원국 에너비 소비*구조 (2013년)

<표 4.2.2-1> 전체 에너지 소비 중 신재생에너지 비율

	2012년	2013년	2020년 목표
벨기에	7.4	7.9	13
불가리아	16	19	16
체코	11.4	12.4	13
덴마크	25.6	27.2	30
독일	12.1	12.4	18
에스토니아	25.8	25.6	25
아일랜드	7.3	7.8	16
그리스	13.4	15	18
스페인	14.3	15.4	20
프랑스	13.6	14.2	23
크로아티아	16.8	18	20
이탈리아	15.4	16.7	17
키프로스	6.8	8.1	13
라트비아	35.8	37.1	40
리투아니아	21.7	23	23
룩셈부르크	3.1	3.6	11
헝가리	9.5	9.8	13
몰타	2.7	3.8	10
네덜란드	4.5	4.5	14
오스트리아	32.1	32.6	34
폴란드	10.9	11.3	15
포르투갈	25	25.7	31
루마니아	22.8	23.9	24
슬로베니아	20.2	21.5	25
슬로바키아	10.4	9.8	14
핀란드	34.5	36.8	38
스웨덴	51.1	52.1	49
영국	4.2	5.1	15
EU	14.3	15	20

출처: EU집행위원회[103]

---

103) EU집행위원회 보도자료, "EU 재생에너지 목표 이행현황에 대한 보고서"
http://europa.eu/rapid/press-release_IP-15-5180_en.htm (검색일: 2015.11.12.)

EU집행위원회의 "EU 재생에너지 목표 이행현황 보고서"에 따르면 전체 에너지 소비 중 신재생에너지 비율은 각국 마다 큰 차이가 있었다. 2009년 신재생에너지법에 따르면 2020년까지 EU의 신재생에너지 사용·비율을 전체 에너지 소비에서 20%로 향상시키는 목표를 이미 달성한 국가가 많았다. 덴마크, 에스토니아, 라트비아, 리투아니아, 오스트리아, 루마니아, 슬로베니아, 핀란드, 스웨덴은 이미 EU의 신재생에너지법에서 제시한 목표를 달성하였다.

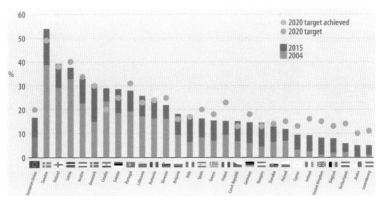

출처: European Commission[104]

<그림 4.2.2-3> 최종 에너지 소비에서 신재생에너지 비율 (단위:%)

반면에 독일, 프랑스, 영국, 벨기에, 네덜란드와 같은 EU내 주요 산업국가는 최종 에너지 소비에서 20% 이상 신재생에너지를 사용하려는 EU의 목표를 달성하지 못할 것으로 예상된다.

이와 같은 사실은 인구규모와 산업규모가 작은 EU국가에 비해서

---

104) European Commission. "Share of renewable energy sources in transport, 2015 (in % of gross final energy consumption)". http://ec.europa.eu/eurostat/statistics-explained/index.php/Renewable_energy_statistics

인구규모가 크거나, 중공업이 발달해서 에너지 소비가 큰 국가에서
는 EU목표달성이 용이하지 않음을 보여주는 사례라고 할 수 있다.

<표 4.2.2-2> EU 전력생산에서 에너지원별 사용비중 (단위: %)

년도	석탄	원자력	신재생에너지	천연가스	석유
1990	39.3	30.6	12.6	8.6	8.6
1991	38.7	31.1	12.9	8.2	8.8
1992	37.2	31.5	13.6	8.1	9.2
1993	35.5	32.8	13.9	9.1	8.3
1994	35.1	32.2	14.1	10.1	8.1
1995	34.5	32.1	13.9	10.7	8.4
1996	33.6	32.5	13.5	12.0	8.0
1997	31.6	32.8	13.9	13.8	7.5
1998	31.2	31.9	14.3	14.6	7.5
1999	29.8	31.9	14.4	16.6	6.9
2000	30.8	31.1	14.8	16.9	6.0
2001	30.2	31.4	15.3	17.0	5.6
2002	30.4	31.5	13.9	17.7	5.9
2003	31.1	30.8	13.6	18.7	5.3
2004	29.8	30.5	14.8	19.8	4.5
2005	28.9	30.0	14.9	21.2	4.3
2006	29.2	29.4	15.5	21.3	4.0
2007	29.1	27.6	16.2	23.0	3.4
2008	26.6	27.7	17.6	24.4	3.2
2009	25.5	27.8	19.5	23.5	3.1
2010	24.7	27.2	21.1	23.7	2.6
2011	25.8	27.5	21.4	22.3	2.2
2012	27.4	26.8	24.2	18.7	2.2
2013	26.7	26.9	27.2	16.6	1.9

출처: European Commission, EU energy in figures, Statistical Pocketbook (2015),
    p. 92.<표 4.2.2-2> EU 전력생산에서 에너지원별 사용비중 (단위: %)

전체 에너지 소비가 아닌 전력생산의 통계자료를 보면, EU에서
신재생에너지 사용의 확대는 훨씬 더 분명하게 드러나고 있다. EU
내에서 전체 전력생산의 12.6%를 차지하였던 신재생에너지는 2013
년에 27.2%까지 확대되었다. 반면에 1990년 EU 전력생산에서 39.3%

를 차지하였던 석탄은 2013년에 26.7%까지 감소하였다. 1990년 EU 전력생산에서 8.6%를 차지하였던 석유는 2013년에 1.9%까지 감소하였다.

또한 EU내에서 천연가스를 활용한 전력생산이 1990년 8.6%에서 2010년 22.3까지 확대되었는데, 이는 온실가스를 감축하면서 신재생에너지를 활용한 고비용의 전력생산 비용을 감소시키기 위한 조치라고 볼 수 있다. 실제로 신재생에너지는 유럽에서도 전력생산에서 다른 에너지원에 비해 비용이 높게 발생하고 있다.

<그림 4.2.2-4>는 에너지원별 전력생산 비용에 대한 영국 에너지와 기후변화부의 분석자료이다. 탄소배출비용을 제외한다면 석탄은 전력생산비용이 다른 에너지원에 비해서 압도적으로 저렴하다. 반면에 태양광에너지와 풍력에너지의 자본비용은 다른 에너지원에 비해서 월등하게 높은 편이다.

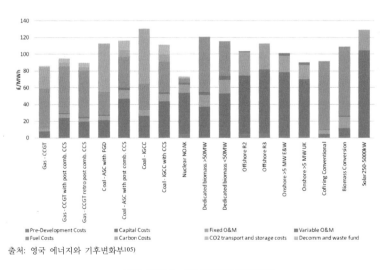

출처: 영국 에너지와 기후변화부105)

<그림 4.2.2-4> 에너지원별 발전비용

영국에서 전력생산에서 가장 많은 비중을 차지한 에너지자원은
천연가스이며 전체 전력생산에서 30%를 차지하였다. 신재생에너지
가 전력생산에서 25%를 차지하여 2위로 부상하였으며, 원자력발전
은 전체 전력생산에서 21.5%를 차지하였고, 석탄은 20.5%로 전력
생산에서 4번째 에너지자원의 지위를 차지하였다. 영국의 재생에너
지 발전량 급증은 태양광이 주도했다. 2014년 2분기부터 현재까지
태양광 발전량이 2배 이상 증가하였다. 풍력 전력은 대규모 해상용
풍력발전소들이 확대되면서 65% 증가했다. 바이오매스 전력생산도
26% 상승했다.

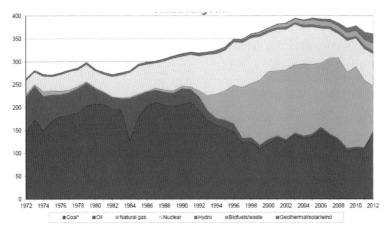

출처: IEA[106]

<그림 4.2.2-5> 영국의 에너지자원별 전력생산 비중 (단위: TWh)

---

105) 영국 에너지와 기후변화부, "에너지원별 발전비용," https://www.gov.uk/government/uploads/
    system/uploads/attachment_data/file/65713/6883-electricity-generation-costs.pdf

106) IEA, "영국의 에너지자원별 전력생산 비중," http://www.iea.org/stats/WebGraphs/UK2.pdf

그럼에도 불구하고 2015년 9월 24일 영국정부는 풍력과 태양광, 바이오에너지가 최근 폭발적으로 급증하면서 영국내 발전 전력원의 25%를 차지했다는 정부 통계를 발표하였다. 이로서 영국의 경우는 신재생에너지를 사용한 발전량이 석탄을 추월하게 되었다.

그러나 신재생에너지의 확대이면에는 정부보조금이 크게 기여를 하였다. 그러나 정부보조금을 통한 신재생에너지 이용의 확대는 신재생에너지 사용이 늘면서, 정부보조금 지출도 늘고, 세수도 더 많이 필요한 문제점을 낳게 되면서, 영국과 독일 등 일부 유럽국가들은 신재생에너지에 대한 보조금 지급을 중단하거나, 또는 축소하고 있는 추세이다. 한화기업에 인수된 독일의 Q-Cell로 한 때 전 세계 최대 태양광패널 생산업체였지만, 독일정부가 늘어나는 신재생에너지 생산보조금 지급을 감당할 수 없어서, 삭감을 하게되어 수요가 감소하자 재정난에 직면하여, 한화로 인수되었다.

또한 EU내에서 천연가스를 활용한 전력생산이 1990년 8.6%에서 2010년 22.3까지 확대되었는데, 이는 온실가스를 감축하면서 신재생에너지를 활용한 고비용의 전력생산 비용을 감소시키기 위한 조치라고 볼 수 있다.

실제로 신재생에너지는 유럽에서도 전력생산에서 다른 에너지원에 비해 비용이 높게 발생하고 있다. 독일에서 에너지전환(Energiewende) 정책에 따라서, 신재생에너지를 활용한 전력생산이 확대되고 있다. 그러나 이와 함께 독일의 산업전력요금은 급상승을 하고 있고, 이는 산업계에 부담으로 작용하고 있다.

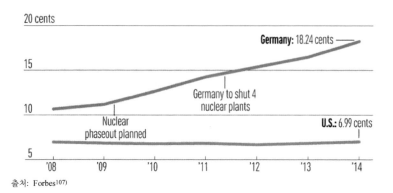

20 cents

Germany: 18.24 cents

15

Germany to shut 4
nuclear plants

10

Nuclear
phaseout planned

U.S.: 6.99 cents

5

'08   '09   '10   '11   '12   '13   '14

출처: Forbes[107]

<그림 4.2.2-6> 독일의 산업전력요금 (단위: US$, KWh)

또한 EU에서 신재생에너지의 확대이면에는 정부보조금이 크게
기여를 하였다. 그러나 정부보조금을 통한 신재생에너지 이용의 확
대는 신재생에너지 사용이 늘면서, 정부보조금 지출도 늘고, 세수도
더 많이 필요한 문제점을 낳게 되면서, 독일 등 일부 유럽국가들은
신재생에너지에 대한 보조금 지급을 중단하거나, 또는 축소하고 있
는 추세이다. 한화기업에 인수된 독일의 Q-Cell로 한 때 전 세계 최
대 태양광패널 생산업체였다. 그러나 독일정부가 늘어나는 신재생에
너지 생산보조금 지급을 감당할 수 없어서, 보조금을 삭감하였고,
그 결과 태양광패널 수요가 감소하였다. 이에 따라, Q-Cell은 재정난
에 직면하였고 한화로 인수되었다.

4.2.3. 중국 주도의 전 세계 신재생에너지 산업

신재생에너지 이용의 확대에 가장 큰 어려움 중 하나는 앞에서 언

---

107) James Conca, "Germany's Energy Transition Breaks The Energiewende Paradox" Forbes, July 2,
2015, http://www.forbes.com/sites/jamesconca/2015/07/02/germanys-energy-transition-breaks-the-
energiewende-paradox/#631c80b72968

급한 비용문제였다. 신재생에너지로의 이행계획이 국가별로 다른 상황에서 한 국가에서 신재생에너지를 활용한 전력생산의 증가는 전기료 상승으로 이어져서 산업의 이탈을 초래할 수도 있다는 점이다. 실제로 독일의 경우, 가정용 및 산업용 전기요금이 신재생에너지 이용 확대를 위한 발전차액지원제도(FIT)를 도입한 2000년 이후 2012년까지 각각 2.0배(연평균 6.0%)와 2.6배(연평균 8.4%) 인상되었다.[108]

또 다른 문제는 태양광패널이 다른 에너지자원을 활용한 발전소에 비해서 고도의 기술집약산업이 아니기 때문에 중국기업의 세계 시장점유율이 눈부시다는 점이다. 세계 10대 태양광패널 생산기업 중 6개 기업이 중국기업이다. 이는 중국기업들이 태양광패널 생산을 주도하고 있음을 의미하는 것이다. 결국 태양력발전소의 확대는 단기적으로 중국기업의 이익을 확대하는 현상을 발생시킬 수 있다.

<표 4.2.3-1> 세계 10대 태양광패널 생산기업

1. Trina Solar
2. Yingli Green Energy
3. Canadian Solar
4. Jinko Solar
5. JA Solar
6. Sharp Solar
7. Renesola
8. First Solar
9. Hanwha SolarOne
10. SunPower and Kyocera

출처: Forbes[109]

---

108) 송용주, "독일 에너지 전환정책 추이와 시사점,"『KERI Brief』16-04 (한국경제연구원, 2016), p. 12.

109) Ucilia Wang, "Guess Who Are The Top 10 Solar Panel Makers In the World?" Forbes, December 3, 2014, http://www.forbes.com/sites/uciliawang/2014/12/03/guess-who-are-the-top-10-solar-panel-makers-in-the-world/

또한 2015년 중국은 태양광패널(Solar Panel)의 최대시장으로 부상하였다. 중국에너지국(China's National Energy Administration)에 따르면 2014년 말까지 국가전력망에 연결된 28.05 기가와트의 태양광패널 중 23.38 기가와트에 해당하는 태양광패널이 대규모 전력생산을 위한 '솔라 팜(Solar farm)'에 설치되어 있다. 이와 같이 중국은 '솔라 팜'운영에서 경험을 축적하였다. 반면에 미국은 세계 시장의 14%에 해당하는 8 기가와트 용량의 태양광 패널을 2015년에 설치하였는데, 이중 대부분이 가정과 사무실 지붕에 설치된 경우였다.

게다가 중국정부의 지원에 힘입은 중국의 태양광패널 생산업체들은 태양광패널에서 가격경쟁을 촉발하였다. 그 결과 다른 국가의 태양광패널 생산업체들이 큰 타격을 입게되었다. 그 결과 솔라월드를 포함한 7개의 미국 태양광제품 생산기업은 중국 기업들이 중국정부의 보조금 지원으로 부당한 이익을 얻고 있다며 2011년 10월 반덤핑 관세와 상계관세 부과를 요구하는 제소장을 미국 상무부와 국제무역위원회(ITC)에 제출했다. 2012년 10월 미국 상무부는 중국산

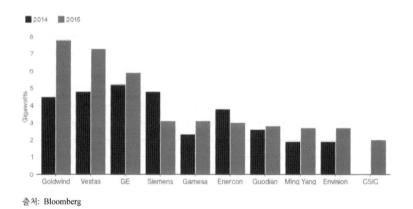

출처: Bloomberg

<그림 4.2.3-1> 세계 10대 풍력터빈 기업 (년도: 2014년, 2015년)

태양광패널에 대해 26%-250%의 반덤핑 관세를 매기고 15-16%의 상계관세도 부과하기로 결정하였다.

풍력에너지 분야에서도 비슷한 현상이 발생하고 있다. 2015년 중국의 골드윈드(Goldwind)는 덴마크의 Vestas를 누르고 세계 최대의 풍력터빈 생산기업으로 발돋움하였다. 또한 세계 풍력터빈 생산의 7위-10위까지의 기업은 모두 중국기업이었다. 7위인 구오디안 (Guodian Technology & Environment Group Corp), 8위인 밍양 (China Ming Yang Wind Power Group), 9위인 장수 (Envision Energy Jiangsu Co Ltd) 그리고 10위인 중국선박중공그룹(China Shipbuilding Industry Company Ltd)이 모두 중국기업이다.[110]

이와 같은 중국기업의 부상 속에서, 2012년 당시 미국 오바마 행정부는 오리건 주에, 중국기업이 대규모 풍력발전소(Wind Farm)을 운영하려는 계획을 저지하였다. 당시 오바마 행정부의 거부이유는 풍력발전소가 미국의 군사기지 근처에 위치하여 국가안보에 위협이 된다는 점을 들어 거부하였다. 그러나 그 시점이 미국 상무부가 중국산 태양광패널에 반덤핑과세를 부과한 시기와 비슷한 시기여서 미국정부의 중국 신재생에너지 기업의 부상에 대한 경계를 엿볼 수 있다.

결국 CPP는 향후 늘어나는 보조금 지출을 연방정부가 감당하고, 중국기업보다 더 효율적인 태양광패널 생산기업이 미국에서 확대되는 것으로 이어지기 어렵다면, 그 성공을 담보하기 힘들 것으로 예상된다.

---

110) Jessica Shankleman, "China's Goldwind Knocks GE From Top Wind Market Spot," Bloomberg, February 22, 2016,
http://www.bloomberg.com/news/articles/2016-02-22/china-s-goldwind-knocks-ge-from-top-spot-in-global-wind-market

기후변화문제에 대한
에너지정책 대응: EU사례

5. 기후변화문제에 대한 에너지정책 대응: EU사례

EU는 글로벌 기후변화 문제에 관련된 아젠다를 선도하고 있으며, 탄소배출 감축에도 그 어떤 선진국가에 비해서 적극적으로 대응하고 있다.

지구온난화에 따른 기후변화에 적극 대처하기 위하여 국제사회는 1988년 UN총회 결의에 따라 세계기상기구(WMO: World Meteorological Organization)와 유엔환경계획(UNEP: United Nations Environment Programme)에 "기후변화에 관한 정부간 패널(IPCC: Inter-Governmental Panel on Climate Change)"을 설치하였다. 1992년 6월 3일부터 6월 14일까지 브라질 리우데자네이루에서 열린 "유엔환경개발회의(UNCED: United Nations Conference on Environment and Development)"에 185개국 정부 대표단과 114개국 국가원수 및 정부수반이 참석하여 지구 환경 문제를 논의하였다. 회의결과 지구헌장으로서 "환경과 개발에 관한 리우 선언 (Rio Declaration on Environment and Development)", 환경보전 행동계획으로서 "아젠다 21 (Agenda 21)", 지구온난화 방지를 위한 "유엔기후변화협약 (UNFCCC: The United Nations Framework Convention on Climate Change)", 종의 보전을 위한 "생물학적 다양성 보전조약 (Convention on Biological Diversity)", "삼림보전을 위한 원칙(Forest Principles)", "유엔사막화방지협약(UNCCD: The United Nations Convention to Combat Desertification)" 등이 채택되었다.

유엔기후변화협약에 따라 회원국에 대한 의무사항은 모든 당사국이 부담하는 공통의무사항과 일부 회원국만이 부담하는 특정의무사항으로 구분되었다. 공통의무사항은 모든 당사국들은 온실가스 배출량 감축을 위한 국가전략을 자체적으로 수립·시행하고 이를 공개해야 함과 동시에 온실가스 배출량 및 흡수량에 대한 국가통계와 정책이행에 관한 국가보고서를 작성, 당사국총회(COP)에 제출하도록 규정(제4조 1항)한 것이다. 특정의무사항은 협약 당사국을 부속서 I (Annex I), 부속서 II (Annex II) 및 비-부속서 I (Non-Annex I) 국가로 구분, 다른 의무를 부담토록 규정(제4조)한 것이다.

부속서 I 국가[111)는 온실가스 배출량을 1990년 수준으로 감축하기 위하여 노력토록 규정하였으나 강제성은 부여하지 않았다. 부속서 II 국가[112)는 개발도상국에 대한 재정 및 기술이전의 의무를 가

---

111) 호주, 오스트리아, 벨라루스, 벨기에, 불가리아, 캐나다, 체크슬로바크, 덴마크, 유럽연합(당시 유럽연합은 15개 회원국), 에스토니아, 핀란드, 프랑스, 독일, 그리스, 헝가리, 아이슬란드, 아일랜드, 이탈리아, 일본, 라트비아, 리투아니아, 룩셈부르크, 네덜란드, 뉴질랜드, 노르웨이, 폴란드, 포르투갈, 루마니아, 러시아, 스페인, 스웨덴, 스위스, 터키, 우크라이나, 영국, 미국 (유엔기후변화협약에 대한 미국의 비준거부에 따라 호주도 비준을 거부하였다. 그러나 2007년 호주의 정권교체에 따라 호주에서 유엔기후변화협약이 비준되었다.) 당시 유럽연합 회원국은 오스트리아, 벨기에, 덴마크, 핀란드, 프랑스, 독일, 그리스, 아일랜드, 이탈리아, 룩셈부르크, 네덜란드, 포르투갈, 스페인, 스웨덴, 영국.

112) 호주, 오스트리아, 벨기에, 캐나다, 덴마크, 유럽연합(당시 유럽연합은 15개 회원국), 핀란드, 프랑스, 독일, 그리스, 아이슬란드, 아일랜드, 이탈리아, 일본, 룩셈부르크, 네덜란드, 뉴질랜드, 노르웨이, 포르투갈, 스페인, 스웨덴, 스위스, 터키, 영국, 미국 (유엔기후변화협약에 대한 미국의 비준거부에 따라 호주도 비준을 거부하였다. 그러나 2007년 호주의 정권교체에 따라 호주에서 유엔기후

지게 되었다. 당시 유럽연합 회원국이었던 15개 국가가 부속서 I 국가의 상당수를 차지하였고, 부속서 II 국가의 대부분을 차지하였다.

1997년 12월 11일 일본 교토 시에서 개최된 지구 온난화 방지 교토 회의(COP3) 제3차 당사국 총회에서 채택된 교토의정서에서, 온실효과를 나타내는 이산화탄소를 비롯한 모두 6종류의 감축 대상 가스(온실 기체)의 법적 구속력을 가진 배출 감소 목표가 지정되었고, 교토 의정서 제3조는 2008년-2012년까지의 기간 중에 유엔기후변화협약 부속서 I 국가의 온실가스 배출량을 1990년 수준보다 적어도 5.2% 이하로 감축할 것을 목표로 하였다. 이에 따라 EU회원국와 EU가입 후보국[113]이 다수를 차지하는 부속서 I국가에서 EU의 역할은 보다 중요하였다. 특히 교토의정서에 따라서, 온실가스 감축의무를 효과적이고 경제적으로 달성하기 위해 공동이행,[114] 청정개발체제,[115] 배출권거래제[116] 등 세 가지의 교토메커니즘(Kyoto Mechanism)을 도입되었다(교토의정서 제6조, 12조, 17조)되었다.[117] 2005년에 유럽연합은 2005년에 배출권거래시장인 EU ETS(EU emissions trading system)을 설립하였고 현재 세계 최대의 배출권 거

___

변화협약이 비준되었다.) 당시 유럽연합 회원국은 오스트리아, 벨기에, 덴마크, 핀란드, 프랑스, 독일, 그리스, 아일랜드, 이탈리아, 룩셈부르크, 네덜란드, 포르투갈, 스페인, 스웨덴, 영국.

113) EU는 냉전 붕괴 이후 중동부 유럽국가들과 EU가입협상을 진행하여 2004년 10개국(에스토니아, 리투아니아, 라트비아, 폴란드, 체코, 슬로바키아, 헝가리, 슬로베니아, 몰타, 키프로스) 2007년 2개국(루마니아, 불가리아)을 신규회원국으로 받아들였다.

114) 공동이행제도(Joint Implementation, JI): 부속서 I 국가(선진국)들 사이에서 온실가스 감축사업을 공동으로 수행하는 것을 허용

115) 청정개발체제(Clean Development Mechanism, CDM): 선진국이 개발도상국에서 온실가스 감축사업을 수행하여 달성한 실적의 일부를 선진국의 감축량으로 허용

116) 배출권 거래제도(Emission Trading, ET): 의무감축량을 초과 달성한 선진국이 이 초과분을 다른 선진국과 거래할 수 있도록 허용

117) 한국전력, "교토의정서,"
https://home.kepco.co.kr/kepco/KE/D/htmlView/KEDBHP009.do?menuCd=FN0103030202
국토환경정보센터, "기후변화협약," http://www.neins.go.kr/etr/climatechange/doc06a.asp

래시장이 되었다.

교토의정서는 미국과 호주가 비준거부를 하면서 발효가 불투명한 상황을 맞이하기도 하였다. 이와 같은 상황에서 EU의 리더십과 러시아의 참여를 통해서 교토의정서는 발효될 수 있었고, 이에 근거하여 EU차원의 기후변화정책들이 확대될 수 있었다.

또한 EU는 2008년에 '2020 기후·에너지 패키지(2020 Climate and Energy Package)'를 채택하였고, 본 계획에서 2020년까지 1990년 대비 온실가스 배출 20% 감축, 최종에너지 소비에서 신재생에너지 비중 20%로 확대, 에너지 효율 20% 증대 등 3가지 '20-20-20 목표'를 설정하였다. 실제로 일부 회원국은 이미 최종에너지 소비에서 신재생에너지 비중을 20% 이상으로 확대하였다.[118] 또한 2014년에 EU는 1990년 대비 22.9%의 온실가스 배출을 감축하였다. 이와 같이 EU는 기후변화에 관련된 대응에서 전 세계 국가에 모범을 보이고 있다.

EU 2020 계획의 목표가 비교적 성공적으로 달성되었지만, 기후변화에 대응하는 공동체 차원의 정책과 국가적 차원을 고려하는 각국의 정책에서 이해가 상충되는 상황이 발생되기도 하였다.

이에 따라 EU는 2014년 개최된 EU 정상회의에서 '2030 기후·에너지정책 프레임워크(2030 Climate and Energy Policy Framework)'를 채택하면서, 과거 시행되었던 에너지정책을 평가하고, 향후 정책 방향을 제시하였다. 2030년까지 1990년 대비 온실가스 배출 최소 40% 감축, 1990년 대비 신재생에너지 소비 비중 최소 27% 확대 등의 목표가 설정되었다.

---

118) European Commission,
     http://ec.europa.eu/eurostat/statistics-explained/index.php/Renewable_energy_statistics

그러나 세계 최대의 배출권거래시장인 ETS에서 배출권가격은 ETS 출범 이후 최고 20-30유로에 거래되기도 하였으나, 2008년 세계금융위기 및 이후 일부 EU회원국의 재정위기에 따른 경기둔화에 따라서 배출권 가격은 2013년에 3.1유로까지 폭락하였다가 최근 다시 회복을 하고 있는 추세이지만 이전 수준을 회복하기는 어려울 것으로 전망되고 있는 등 EU의 기후변화 대응에 EU가 직면한 도전 역시 무시할 수 없다.

EU는 유럽을 비롯한 전 세계가 직면해 있는 에너지 및 환경 문제에 대한 위기의식 속에 2007년 3월 유럽이사회를 통해 새로운 'EU 에너지정책(An Energy Policy for Europe)'[119]을 구상하고, 각 회원국 정상들의 합의 하에 이를 채택하였다. 또한 각 회원국 정상들은 공동 기후변화 대책에 대해 논의를 진행하였다.

5.1. 2020 기후·에너지 패키지(2020 Climate and Energy Package)

EU는 2008년에 '2020 기후·에너지 패키지(2020 Climate and Energy Package)[120]'를 채택하고, 여기서 2020년까지 1990년 대비 온실가스 배출 20% 감축, 최종에너지 소비에서 재생에너지 비중 20%로 확대, 에너지 효율 20% 증대 등 3가지 '20-20-20 목표'를 설정하였다.

---

119) Communication from the Commission to the European Council and the European Parliament of 10 January 2007, "An energy policy for Europe"
http://eur-lex.europa.eu/legal-content/EN/TXT/?uri=uriserv:l27067

120) 2020 climate & energy package https://ec.europa.eu/clima/policies/strategies/2020_en

<표 5.1.-1> 2020 기후·에너지 패키지 목표

적용부문	2020 목표 내용	2020 목표 함의
재생 에너지	최종에너지 소비에서 재생에너지 비중 20%로 확대	EU 전체 목표 20% 설정 하에 각 회원국별 국가 목표 차등 제시
	운송부문에서 재생에너지 비중 10%로 확대	운송부문 에너지 소비의 10%를 바이오연료 등 재생에너지로 충당
온실가스	1990년 대비 온실가스 배출 20% 감축	2020년 온실가스 배출 4,501.1백만tCO2e 미만으로 감축
에너지 효율	2020년까지 EU의 1차 에너지 소비 20% 절감	2020년까지 최종에너지 소비에서 1,078백만toe 미만으로 절감

출처: 에너지경제연구원[121]

2020 기후·에너지 패키지에 따라서 EU내의 온실가스 배출은 큰 폭으로 감소하였다. EU는 1990년 대비 20% 온실가스 감축을 2020년까지 달성한다는 목표를 2014년에 이미 달성하였다. 2014년의 EU 온실가스 배출은 1990년 대비 77.1% 수준까지 감소하였다.

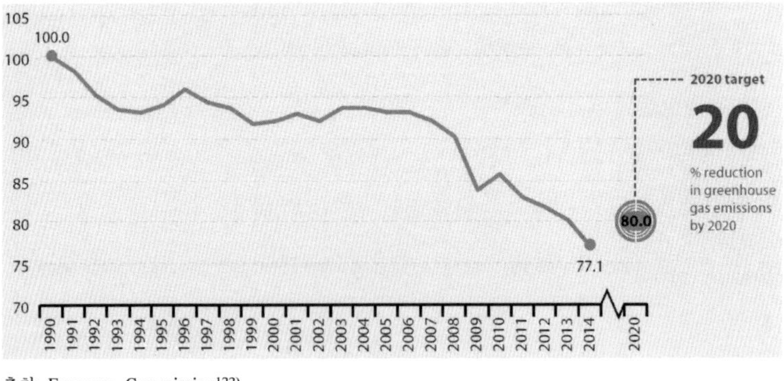

출처: European Commission[122]

<그림 5.1.-1> EU 내 온실가스 배출 (기준 1990년=100)

121) 윤영주. "EU차원의 에너지정책 수립·추진과 과제." 『세계 에너지시장 인사이트』 제15-32호. 에너지경제연구원, 2015, p.15.

122) European Commission, "Europe 2020 indicators,"

EU집행위원회자료인 <그림 5.1-1>에 따르면 EU내 온실가스 배출 감소는 1990년대에 발생하였다. European Commission에 따르면, 1990년과 1994년 사이에 온실가스배출은 6.8% 감소되었다. 원인은 중공업에서 서비스 산업위주로의 산업변화와 산업시설 현대화 및 석탄에서 천연가스로 연료소비 전환 등을 들 수 있다. 온실가스배출은 1995년에 증가하였다가 1997년부터 다시 감소하였다. 1998년부터 2007년 사이에 온실가스 배출은 1990년 대비 92-94% 수준으로 안정화되었다.

<그림 5.1-2>는 EU회원국 28개국에서 분야별 온실가스 배출을 1990년, 2000년, 2010년, 2014년을 비교한 자료이다. 본 자료에 따르면, 에너지산업에서 온실가스 배출이 큰 폭으로 감소하였다. 1990년 16억 5900만 톤의 온실가스 배출이 있었던 에너지산업에서 온실가스 배출은 2014년 12억 4600만 톤으로 큰 폭으로 감소하였다. 산업과 건설분야의 온실가스 배출 역시 큰 폭으로 감소하였다. 1990년 8억 6400만 톤의 온실가스를 배출하였던 산업과 건설분야의 온실가스 배출은 2014년 4억 9200만톤으로 큰 폭으로 감소하였다. 운송분야에서 온실가스 배출은 1990년부터 2010년까지 증가추세에 있었다. 1990년 7억 8500만톤의 온실가스를 배출하였던 운송분야의 온실가스 배출은 2010년 9억 3700만톤으로 증가하였다. 그러나 2014년 운송분야 온실가스 배출은 8억 8900만톤으로 감소하였다. 농업분야 및 폐기물 처리 분야의 온실가스 배출도 1990년 이후 지속적으로 감소하였다. 반면에 EU내 국제항공운송에서 온실가스 배출은 지속적으로 증가하였다. 1990년 7000만 톤의 온실가스 배출은 한

---

http://ec.europa.eu/eurostat/statistics-explained/index.php/Europe_2020_indicators_-_climate_change_and_energy

EU내 국제항공분야는 2000년에는 1억 1600만 톤의 온실가스를 배출하였고, 2010년에는 1억 3200만 톤의 온실가스를 배출하였고, 2014년에는 1억 3700만톤의 온실가스를 배출하였다. 이는 EU내 항공교통량이 증가하지만 항공분야에서 탄소배출 축소를 위한 대안이 부족한 상황에서 발생하고 있는 것이다.

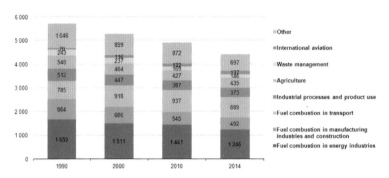

출처: European Commission[123]

<그림 5.1-2> 분야별 온실가스 배출 (EU-28, 년도: 1990, 2000, 2010, 2014, 단위: CO2 백만 톤)

<그림 5.1-3>에서 볼 수 있듯이, EU 전력생산 분야에서 석탄과 석유사용은 감소추세에 있으며, 바이오매스, 태양력, 지열, 풍력 에너지를 활용한 전력생산이 확대되고 있는 것을 알 수 있다.

---

123) European Commission, "Europe 2020 indicators," http://ec.europa.eu/eurostat/statistics-explained/index.php/Europe_2020_indicators_-_climate_change_and_energy

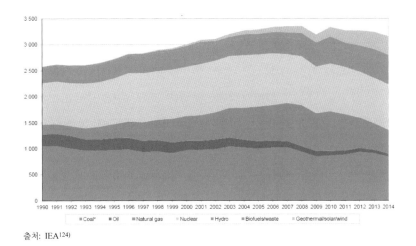

출처: IEA[124]

<그림 5.1-3> 발전원별 전력생산 (EU28, 단위: TWh)

　EU에서 1990년 전체 전력생산의 12.6%를 차지하였던 신재생에
너지는 2013년에 27.2%까지 확대되었다. 반면에 1990년 EU 전력
생산에서 39.3%를 차지하였던 석탄은 2013년에 26.7%까지 감소하
였다. 1990년 EU전력생산에서 8.6%를 차지하였던 석유는 2013년
에 1.9%까지 감소하였다. 또한 EU내에서 천연가스를 활용한 전력
생산이 1990년 8.6%에서 2010년 22.3까지 확대되었는데, 이는 온실
가스를 감축하면서 신재생에너지를 활용한 고비용의 전력생산 비용
을 감소시키기 위한 조치라고 볼 수 있다.

　EU차원에서 신재생에너지 사용증가에는 2009년 채택된 신재생에
너지법(The Renewable Energy Directive)이 기여를 하고 있다. 신재
생에너지법에 따르면 2020년까지 EU의 신재생에너지 사용비율을
20% 향상시키는 것을 목표로 하였다. 또한 EU회원국은 신재생에너

---

124) IEA, "발전원별 전력생산," http://www.iea.org/stats/WebGraphs/EU282.pdf

지법에 따라서 2020년까지 교통수단에서 소비되는 에너지자원 중 최소 10% 이상이 신재생에너지에서 조달될 수 있도록 해야 한다. 그리고 목표 달성을 위해서 EU회원국은 개별국가 각각의 목표치를 설정하고, 이를 실행할 것을 규정하고 있다. 이를 위해 각국은 '국가 신재생에너지 행동계획(National Renewable Energy Action plan)'을 수립하여 European Commission에 제출해야 한다. 또한 EU 회원국 은 2년마다 경과보고서(Progress Report)를 제출하여야 한다.[125] [126]

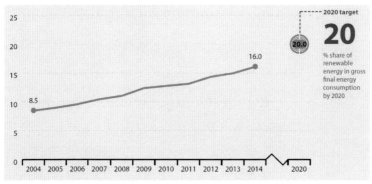

출처: European Commission[127]

<그림 5.1-4> EU 최종 에너지 소비에서 신재생에너지 비중

EU차원의 노력으로, 지구온난화의 주범인 탄소배출을 가장 많이 하는 에너지원인 석탄과 석유의 소비도 감소하였다. 석유는 전체 에

---

125) Directorate General Energy, European Commission, "Renewable Energy Directive," https://ec.europa.eu/energy/en/topics/renewable-energy/renewable-energy-directive

126) 안상욱. "신재생에너지 확대 정책과 문제점: 미국과 EU사례를 중심으로." 『유럽연구』, 제 34권 4 호, 2016. p.223 재인용.

127) European Commission, "Europe 2020 indicators," http://ec.europa.eu/eurostat/statistics-explained/index.php/Europe_2020_indicators_-_climate_cha nge_and_energy

너지소비에서 차지하는 비중이 1995년 39%에서 2013년에 33%로, 석탄은 1995년 22%에서 2013년 17%로 감소하였다. 전체 에너지 소비에서 차지하는 신재생에너지 비중도 전체 1995년 5%에서 2004년에는 8.5%, 2014년에는 16%로 확대되었다.

이와 같이 신재생에너지 비중이 확대된 중요한 원인은 신재생에너지 분야에 대한 재정지원과 신재생에너지 설비가격 하락이었다. 발전차액지원제도(feed-in tariffs), 정부보조금. 세금환급, 쿼터 시스템 등의 신재생에너지 관련 지원책은 신재생에너지를 통한 전력생산 및 난방, 신재생에너지 이용 운송수단 발달에 기여하였다. 신재생에너지 산업규모의 확대와 기술발전에 따라서 신재생에너지 생산설비의 가격이 하락하였다. 결정질 실리콘 태양광 모듈의 가격이 2009년부터 2015년 사이에 61%가 하락하였고, 같은 기간 육상풍력터빈의 가격은 14% 하락하였다. 신재생에너지 설비가격의 하락에 따라서 독일과 이탈리아 같은 국가에서 신재생에너지 프로젝트에 대한 재정지원이 축소되었다. 그러나 이와 같은 재정지원 축소는 신재생에너지 투자자의 이익을 감소시켰다. 이에 따라서 2011년 35.8 GW 규모로 신재생에너지 설비가 확대되어 정점에 이른 이후 신재생에너지 신규설비 확충이 줄어들고 있다. 2014년에는 19.9 GW 규모의 신재생에너지 신규설비 확충이 이루어졌다.

EU 전체 신재생에너지 구성 비중에서 바이오연료는 가장 높은 비중을 차지하고 있다. 이는 바이오 연료가 전력생산, 운송수단, 냉난방 등 모든 사용가능한 에너지원으로 전환가능하기 때문이다. 2014년 바이오연료, 재생가능 폐기물(renewable waste) 등이 전체 신재생에너지 소비에서 64.1%를 차지하고 있다. 다른 주목할만한 점은 2000년과 2014년 사이에 태양광 및 풍력에너지가 신재생에너지 소비에서 차지하는 비중이 크게 확대되었다. 2000년 전체 에너지소비에서 1.9%를 차지하였던 풍력에너지는 2014년에 10.8%로 확대되었다. 2000년 전체 에너지 소비에서 0.4%를 차지하였던 태양광에너지는 2014년에 6%로 확대되었다.

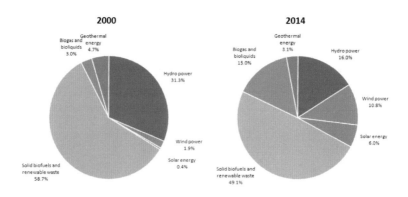

출처: European Commission[128]

<그림 5.1-6> EU 신재생에너지 구성 비중 (2000년, 2014년 단위: %)

2014년 EU에서 풍력에너지를 통해서 2180만 석유환산톤의 에너지가 생산되었다. 2014년에 태양광을 통한 에너지 생산은 1200만 석유환산톤이었다. 그러나 앞서 언급한 바와 같이 태양광 및 풍력을 이용한 에너지 생산 확대는 정부보조금의 영향이 크게 작용하고 있다. 때문에 향후 태양광과 풍력을 이용한 에너지 생산이 확대되기 위해서는 EU회원국의 보조금 정책이 중요한 변수로 작용할 것으로 예상된다.

---

128) European Commission, "Europe 2020 indicators,"
http://ec.europa.eu/eurostat/statistics-explained/index.php/Europe_2020_indicators_-_climate_change_and_energy (검색일: 2017. 4. 27)

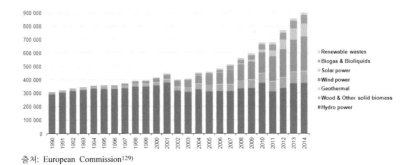

출처: European Commission[129]

<그림 5.1-7> 신재생에너지를 이용한 전력생산의 에너지원 별 비중

전체 에너지 소비에 비해서, EU 전력생산에서 풍력과 태양광에너지가 차지하는 비중은 더욱 두드러졌다.

2014년 EU 전력생산에서 신재생에너지가 차지하는 비중은 27.5%로 확대되었다. 이와 같은 수치는 2004년 신재생에너지를 이용한 전력생산 비중이 14.4%였다는 사실을 감안하면 매우 큰 폭으로 확대된 것이다.

수력에너지가 변함없이 가장 큰 비중을 차지하고 있지만, 풍력, 태양광, 바이오가스 등에 비해서 상대적으로 전체 전력생산에서 차지하는 비중이 감소하였다.

또한 EU 전체 냉난방에서 신재생에너지가 차지하는 비중은 17.7%로 확대되었다. 2004년에는 신재생에너지가 전체 냉난방에서 차지하는 비중이 10.2%였다.

129) European Commission, "Europe 2020 indicators,"
http://ec.europa.eu/eurostat/statistics-explained/index.php/Europe_2020_indicators_-_climate_change_and_energy

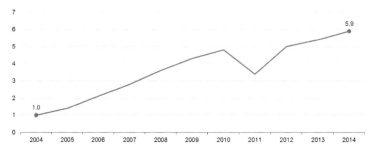

(¹) Break in series in 2011; since 2011 only compliant (sustainable) biofuels according to Directive 2009/28/EC are included in the data.

출처: European Commission[130]

<그림 5.1-8> EU 운송수단 사용 연료 중 신재생에너지 비중

EU의 2020 기후·에너지 패키지는 운송부분에서 소비되는 에너지의 10%를 신재생에너지로 확충할 계획이 포함되어 있다. 2004년에 비교해서 2014년에 그러나 2014년 EU 내 운송수단에 사용되는 연료에서 신재생에너지가 차지하는 비중은 5.9%에 불과하였다. 그러나 신재생에너지에 이용되는 바이오연료를 생산하기 위해 토지사용에 변화를 가져오게 되고 이는 궁극적으로 탄소배출을 더욱 증가시킨다는 지적이 있어왔다. 2015년 연료품질지침(Fuel Quality Directive)과 신재생에너지 지침(Renewable Energy Directive)이 지침들을 통해서 비식용 곡물이나 곡물의 찌꺼기를 활용하는 방안이 강조되었다. 또한 EU차원에서 농업용지에서 재배된 작물을 활용한 바이오연료 비중의 상한선을 7%로 제한하고 있다. 그러나 시장에는 아직 EU의 새로운 지침을 충족시킨 바이오연료가 많지 않은 상황이기 때문에 EU 운송수단에서 신재생에너지 이용이 큰 폭으로 확대되기는 어려울 전망이다.

---

130) European Commission, "Europe 2020 indicators," http://ec.europa.eu/eurostat/statistics-explained/index.php/Europe_2020_indicators_-_climate_change_and_energy

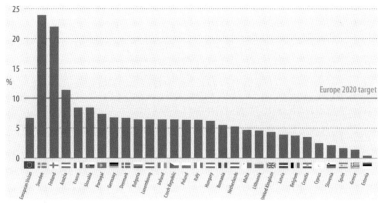

출처: European Commission[131]

<그림 5.1-9> 운송분야에서 EU회원국의 온실가스 감축

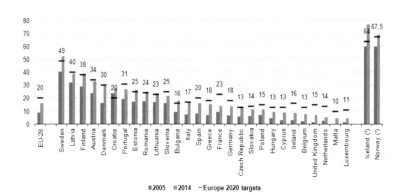

(¹) Iceland and Norway have adopted mandatory targets under Directive 2009/28/EC (see EEA Agreement, Annex IV).

출처: European Commission[132]

<그림 5.1-10> 회원국별 신재생에너지 사용 비중 및 Europe 2020 목표

131) European Commission. "Share of renewable energy sources in transport, 2015 (in % of gross final energy consumption)".
http://ec.europa.eu/eurostat/statistics-explained/index.php/Renewable_energy_statistics

132) European Commission, "Europe 2020 indicators,"
http://ec.europa.eu/eurostat/statistics-explained/index.php/Europe_2020_indicators_-_climate_change_and_energy

EU의 2020 기후·에너지 패키지(2020 Climate and Energy Package) 실행이전과 비교해서 EU내에서 신재생에너지 사용비중은 모든 회원국에서 확대되었다. 각 회원국은 2020 기후·에너지 패키지(2020 Climate and Energy Package)의 신재생에너지 확대정책과 관련하여 각국의 목표를 정했고, 모든 EU회원국에서 신재생에너지 사용비중이 확대되었다. 특히 EU 회원국 중 12개국은 2005년과 2014년 기간 동안에 신재생에너지 사용비중을 두 배로 증가시켰고, 9개국은 각 회원국의 2020 목표를 이미 달성하였다.. 반면에 네덜란드, 영국, 아일랜드, 프랑스는 각국의 신재생에너지 확대목표에 훨씬 못 미치는 결과를 보이고 있다. EU회원국의 신재생에너지 이용 비중은, 신재생에너지가 전체 에너지 소비에서 52.6%를 차지하고 있는 스웨덴과 4.5%에 불과한 룩셈부르크처럼 회원국 간 상황이 매우 상이하다.

각국의 자연환경, 산업환경 차이 및 에너지정책 차이로 EU회원국에서 에너지 소비는 회원국마다 다른 특성을 보이고 있다. 키프로스, 룩셈부르크, 몰타는 에너지 소비를 대부분 석유자원에 의존하고 있고, 프랑스는 원자력에너지 의존도가 높으며, 헝가리와 네덜란드는 천연가스 의존도가 높으며, 에스토니아와 폴란드는 석탄에 크게 의존하고 있다.

EU 회원국 내에서 에너지원별 소비규모에서 차이가 발생하고 있는 이유는 EU차원에서 신재생에너지 이용확대와 탄소배출 감소라는 큰 틀만을 규정했기 때문이다. 각국이 당면하고 있는 정치, 경제 상황 및 자연환경이 다르기 때문에 향후에도 에너지 운용에서는 EU 회원국 간에 격차가 발생할 수밖에 없다. 특히 몰타, 키프로스, 룩셈부르크 같이 국토가 협소한 국가는 신재생에너지 운용을 확대하는 데 많은 제약이 따른다.

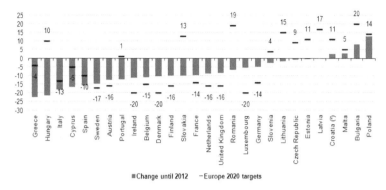

(¹) Total emissions, excluding emissions covered by the Emissions Trading Scheme (ETS).

출처: European Commission[133]

<그림 5.1-11> 유럽배출권 거래제 예외분야(Non-ETS)에서
회원국의 온실가스 감축목표와 감축

배출권 거래제 예외분야(Non-ETS. 예를 들어, 농업, 주거, 상업,
비에너지 집중 산업, 폐기물)에서 12개 회원국이 Non-ETs 분야에서
2020 목표를 달성하였다. 5개 회원국에서 탄소배출이 증가했지만,
이는 각국의 2020 목표범위 내에 있다. 11개 회원국은 탄소배출이
2012년까지 감소했지만, 자국의 감축목표를 달성하지 못했다. 룩셈
부르크, 덴마크, 독일, 아일랜드 등의 국가는 자국의 감축목표를 달
성하기 위해서는 많은 노력이 필요하다.

5.2. 2050 저탄소경제 로드맵과 2030 기후·에너지정책 프레임워크

European Commission은 EU가 2050년까지 경쟁력있는 저탄소 경

---

133) European Commission, "Europe 2020 indicators,"
http://ec.europa.eu/eurostat/statistics-explained/index.php/Europe_2020_indicators_-_climate_cha
nge_and_energy

제로 나아가기 위한 로드맵(A Roadmap for moving to a competitive low carbon economy in 2050)을 2011년 3월 8일 발표하였다.

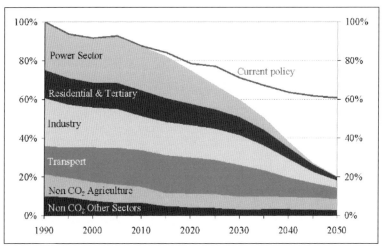

출처: European Commission[134]

<그림 5.2-1> 2050 저탄소 경제 로드맵 (1990년 = 100%)

2050 저탄소 경제 로드맵에서 저탄소경제로의 이행을 위하여 EU가 2050년까지 온실가스 배출량을 1990년 대비 80% 감축할 것을 제시하면서, 중간목표로서 2020년 25%, 2030년 40%, 2040년 60% 감축할 것을 제시하였다. 또한 현재의 정책수단으로는 2020년까지 20% 감축이 가능하나, 25% 감축을 위하여는 「Energy Efficiency Plan」의 이행을 통한 에너지 효율성 제고가 필요하다고 주장하였다.
온실가스를 1990년 수준 대비 2050년 80%감축하기 위해서는 전

---

134) European Commission, "2050 Low Carbon Economy,"
https://ec.europa.eu/clima/policies/strategies/2050_en

력부문에서 온실가스 배출이 발생하지 않도록 하고, 교통부문에서 연료효율성을 제고하고 저탄소차량의 보급을 확대해야하며, 건물의 에너지 효율성을 높여야하며, 산업부문에서 공정을 개선하고 탄소포집·저장기술(CCS)을 적용해야하며 그리고 농업부문에서 생산성을 제고해야한다.

그리고 저탄소 경제 구축을 위하여 향후 40년간 민간·공공부문에서 EU GDP의 1.5%에 해당하는 연간 2,700억 유로의 추가 투자가 필요한데, 이는 결과적으로 에너지 수입의존도를 낮추는 한편 일자리창출과 성장을 촉진하고, 대기질 개선 및 건강증진 효과가 있을 것으로 예상되고 있다.

2050년까지 온실가스 배출량을 1990년 대비 80%로 낮추어야 한다는 주장은 IPCC(기후변화에 관한 정부간 패널)에서 지구온도 상승을 2℃ 이내로 억제하기 위하여 EU를 포함하는 선진국들이 2050년까지 온실가스 배출량을 1990년 대비 80~95% 감축하는 것이 필요하다고 제시한데서 비롯되었다. 그리고 코펜하겐 COP(COP-15)와 칸쿤 COP(COP-16)에서도 이에 합의가 이루어졌다.

저탄소경제에서 중심적인 역할은 전력생산 부분이 할 것으로 예상되고 있다. 실제로 전력생산부분에서 화석연료 사용억제는 EU차원에서 이미 큰 진전을 이루고 있다. 또한 전력생산부분에서 생산된 저탄소 전력이 교통부문과 난방부문의 화석연료를 일부 대체할 수 있을 것으로 예상되고 있다. 전력부문에서 저탄소 기술의 비중은 현재 45%에서 2020년 60%, 2030년 75~80%, 2050년에는 거의 100%에 이를 것으로 추정된다.

EU 2020 기후·에너지 패키지 실행과정에서 운송부문의 실적은 다른 부문에 비해서 탄소배출 억제 목표 달성이 잘 이루어지지 않고 있다. 운송부문에서 탄소배출을 억제하기 위해서는, 차량에 관련된 탄소배출 기준 및 세제개편 등의 제도적 장치가 마련되어야 한다. 기술적으로도 새로운 엔진·소재·설계를 통해서 연료소비의 효율성을 증대하고, 새로운 연료·추진체계를 개발하여 청정에너지 이용을 확대하고, 정보통신시스템 활용하여 연료사용을 최적화해야 한다. 이와 관련된 사례가 각 회원국 별로 실시가 확대되고 있는 하이브리드 차량 확대에 관한 인센티브이다. 또한 플러그인 하이브리드(plug-in hybrid) 차량을 위한 충전 인프라를 구축하여 하이브리드 차량에 대한 소비 확대를 유도하고 있다.

또한 운송부문에서 탄소배출을 억제하기 위해서 항공, 중형트럭(heavy duty truck)의 에너지원으로 환경파괴를 억제한 지속가능한 바이오연료의 생산을 확대하여 공급하는 것을 계획하고 있다.

냉난방으로 온실가스를 배출하는 건축물의 경우에도 「건축물의 에너지 효율성 제고 관련 개정지침(Directive 2020/31/EU)」를 통해서 2021년부터 신규건축물은 거의 Zero-energy 건축물로 건축되어야 함을 목표로 하고 있다.

산업부문에서도 에너지 효율적인 산업공정 및 장비, 재활용 및 non-CO2(아산화질소, 메탄) 감축기술의 적용을 통하여 에너지 집약도가 높은 산업부문에서 절반이상 감축 가능하다고 2050 저탄소 경제 로드맵은 예상하고 있다. 이를 위해 탄소포집·저장기술(CCS: Carbon Capture & Storage)은 산업공정(예: 시멘트 및 철강부문)에 2035년 이후 대규모로 적용될 필요가 있으며, 이에 대한 소요투자비용을 연간 €100억 이상으로 예상하고 있다.

농업부문에서도 탄소배출을 억제하기 위해서 생산성 향상(efficiency

gains), 효율적인 비료사용, 축산분뇨를 이용한 바이오가스생산(biogasification), 축산분뇨의 관리개선, 양질의 사료, 생산의 지역적 다양화(local diversification) 및 상업화, 가축생산성 향상 그리고 조방농업(extensive farming)의 이점 최대화 등의 정책적 대안들에 초점이 맞추어지고 있다. 농업분야에서 탄소배출 억제대책과 함께 농업·임업 방식을 개선은 토양과 산림의 탄소저장 능력을 보전능력을 증가시키는 방법 또한 검토되고 있다.

또한 2050 저탄소 경제 로드맵에서는 저탄소 기술 투자증대의 필요성을 강조하고 있다. 저탄소경제 구축을 위하여 향후 40년 동안 현재의 투자규모(GDP의 19%, 2009년 기준)에 추가적으로 1.5%(€2,700억)를 투자하는 것이 필요하다고 예상하고 있다. 저탄소 경제를 위한 투자확대를 위해서는 민간투자 유도가 중요한 과제로 부상하고 있다.

European Commission은 "2020 기후·에너지 패키지(2020 Climate and Energy Package)" 이후의 기후변화 및 에너지정책으로 "2030 기후·에너지정책 프레임워크(A policy framework for climate and energy in the period from 2020 to 2030)"[135]를 2014년 1월 22일에 발표하였다. EU는 "2030 기후·에너지정책 프레임워크(A policy framework for climate and energy in the period from 2020 to 2030)"에서 2030년까지 온실가스 배출량을 1990년 대비 40% 감축하고, 재생에너지 소비비중을 최소 27%로 확대하는 목표를 제시하였다.

회원국들은 '2020 패키지'에서처럼 자국의 목표를 설정하여 이를

---

135) European Commission. Communication From the Commission to the European Parliament, the Council, the European Economic and Social Committee of the Regions. *A policy framework for climate and energy in the period from 2020 to 2030*, 2014.

이행해야 한다. 현재 '2020 패키지'의 이행 속도로 볼 때, 2030년에 감축될 것으로 예상되는 온실가스 배출량은 1990년 대비 32%이기 때문에 회원국들이 1990년 대비 40%의 온실가스 배출량 감축을 목표로 하는 '2030 프레임워크'를 달성하기 위해서는 보다 더 온실가스 배출량 감축을 위해 노력을 기울여야 한다.

출처: SANDBAG[136)

<그림 5.2-2> EU ETS 배출권(EUA) 가격동향

2030년까지 1990년 대비 온실가스를 40% 감축하기 위해서, ETS 부문에서 2005년 대비 43% 감축, 비-ETS 부문에서 2005년 대비 30% 감축을 목표로 하였다. 또한 신재생에너지 보급을 위해 EU 전체적으로는 27%의 구속적 목표를 설정하지만, 회원국별 목표과 교

136) SANGBAG, "EU ETS 배출권 가격동향."
    https://sandbag.org.uk/2016/09/02/eu-carbon-price-falls-below-e4-2/

통 등 부문별 목표는 설정하지 않았다.

또한 2008년 글로벌 금융위기 위후 경기침체에 따른 산업생산 감소로 인해 ETS의 배출권 거래가 급격하게 축소되었는데, 배출권거래제는 배출권 과다공급을 조절하여 시장을 안정시키기 위해 European Commission은 2030 기후·에너지정책 프레임워크에서 배출권 비축시스템(market stabilization reserve)을 2021년부터 시작되는 제4기부터 도입하기 위한 개정안을 제안하고 있다.

실제로 EU ETS 배출권 (EUA: European Emission Allowance)의 가격동향에 따르면 2008년 글로벌 금융위기 이후 가격이 급격하게 폭락하였다. EU탄소배출 감소의 큰 축이 ETS를 통해서 이루어지는 만큼 배출권 시장의 침체는 향후 EU의 저탄소 경제로의 이행에도 지장을 초래할 수 있다.

2020 기후·에너지 패키지(2020 Climate and Energy Package)와 마찬가지로 2030 기후·에너지정책 프레임워크에서도 회원국은 온실가스 감축 목표, 신재생에너지 보급, 에너지 효율개선 및 안보 등 관련 모든 측면을 통합한 국가 에너지 계획을 수립하고 European Commmission이 거버넌스 프로세스를 통해 회원국 에너지 계획을 분석하고 필요시 보완하는 것을 기획하고 있다.

5.3. 기후변화 문제에서 EU의 당면과제

EU차원의 온실가스 배출 감소를 위한 노력에 힘입어, 1990년과 2013년 사이에 전 세계 탄소배출은 56.1% 증가하였지만, EU에서 탄소배출은 꾸준히 감소하였다. 반면에 미국에서 탄소배출은 2000년까지 증가하다가 이후 감소하였다. 1990년부터 2013년 사이에 아시아에서 탄소배출은 197.4%가 증가하였고, 특히 중국에서 탄소배출은 4배 이상 증가하여 중국은 미국을 능가하는 세계 제 1위의 탄소배출국이 되었다. 이를 1인당 탄소배출로 환산하였을 경우에 EU는 6.57톤 이지만, 중국은 6.60톤이다. 이와 같은 EU의 노력에 힘입어, EU에서 탄소배출은 1990년 전 세계 탄소배출의 1/5 정도를 차지하였지만 2013년에는 전 세계 탄소배출의 10.4% 규모로 축소되었다.

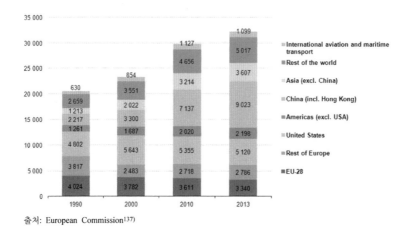

출처: European Commission[137]

<그림 5.3-1> 연료연소를 통한 전 세계 탄소배출 (CO2 백만톤.
년도: 1990, 2000, 2010, 2013)

    EU의 탄소배출 억제를 위한 계획과 회원국별로 이에 대한 정책 실행으로 EU차원의 온실가스 배출은 크게 감소하였다. 이와 같은 상황변화는 역설적으로 EU차원의 노력만으로 더 이상 전 세계 탄소

---

137) European Commission, "Europe 2020 indicators,"
    http://ec.europa.eu/eurostat/statistics-explained/index.php/Europe_2020_indicators_-_climate_cha
    nge_and_energy (검색일: 2017. 4. 27)

배출을 억제하는데 중요한 영향을 발휘할 수 없게 되었다. 기후변화문제에 대한 논의가 본격화되었던 1990년 EU의 탄소배출은 중국의 2배에 가까웠지만, 2013년 중국의 탄소배출은 EU의 2.7배의 규모로 확대되었다. 또한 중국을 제외한 아시아에서 탄소배출도 1990년부터 2013년 사이에 3배로 증가하여서, 이제 중국을 제외한 아시아 지역이 EU를 능가하는 탄소배출을 하고 있다. 이와 같은 상황은 기후변화문제 해결을 위한 EU의 노력을 무력화하고 있다. 전 세계 탄소배출에서 가장 중요한 비중을 차지하고 있는 중국을 포함한 아시아의 노력 없이는 기후변화문제의 해결은 쉽지 않을 것으로 전망된다.

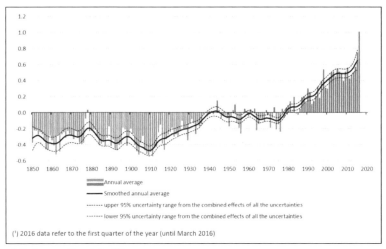

출처: European Commission[138)]

<그림 5.3-2> 1860년부터 2016년 사이에 전 세계 온도 변화
(1961년부터 1990년 평균 대비, 단위: ℃)

138) European Commission, "Europe 2020 indicators,"
  http://ec.europa.eu/eurostat/statistics-explained/index.php/Europe_2020_indicators_-_climate_change_and_energy

EU 차원의 기후변화 문제 해결 노력에도 불구하고, 기후변화 문제는 더욱 심각해지고 있다. 이는 기후변화 문제에서 더 이상 EU가 차지하는 비중이 아시아 지역이나 미국에 비해서 크지 않기 때문이다. 따라서 이들 국가의 동참 없이 기후변화 문제를 해결할 수 없는 상황이다.

이러한 시각에서 2015년 신기후체제 출범은 의미를 가진다. 2015년 제21차 당사국총회(COP21, 파리)에서는 2020년부터 선진국과 개발도상국의 구별없이 모든 국가가 온실가스 감축에 참여하는 파리 협정(Paris Agreement)이 채택되어 신기후체제가 출범하였다. 파리 협정은 지구 평균기온 상승을 산업화 이전 대비 2℃ 보다 낮은 수준으로 유지하고, 1.5℃로 제한하기 위해 노력한다는 목표 아래, 각국이 2020년부터 온실가스 감축을 위한 기후행동에 참여하며, 5년 주기 이행점검을 통해 온실가스 감축 노력을 강화하도록 규정하고 있다.

또한 국제조약(Treaty)이 아닌 협정(Agreement)로 귀결되어서 미국에서 의회비준의 부담을 덜게 되었고, 오바마대통령은 이를 대통령령으로 실행할 수 있었다.

그러나 2017년 1월 트럼프 행정부 출범이후, 기후변화 문제에 대한 미국정부의 입장이 변화하고 있다. 특히 트럼프 행정부는 지구온난화의 주범인 석탄 및 석유 등 화석연료 개발에 적극적인 입장을 보이고 있다. 이와 같은 상황 변화에 따라, 2000년 이후 탄소배출이 감소된 미국에서 다른 상황이 발생할 수 있다. 특히 2017년 5월 G7회의에서 신기후체제에 대한 미국 트럼프 대통령 및 다른 정상들 간의 입장차이는 향후 기후변화 문제 해결이 쉽지 않음을 보여주고 있다.

기후변화문제에 대한 EU의 발빠른 대처에 힘입어, EU에서 신재생에너지 사용의 확대는 훨씬 더 분명하게 드러나고 있다. EU내에서 전체 전력생산의 12.6%를 차지하였던 신재생에너지는 2013년에 27.2%까지 확대되었다. 반면에 1990년 EU 전력생산에서 39.3%를 차지하였던 석탄은 2013년에 26.7%까지 감소하였다. 1990년 EU전력생산에서 8.6%를 차지하였던 석유는 2013년에 1.9%까지 감소하였다.

그러나 화석연료의 사용이 EU전력생산에서 지속적으로 감소하는 가운데, EU내에서 천연가스를 활용한 전력생산이 1990년 8.6%에서 2010년 22.3까지 확대되었는데, 이는 온실가스를 감축하면서 신재생에너지를 활용한 고비용의 전력생산 비용을 감소시키기 위한 조치라고 볼 수 있다. 실제로 신재생에너지는 유럽에서도 전력생산에서 다른 에너지원에 비해 비용이 높게 발생하고 있다. 특히 신재생에너지 산업에 대한 정부 보조금 축소는 해당산업에 심각한 영향을 초래하기도 하고 있다. 대표적인 사례가 독일정부의 태양광발전에 대한 보조금 축소에 따른 태양광산업의 설비투자 감소로 인해서, 한때 세계최대의 태양광 모듈기업이었던 Q-Cell이 파산하여 한국의 한화그룹에 인수되었다.

또한 장거리 항공운송에서 ETS를 도입하는 과정에서 중국, 미국, 일본 등과 마찰을 초래하였고, 심지어 자국의 항공기 제작사들도 역외국 정부와 역외국 항공사에 동조하여, EU의 장거리 항공운송에서 역외국으로부터 도차하고 출발하는 항공권에 대한 ETS 도입이 연기되었다. 이는 항공산업에서 ETS 도입에 따른 운송비용 증가에 반발한 역외국 항공사들이 해당국 정부와 함께 지속적으로 이의 제기한 데서 비롯되었다.

따라서 EU차원에서 기후변화 문제에 능동적으로 대응하는 과정에서 이에 따른 부정적인 외부효과가 발생하는데 보다 더욱 주의가 필요하다.

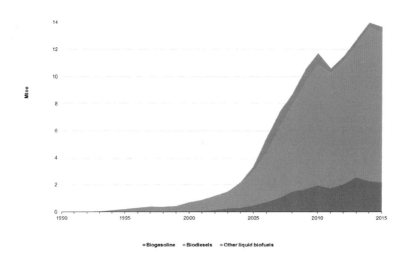

■ Biogasoline   ■ Biodiesels   ■ Other liquid biofuels

출처: European Commission[139)]

<그림 5.3-3> EU 내 바이오 연료 생산비중 (단위: 백만 석유환산톤)

EU의 정책 간에 충돌로 혼선이 초래되기도 한다. EU의 "2020 기후·에너지 패키지(2020 Climate and Energy Package)", "2030 기후·에너지정책 프레임워크(A policy framework for climate and energy in the period from 2020 to 2030)", 2050 저탄소 경제 로드맵에서 모두 운송분야에서 화석연료 사용억제가 중요한 사안이다. 그리고 이에 대한 단기적인 대응이 바이오연료 사용의 확대이다. 그러나 EU에서 생산되는 대부분의 액체 바이오연료는 바이오 디젤이다. 문

139) European Commission. "액체 바이오연료 생산비중."
    http://ec.europa.eu/eurostat/statistics-explained/index.php/Energy_from_renewable_sources

제는 유럽의 주요도시에서 환경오염을 이유로 디젤자동차가 점차 퇴출되고 있다. 이와 같은 상황은 향후 유럽의 바이오연료 산업 활성화에 부정적인 효과를 초래할 수 있다.

또한 EU의 예상과는 다르게 상황이 변화하는 경우도 발생하고 있다. EU ETS가 도입되는 과정에서 EU는 탄소배출 감소를 확대하는 과정에서 배출권 시장도 활성화 될 것으로 기대하였다. 그러나 예상과 다르게 2008년 글로벌 금융위기 이후의 경기침체 속에서 산업생산이 감소하였고 배출권에 대한 수요 역시 감소하였다. 게다가 이러한 상황과는 달리 배출권 공급이 증가하면서 EU ETS의 배출권 가격은 폭락하였다. 문제는 EU의 탄소배출 감소계획에 ETS를 통한 감축이 큰 축을 차지하고 있기 때문에 배출권 시장의 침체는 향후 EU의 탄소배출 감소계획에도 차질을 초래할 수 있다.

또 다른 문제는 EU가 기후변화문제에 능동적으로 대응하는데 미국의 트럼프 신정부가 장애물로 작용하고 있다는 점이다. 오바마 전임 행정부는 신기후체제 출범을 가져온 파리협정을 승인하였다. 또한 오바마는 대통령령을 통해서 국내 후속조치를 마련하였다. 그러나 트럼프는 신기후체제에 매우 회의적인 시각을 가지고 있다. 실제로 2017년 5월 개최된 정상회의에서 트럼프 대통령과의 견해 차이 때문에 G7 정상은 신기후체제에 대한 메시지를 공동성명에 담지 못하였다.

게다가 EU차원의 노력에 힘입어 이제는 EU의 탄소배출이 전 세계 탄소배출에서 10% 정도를 차지하고 있다. 1990년에는 전 세계 탄소배출의 1/5이 EU에서 배출되었다. 반면에 중국 등 아시아 국가에서 탄소배출은 급격하게 확대되었다. 중국의 탄소배출은 이미 EU의 2.7배 수준이다. 이와 같은 EU의 노력에 따른 탄소배출 감소로,

역설적으로, 전 세계 기후변화 대응에서 EU의 정책이 미치는 영향 역시 축소되었다. 따라서 향후 EU가 기후변화 문제에 대해서 담론을 제시하여도 온실가스를 배출하는 국가들이 동참하여야 기후변화 문제해결에 의미있는 결과가 발생하는 상황이 되었다. 따라서 향후 EU에서의 기후변화에 대한 논의가 전 세계 차원에 의미를 갖기 위해서는 주요 온실가스 배출 국가들의 협조가 반드시 필요하다.

전기자동차 시장 및 자동차 기업의 전략: 프랑스 사례

6. 전기자동차 시장 및 자동차 기업의 전략: 프랑스 사례

환경오염과 지구온난화 등의 문제로 자동차산업에서 친환경 에너지 이용은 중요한 화두로 부상하고 있다. 실제로 전 세계적으로 전기자동차 열풍이 불고 있다. 테슬라의 일론 머스크 최고경영자(CEO)가 전했듯이, 3월 31일 테슬러의 준중형 전기자동차 모델인 모델3가 공개되고 예약주문에 들어간 지 단 이틀 만에 예약대수가 25만 3천 대를 기록하는 기염을 토했다. 이는 기존의 세계 최대 판매차인 일본 닛산의 '리프'가 6년간 기록했던 20만 1991대의 판매량을 상회하는 것이다.

지구온난화 및 환경오염 등의 문제에 세계 각국은 발 빠르게 기존의 화석연료를 사용한 자동차를 대체하려는 계획을 세워왔다. 프랑스정부 역시 중앙정부차원, 지방정부차원, 자동차기업 차원에서 치밀하게 준비를 하여왔다. 프랑스 중앙정부 차원에서 친환경 교통수단 이용 확대를 위해 전기자동차 구매 인센티브제도와 충전 인프라 확충에 관한 정부지원을 확대하고 있다. 특히 프랑스는 2008년에 유럽국가 중 가장 빨리 친환경 자동차 인센티브를 도입하였다. 지방정부 차원에서는 전기자동차 대여제도를 실시하여 전기자동차 사용의 폭을 확대하는데 노력을 기울이고 있다. 자동차기업도 전기자동차 분야에 대한 지속적인 투자를 기울여왔다.

한국정부도 친환경 자동차 구매자에게 구매 보조금과 함께 개별소비세와 취·등록세 등 세금 감경 혜택을 제공하고 있다. 정부는 환경부 예산집행을 통하여 친환경차 한 대당 수소차 2750만원, 전기차 1200만원, 플러그인하이브리드차 500만원, 하이브리드차 100만원 등을 지원하고 있으며, 각 지자체별로 300만-700만원의 추가 지원금 혜택을 주고 있다.

하지만 배터리업체에 대규모 부가장치를 창출하는 전기자동차 대신에 자동차기업에 대규모 부가가치를 창출하는 수소자동차 개발에 경주하였던 현대-기아자동차 그룹의 선택 때문에, 한국의 자동차 산업은 전기자동차 분야에서 경쟁기업에 많이 뒤처지고 있는 것이 현실이다.

전기자동차 산업을 선도하는 프랑스 자동차 기업은 일본기업에 비해서 과거 하이브리드 자동차 개발에서 뒤쳐졌었다. 르노-니산 자동차를 중심으로 한 프랑스 자동차기업은 향후 시장이 전기자동차로 이동할 것을 예상하고, 국토가 적성 국가들로 둘러싸여 섬과 같이 다른 지역으로 이동에 제약을 받은 이스라엘을 전기자동차 설비구축과 전기자동차 운영의 테스트 마켓으로 활용하였다. 그 결과 프랑스 자동차 기업이 EU전기자동차 시장을 선도하게 되었다.

6.1. 프랑스 전기자동차 발전현황

EU전체의 전기자동차, 하이브리드 전기자동차, 천연가스 자동차,

LPG 자동차를 포함한 2015년 대체에너지 이용 자동차 등록대수는
58만 2135대였다.

<표 6.1-1> EU 회원국 대체에너지 이용 자동차 등록대수*

	2014년 1분기-4분기	2015년 1분기-4분기	전년대비 변화 (%)
그리스	813	1,314	61.6
네덜란드	33,857	60,589	79.0
덴마크	1,726	4,696	172.1
독일	50,385	55,994	11.1
라트비아	629	382	-39.3
루마니아	252	471	86.9
리투아니아	165	326	97.6
벨기에	10,529	11,490	9.1
불가리아	2	21	950.0
스웨덴	19,164	23,657	23.4
스페인	14,827	23,152	56.1
슬로바키아	1,252	1,140	-8.9
아일랜드	1,257	2,082	65.6
에스토니아	610	429	-29.7
영국	51,853	72,775	40.3
오스트리아	4,434	5,901	33.1
이탈리아	218,785	210,956	-3.6
체코	3,466	5,322	53.5
포르투갈	3,089	4,780	54.7
폴란드	8,790	11,212	27.6
프랑스	56,300	80,728	43.4
핀란드	2,355	3,662	55.5
헝가리	647	1,056	63.2
EU	485,187	582,135	20.0

출처: ACEA (유럽자동차공업협회)[140]
*대체에너지 이용 자동차 = 전기자동차 + 하이브리드 전기자동차 + 천연가스 자동차 + LPG 자동차

---

140) 유럽자동차공업협회(ACEA), "대체에너지 자동차 등록대수",
http://www.acea.be/press-releases/article/alternative-fuel-vehicle-registrations-20.0-in-2015-21.1-in-q4

이중 프랑스의 2015년 대체에너지 이용 자동차 등록대수는 80,728대였다. 이는 210,956대를 기록한 이탈리아를 제외하고는 EU 내에서 두 번째로 큰 규모이다. 72,775대를 기록한 영국과 55,994대를 기록한 독일보다는 큰 규모이다.

<표 6.1-2> EU 회원국 전기자동차 등록대수*

	2014년 1분기-4분기	2015년 1분기-4분기	전년대비 변화 (%)
그리스	59	67	13.6
네덜란드	14,805	43,441	193.4
덴마크	1,616	4,643	187.3
독일	13,118	23,481	79.0
라트비아	194	35	-82.0
루마니아	7	24	242.9
리투아니아	9	37	311.1
벨기에	2,047	3,837	87.4
불가리아	2	21	950.0
스웨덴	4,667	8,588	84.0
스페인	1,405	2,224	58.3
슬로바키아	117	66	-43.6
아일랜드	256	583	127.7
에스토니아	340	34	-90.0
영국	14,608	28,715	96.6
오스트리아	1,718	2,787	62.2
이탈리아	1,420	2,283	60.8
체코	197	298	51.3
포르투갈	289	1,083	274.7
폴란드	141	259	83.7
프랑스	12,497	22,867	83.0
핀란드	445	658	47.9
헝가리	39	130	233.3
EU	69,996	146,161	108.8

출처: ACEA (유럽자동차공업협회)[141]

*전기자동차 = 배터리 자동차 + 주행거리 연장형 전기자동차 + 플러그인 하이브리드 자동차
        + 연료전지 전기자동차

---

141) 유럽자동차공업협회(ACEA), "전기자동차 등록대수",
    http://www.acea.be/press-releases/article/alternative-fuel-vehicle-registrations-20.0-in-2015-21.1-in-q4

대체에너지를 사용하는 자동차 등록규모는 프랑스에서 2015년에 전년 대비 43.4% 증가하였다. EU전체에서 대체에너지 이용 자동차 등록대수가 2014년에서 2015년 사이에 96,948대가 증가하였다. 프랑스에서는 2014년에서 2015년 사이에 24,428대가 증가하였다. EU전체 신규 대체에너지 자동차 수요의 25%가 프랑스에서 창출된 것이다.

<표 6.1-3> EU 회원국 하이브리드자동차 등록대수*

	2014년 1분기~4분기	2015년 1분기~4분기	전년대비 변화 (%)
그리스	425	853	100.7
네덜란드	14,831	16,114	8.7
덴마크	n.a	n.a	n.a
독일	22,839	22,512	-1.4
라트비아	216	206	-4.6
루마니아	245	447	82.4
리투아니아	156	289	85.3
벨기에	7,430	6,880	-7.4
불가리아	n.a	n.a	n.a
스웨덴	6,997	8,710	24.5
스페인	12,083	18,406	52.3
슬로바키아	58	117	101.7
아일랜드	1,001	1,499	49.8
에스토니아	233	355	52.4
영국	37,245	44,060	18.3
오스트리아	1,926	2,411	25.2
이탈리아	21,154	25,240	19.3
체코	386	994	157.5
포르투갈	1,930	3,058	58.4
폴란드	3,858	5,416	40.4
프랑스	41,208	56,030	36.0
핀란드	1,787	2,846	59.3
헝가리	517	818	58.2
EU	176,525	217,261	23.1

출처: ACEA (유럽자동차공업협회)[142]
*하이브리드자동차 = Full Hybrid (풀 하이브리드) + Mild Hybrid (마일드 하이브리드)

---

142) 유럽자동차공업협회(ACEA), "하이브리드 자동차 등록대수",
http://www.acea.be/press-releases/article/alternative-fuel-vehicle-registrations-20.0-in-2015-21.1-in-q4

<표 6.1-2>는 EU 회원국 전기자동차 등록대수에 관련된 통계이다. EU내에서 2015년 프랑스의 전기자동차 등록대수는 43,441대를 기록한 네덜란드, 28,715대를 기록한 영국, 23,481대를 기록한 독일에 이어, 22,867대를 기록한 프랑스가 다음의 지위를 차지하였다. EU전체에서 2014년과 2015년에 전기자동차 등록대수는 76,165대가 증가하였다. 이중 10,370대가 프랑스에서 증가한 것이다. 이는 EU전체 전기자동차 수요의 13%가 프랑스에서 창출된 것을 의미하는 것이다.

<표 6.1-3>은 EU 회원국 하이브리드 자동차 등록대수에 관련된 통계이다. 2015년 프랑스의 하이브리드 차량 등록대수는 56,030대로 EU내 1위를 기록하였고, 영국이 44,060대로 뒤를 이었고, 독일이 25,512대로 3위를 기록하였다. 또한 <표 6.1-3>에 따르면 2014년 대비 2015년 하이브리드 자동차의 EU내 신규수요 중 36%가 프랑스에서 창출되었다.

이와 같이 EU내 친환경 자동차시장에서 프랑스는 중요한 지위를 차지하고 있다. 여기에는 프랑스 정부의 친환경 자동차에 대한 보조금 및 인센티브가 중요한 역할을 하였다.[143] 이와 같이 프랑스는 친환경 대체에너지 자동차 소비분야에서 EU시장을 선도하는 국가이다.

<표 6.1-4>는 유럽 내 최다판매 전기자동차에 대한 통계이다. 본 통계자료에 따르면, EU 전기자동차 시장에서 프랑스 업체의 활약이 돋보이고 있다. 프랑스자동차인 르노 조에(Zoe)는 2015년 유럽시장 최다판매 전기자동차였다. 또한 르노-니산 그룹의 다른 전기 자동차

---

143) 『르피가로』, 2016년 3월 24일. "르노 조에, 2015년 유럽에서 가장 많이 팔린 전기자동차", http://www.lefigaro.fr/conjoncture/2016/03/24/20002-20160324ARTFIG00321-la-renault-zoe-voiture-electrique-la-plus-vendue-en-europe-en-2015.php

모델 역시 전기자동차 시장에서 중요한 위치를 차지하였다. 르노 조에는 18,727대가 판매되었고, 니산 리프(Leaf)는 15,455대가 판매되었고, 르노 캉구(Kangoo) ZE는 4328대가 판매되었고, 니산 e-NV200은 3794대가 판매되었다. 또한 PSA(푸조-시트로엥 그룹)의 푸조 아이온(iOn)과 시트로엥 시-제로(C-Zero) 역시 유럽 전기자동차 시장에서 중요한 역할을 하였다. 이처럼 프랑스 자동차 기업들은 유럽 전기자동차시장에서 중요한 위치를 차지하고 있는데, 이는 프랑스자동차 기업이 오랫동안 전기자동차 분야에 투자하고 시장확보를 위해서 준비하였기 때문에 가능한 일이었다.

<표 6.1-4> 유럽 내 최다판매 전기자동차 (기준: 2015년, 등록대수)

자동차 모델 명	등록대수
르노 조에 (Renault Zoe)	18,727
테슬라 모델 S (Tesla Model S)	15,515
니산 리프 (Nissan LEAF)	15,455
폭스바겐 e-골프 (Volkswagen e-Golf)	11,110
BMW i3	7,234
기아 소울 EV (Kia Soul EV)	5,897
르노 캉구 ZE (Renault Kangoo ZE)	4,328
니산 e-NV200 (Nissan e-NV200)	3,794
폭스바겐 e-Up! (Volkswagen e-Up!)	2,875
메르세데스-벤즈 B-클라스 일렉트릭 (Mercedes-Benz B-Class Electric)	2,796
스마트 포투 (Smart Fortwo)	2,081
푸조 아이온 (Peugeot iOn)	1,930
시트로엥 시-제로 (Citröen C-Zero)	1,493

출처: 르피가로[144] 93235

☐ 르노-니산 그룹 자동차
☐ PSA 그룹 자동차

<표 6.1-4>의 유럽 내 최다판매 전기자동차 통계에서 르노-니산 그룹과 PSA 그룹의 전기자동차가 차지하는 비중은 무려 49%였다. 이는 유럽전기자동차 시장에서 프랑스 자동차기업들이 매우 강력한 영향력을 발휘하고 있음을 보여주는 것이다.

6.2. 프랑스 중앙정부, 지방자치단체, 자동차 산업계의 대응

프랑스 전기자동차에서 전기자동차 등 친환경 자동차의 확산이 두드러지고, 유럽 내 최다판매 전기자동차 중에서 르노-니산 그룹과 PSA 그룹의 전기자동차가 차지하는 비중이 높은 이유는 전기자동차 이용의 확대를 위해서 프랑스 중앙정부, 지방자치단체, 산업계가 유기적으로 대응했기 때문이다. 프랑스 중앙정부는 기존의 자동차 공장이 전기자동차 공장으로 전환되는데 재정지원을 하였다. 프랑스 중앙정부는 친환경 자동차에 보조금을 제공하고, 대기오염 유발자동차에 불이익을 주는 '보너스-말러스(Bonus-Malnus)' 방식으로 전기자동차 등 친환경 자동차 구매 확대에 기여하였다. 프랑스 지방정부는 오염배출 자동차의 도심진입을 억제하고, 전기자동차 대여서비스 인프라를 구축하는 방식으로 전기자동차 이용문화 확산에 기여하였다. 프랑스 자동차업계는 전기자동차의 부상이라는 시장의 트렌트를 먼저 파악하고 이에 대한 철저한 준비작업을 하였다.

프랑스정부가 전기자동차로의 전환을 적극적으로 추진하게 된 결정적인 계기는 2007년 니콜라 사르코지 당시 대통령의 주재로 환경에 관련된 다자간 협의(Grenelle de l'environnement)였다. 당시 회의

---

144) 『르피가로』, 2016년 3월 24일. "르노 조에, 2015년 유럽에서 가장 많이 팔린 전기자동차", http://www.lefigaro.fr/conjoncture/2016/03/24/20002-20160324ARTFIG00321-la-renault-zoe-voiture-electrique-la-plus-vendue-en-europe-en-2015.php

는 국가경제의 지속가능한 발전을 이룰 수 있도록, 국가, 민간대표, 지방자치단체가 참석하였다. 여기서 사르코지 대통령은 '화석연료를 사용하지 않는 자동차 (véhicules décarbonés)'에 대해서 언급하였는데, 이와 같은 계획이 프랑스 정부차원에서 발전하여, 프랑스 정부는 탄소배출에서 EU의 규정을 준수하고 프랑스 자동차 사업의 경쟁력을 확보할 방안을 모색하고자 하였다. 이를 위해 프랑스 정부는 전기자동차를 10만대를 구매하는 등 수요를 창출하였고, 자동차업계는 전기자동차에서 새로운 기회가 창출될 것이라고 전망하고 이를 토대로 발전전략을 수립하였다.

2008년 세계 금융위기 당시에 프랑스 정부는 프랑스 자동차기업에 재정지원을 하였고, 이에 대한 대가로 프랑스 자동차기업은 R&D에 대한 투자를 증대시켜야 했다. 또한 프랑스 정부는 프랑스 내에서 자동차기업의 고용이 유지되는 것을 희망하였다. 프랑스 정부는 르노자동차의 플렝(Flins) 공장이 전기자동차인 '르노 조에 (Renault Zoe)'를 생산하는 공장으로 전환되는데 재정지원을 하였다. 또한 프랑스 정부는 2008년 말 유럽국가 중 가장 먼저 친환경 자동차 보상금 제도를 도입하였다. 이는 정부보조금을 통해서 탄소 배출량이 적은 신차를 소비자가 구매하도록 촉진하는 것이 목표였다. 2015년 4월 1일부로 프랑스에서, 구형 디젤자동차를 폐차하고 전기자동차를 구매하거나 2년 이상 장기렌트할 경우 소비자가 최대 1만 유로까지 보상금을 받게 되었다.[145]

'녹색성장을 위한 에너지전환 (la transition énergétique pour la croissance verte)'에 관련된 2015년 8월 17일 법에 따라, 에너지전환

---

145) 프랑스 환경·에너지·해양부, "보너스-말러스 제도"
    http://www.developpement-durable.gouv.fr/Voitures-electriques-et-hybrides.html?var_mode=calcul

및 기후변화 대응을 위해, 에너지 효율성 재고, 친환경 교통수단 이용확대 등 다양한 방안들이 추진되고 있다. 특히 프랑스에서 수송부문이 전체 탄소 배출량의 25% 이상을 차지하고 있으며 미세먼지배출의 주요 오염원이라는 비판을 받으면서, 교통수단 개혁에 대한 목소리가 증대되었기 때문에 에너지전환 정책이 이에 집중되고 있다. 친환경 교통수단 이용 확대를 위해, 프랑스 정부는 전기자동차 구매 인센티브제도와 충전 인프라 확충에 관한 정부지원을 확대하고 있다.[146] 이와 같은 프랑스 정부의 조치는 전 세계적으로 기후변화에 대한 대비가 강화되고 환경오염에 대한 규제가 엄격해지는 상황에서 전기자동차가 자동차 시장의 중요한 트렌드로 자리잡았다는 점을 프랑스 정부가 이해하고 있다는 것을 의미한다.[147]

구체적으로 프랑스 정부가 시행하고 있는 제도를 살펴보면 다음과 같다. 첫 번째로는 2015년 4월 이후부터 '슈퍼보너스(super-bonus)' 제도를 시행 중이다. '슈퍼보너스'제도는 2001년 이전부터 운행된 디젤 차량을 처분하고, 탄소배출량 기준에 부합하는 친환경 차량을 구매하는 운전자에게 한 대 당 최대 총 10,000유로를 지원하는 제도이다.[148] 이와 같은 파격적인 금전적 지원을 프랑스 정부가 제공하는 목적은 전기자동차의 높은 가격으로 인해 구매를 망설이는 소비자뿐만 아니라, 전기 자동차로의 교체 필요성에 둔감한 부동층까지 전기자동차를 구매하도록 유도하려는 것이었다.

---

146) 에너지경제연구원, 『세계 에너지시장 인사이트 제16-3호』, 2016년 1월 22일. "2016년 EU 및 주요 회원국의 에너지 정책 전망"

147) 『조선비즈』, 2016년 4월 11일. "수소차에 '올인'한 현대차…수소차도 도요타에 밀려"

148) 에너지경제연구원, 『세계 에너지시장 인사이트 제16-3호』, 2016년 1월 22일. "2016년 EU 및 주요 회원국의 에너지 정책 전망"

<표 6.2-1> 프랑스의 친환경 자동차 구입 및 장기 렌트 보상금 비용

탄소배출량 (g/km)	보상금 금액
0-20g	6,300유로 (자동차 취득가의 27%가 6300유로 미만인 경우, 자동차 취득가의 27%를 보상금으로 지급)
21-60g	1,000유로

출처: 프랑스 환경·에너지·해양부[149]

2011년 9월에는 프랑스 산업부장관이 자동차산업계와 전기자동차 분야의 발전에 관련한 양해각서를 체결하였다. <표 6.2-1>은 프랑스 정부가 친환경 자동차를 구입하거나 2년 이상 장기렌트를 하는 소비자에 제공하는 보상금에 관련된 정보이다. 이 기준금액에 2015년 4월 1일자로 프랑스 정부는 일정조건에 따라 보상금을 상향 지급하여 최대 1만유로 까지 지급하고 있는데, 2016년에도 1만유로 까지 보상금의 상향 지급되는 정책이 유지되었다. 1만 유로의 보상금을 지원받기 위해서는 소비자가 20g/km 미만의 탄소배출을 하는 전기자동차를 구입하거나 장기렌트 해야한다. 그리고 탄소배출량이 21g에서 60g에 해당하는 충전가능한 하이브리드 신규차량을 구매해 거나 장기렌트 하는 경우에 소비자는 3500 유로로 상향조정된 보상금을 지급받는다. 2015년 친환경 자동차 구입에 지원된 정부예산은 2억4215만 유로였다. 2016년에는 2억6600만 유로가 할당되었다.

프랑스 정부는 전기자동차 구매를 위한 보조금 지급뿐만 아니라, 전기 자동차 인프라를 확대하기 위한 법률 집행을 통해서 전기자동차 이용 확산에 기여하고 있다. 2012년 그르넬 법(la loi Grenelle)에 따라서, 신규건물의 주차공간의 10%는 전기자동차 충전장비를 갖추

---

149) 프랑스 환경·에너지·해양부, "보너스-말러스 제도 2016년 시행세칙",
http://www.developpement-durable.gouv.fr/Bonus-Malus-definitions-et-baremes

어야 한다. 이는 신규건물에 전기자동차 충전 인프라를 확보하기 위한 조치이다. 또한 그르넬 법에 따라서, 세입자가 건물주차시설에 전기자동차 충전장비 설치를 주택소유주에게 요구할 경우 주택소유주는 세입자의 요구를 거절할 수 없게 되었다.[150] 또한 프랑스 정부는 2014년 9월부터 2015년 12월까지 전기자동차 충전시설을 설치하는 개인에게 30%의 세제혜택을 부여하였다. 전기자동차 충전장비 설치를 확대하기 위한 법률집행과 세제혜택 제공을 통해서 프랑스 정부는 2030년까지 전 프랑스에 700만대의 전기자동차 충전장비를 설치할 계획이다.[151]

이와 같이 프랑스 정부는 EU차원의 탄소배출 감소에 부응하고, 프랑스 전기자동차산업의 발전을 위해서 프랑스정부는 자동차기업에 재정지원을 하였고, 프랑스 내에서 전기자동차 수요의 확대를 위해서 친환경자동차 구매자에게 금전적 인센티브를 제공하였다.

프랑스 중앙정부가 친환경자동차 취득에 대한 재정지원을 통해서 전기자동차 시장을 활성화하고 전기자동차 충전장비 확산을 위한 법안을 마련했다면, 프랑스 지방정부는 전기자동차 대여서비스 운영과 오염배출 자동차의 도심 진입금지를 통해서 전기자동차 이용문화를 확산하고 있다. 프랑스 전기자동차 업체인 볼로레(Bolloré)와 파리시가 합작으로 시행하는 전기차 공공대여 서비스 오토리브(Autolib)를 그 사례로 들 수 있다.[152] 오토리브 서비스는 1년간 프

---

150) 프랑스 환경·에너지·해양부, "녹색성장을 위한 에너지전환법",
    http://www.developpement-durable.gouv.fr/Developper-les-transports-propres,41392.html

151) 『RTL』, "전기자동차: 파리 시내 급속 충전기",
    http://www.rtl.fr/actu/sciences-environnement/voiture-electrique-une-borne-de-recharge-rapide-a-paris-7776458313

152) 『France24』, 2011년 9월 30일. "Paris launches Autolib' electric car-hire scheme".

리미엄 회원으로 등록할 경우, 매월 10유로를 회비로 납입하는 대신에 30분당 6유로라는 할인된 사용료와 예약비 무료라는 혜택을 받을 수 있다. 오토리브 서비스는 1년간 일반회원으로 등록할 경우 매월 납입하는 회비는 없지만, 30분당 사용료가 9유로이고, 예약마다 1유로의 예약비 수수료가 부과된다. 오토리브 사용자는 시내 곳곳에 산재한 오토리브 정류소에서 자동차를 대여해 목적지 인근의 오토리브 정류소에 반납할 수 있는 편리성을 가진다. 볼로레는 전기자동차의 배터리 지속성 문제를 해결하기 위하여, 지난 15년 간 리튬이온 배터리 개발에 17억 유로를 투자하였다.[153)]

이와 같은 전기자동차 대여인프라 구축은 비단 파리시에만 국한된 것이 아니라 다른 프랑스 도시에도 존재하고 있다. 대표적으로 니스의 'Auto bleue', 리옹의 'SunMoov', 보르도의 'Bluecub' 등을 들 수 있다. 매년 '전기자동차 우수도시 시상식(Electromobile City Trophy)'이 지방자치단체와 기초자치단체를 대상으로 실시되고 있다. 이는 친환경적인 교통체계에 모멘텀을 제공한 도시, 특히 전기자동차 교통체계에 모멘텀을 부여한 지역에 수여된다.

<표 6.2-2>에서 볼 수 있듯이, 상당수의 프랑스 도시들이 전기자동차 대여서비스를 운영하고 있다. 프랑스 지방정부는 전기자동차 대여서비스 운영뿐만 아니라, 오염배출 노후 자동차 도심진입금지 정책을 통해서 노후 자동차의 친환경 자동차로의 전환을 촉진하고 있다.

---

153) 『르몽드』, "전기 배터리: 볼로레의 도전은 미친 짓이 아니었다.", http://www.rtl.fr/actu/sciences-environnement/voiture-electrique-une-borne-de-recharge-rapide-a-paris-7776458313

<표 6.2-2> 프랑스 도시별 전기자동차 대여서비스 현황

서비스 명칭	도시	실행연도	대여전기차 종류
Arcachon Bluecar	아라숑	2015년 7월	Bolloré Bluecar
Auto Bleue	니스	2011년 4월	Citroën Berlingo/ Mia/ Peugeot iOn/ Peugeot Partner/ Peugeot Partner PMR/ Renault Zoé
Auto'trement	스트라스부르	2010년	Toyota Prius (충전식 하이브리드)
Autolib	파리	2011년 말	Bolloré Bluecar
Bluecub	보르도	2013년 말	Bolloré Bluecar/ Renault Twizy
Bluely	리용	2013년 10월 10일	Bolloré bluecar/ Renault Twizy
Cite VU	앙티브	2007년	Maranello, F-City
Citelib by Ha:Mo	그르노블	2014년 말	Toyota i-Road Toyota Coms
Citiz	툴루즈	2013년 11월	Peugeot iOn/ Renault Zoé/ Renault Kangoo ZE
Cityz	브장송	2012년 5월	Peugeot iOn
Mobee	모나코	2014년 4월말	Renault Twizy
Mobigo	롱빅	2015년 5월	Renault Zoé
Mobili'Volt	앙굴렘	2012년 12월	Mia Electrique
Moebius	레유-말메종	2010년 7월	Fam F-City
Monautopartage	텡슈브레	2014년 9월	Renault Zoé Renault Twizy
Monautopartage	마른 라 발레	2014년 6월	Renault Zoé
Mopeasy	뇌이유	2011년	Peugeot iOn
Plurial'Move	렝스	2014년 8월	Renault Zoé Renault Twizy
Region Lib	니오르	2013년 4월	Mia
Region Lib	셍트	2013년 6월	Mia
Region Lib	샤텔로	2013년 6월	Mia
SunMoov	리옹	2013년 10월 15일	Mitsubishi I-Miev/ Peugeot iOn
TOTEM'lib	마르세유	2014년	Renault Twizy
Twizy Way	셍캉텡이블린역	2012년 9월	Renault Twizy
Wattmobile Aix-en-Provence	엑상 프로방스역	2014년 5월	Renault Twizy Peugeot e-Vivacity
Wattmobile	아비뇽역	2015년 2월	Renault Twizy

Avignon			Peugeot e-Vivacity
Wattmobile Bordeaux	보르도역	2014년 9월	Renault Twizy Peugeot e-Vivacity
Wattmobile Grenoble	그르노블역	2014년 9월	Renault Twizy Peugeot e-Vivacity
Wattmobile Lille	릴 플랑드르역	2014년 5월	Renault Twizy Peugeot e-Vivacity
Wattmobile Lyon	리옹 파르 디유역	2014년 5월	Renault Twizy Peugeot e-Vivacity
Wattmobile Marseille	마르세유 셍 샤를르 역	2014년 7월	Renault Twizy Peugeot e-Vivacity
Wattmobile Paris	파리 리옹역	2014년 6월	Renault Twizy Peugeot e-Vivacity
Wattmobile Paris	파리 동역	2014년 9월	Renault Twizy Peugeot e-Vivacity
Wattmobile Toulouse	툴루즈 마타비오역	2014년 9월	Renault Twizy Peugeot e-Vivacity
Yelomobile	라로셸	1999년	Citroën C-Zero/ Mia

출처: AVEM[154)]

관련사례로 파리시가 2015년 9월 1일 부로, 2001년 10월 1일 전
에 등록된 3.5톤 이상 버스 및 상용차의 파리도심통행을 제한한 것
을 들 수 있다. 이는 오전 8시부터 오후 8시까지 적용되며, 파리 외
곽순환도로와 개인용자동차, 냉동차와, 군용차량에 대해서는 예외를
적용한다. 적발 시에는 35유로의 벌금이 부과되며, 즉시 파리외곽으
로 차량을 이동해야 한다.[155)] 프랑스 환경·에너지·해양부 역시 이
를 위해서 자동차 부착용 환경오염등급 식별 스티커를 마련하였다.
차량에 스티커 부착이 의무화되었고 이를 이용하여 차량의 환경오

154) AVEM, "프랑스 도시 별 전기자동차 대여서비스 현황",
   http://www.avem.fr/index.php?page=libre_service_ve&cat=appli
155) 『르몽드』, 2015년 9월 1일. "파리에서 오염배출 차량은 운행이 제한된다."
   http://www.lemonde.fr/pollution/article/2015/09/01/a-paris-les-vehicules-polluants-interdits-seront-
   desormais-sanctionnes_4742438_1652666.html

염등급 식별과 불법운행에 대한 적발이 용이해졌다.

2016년 7월 1일부터는 오염배출 자동차의 파리도심 통행금지가 확대 적용되어 오염등급 1급(1997년 이전에 등록된 차량)의 차량에 대해 디젤이거나 휘발유 차량이거나 관계없이 개인차량과 3.5톤 미만의 상용차량은 주중에 운행이 제한된다. 또한 2000년 5월 31일 이전에 등록된 오토바이도 이에 해당된다. 그리고 2017년부터 2020년에 걸쳐서 오염등급 2등급, 3등급, 4등급(2010년 이전에 등록된 차량)에도 파리도심 운행제한조차가 적용된다.

실제로 프랑스는 유럽에서 디젤자동차 신차 판매비중이 가장 높았던 국가였다. 2014년 상반기에 판매된 신차 가운데 디젤자동차가 65%를 차지할 정도였다. 프랑스 지방자치단체들의 오염배출 자동차 도심운행제한 조치는 친환경 자동차로의 차량 대체를 가속화하는데 기여할 것이다.

프랑스의 전기자동차 시장규모는 세계 자동차 시장에서 중요한 위치를 차지하고 있다. 예를 들어, 2013년 프랑스 전기자동차 및 하이브리드 자동차 시장규모는 전 세계 승용차 시장의 3.1%를 차지할 정도였다. 이는 프랑스 내에서 전기 자동차의 판매가 2012년에 비해 50%, 하이브리드 차량의 판매가 60% 증가한 결과이다.[156] 이와 같은 전기자동차 생산에 심혈을 기울이고 있는 프랑스 자동차 제조업체들은 프랑스 정부의 의욕적인 친환경자동차 정책운용에 힘입어 전기자동차 공급확대에 노력을 기울이고 있고, 이에 따라 프랑스 전기자동차 시장규모가 확대되고 있다.

---

156) 프랑스 외교부, "프랑스는 유럽에서 가장 큰 전기자동차 시장이다."
http://www.diplomatie.gouv.fr/en/french-foreign-policy/economic-diplomacy-foreign-trade/facts-ab
out-france/one-figure-one-fact/article/france-is-the-largest-electric

폭스바겐 디젤자동차 배기가스 배출량조작 스캔들이 전기자동차 판매에 반사이익으로 작용하여 친환경 자동차 시장 확대가 가속화될 것이라는 전망이 나오고 있는데, 이러한 추세를 반증하는 것이 바로 르노 자동차 그룹의 전기자동차 판매급증 현상이다. 2015년 르노 전기자동차는 유럽 내 전기자동차 최대판매량인 20,386대를 달성하였고, 이는 전년도 대비 판매실적이 49% 급증한 성과였다. 만약 초소형 전기자동차 '트위지'의 판매량까지 포함시킨다면 르노의 전기자동차 판매량은 유럽 전체 전기자동차 시장의 25.2%에 해당한다. 이는 사실상 르노 그룹이 유럽 내 전기 자동차 시장을 독점하고 있다고도 볼 수 있는 것이다. 르노 자동차의 소형 해치백형 전기자동차인 '조에(ZOE)'는 프랑스 정부의 적극적인 전기자동차 보조금 정책 덕분에 2015년 한 해 동안에만 프랑스에서 10,670대가 판매되었고, 프랑스 전기자동차 판매량의 48.1%를 차지하였다. 또 다른 르노의 전기자동차 모델인 다목적 밴 '캉구(Kangoo)'도 2015년에 유럽에서 4,325대가 판매돼, 유럽 다목적 전기 밴 판매량의 42.6%를 기록했다.

르노의 전기자동차가 자동차시장에서 약진하는 이유는 르노자동차가 전기자동차 개발에 오랫동안 노력을 기울여왔기 때문이다. 르노자동차는 전기자동차 시장이 확대될 것에 대비해, 자동차에 탑재할 배터리 개발을 위해 LG화학과 기술제휴를 하였다. LG화학은 전기자동차 확산을 위해 자동차 회사들과 경쟁적으로 손을 잡고, 배터리 용량을 키워 주행거리를 늘리는데 집중해, 현 시점에서는 해당 산업 내에서 선두주자로 인정받고 있다. 그러한 맥락에서 LG화학과 기술제휴를 맺어온 르노 그룹이 전기자동차 시장을 선도하고 있는 상황을 이해할 수 있다.[157] 실제로 출시 이례 총 20,000대 가까이 팔린 '조에(ZOE)'는 한번 충전으로 최대 210km까지 주행이 가능하여, 기존 전기자동차의 짧은 주행거리 때문에 전기자동차에 무관심했던 소비자들까지 전기자동차 구매를 고려하게 되었다. 이처럼 르노와 LG화학 두 기업의 기술협력은 르노의 친환경 자동차 시장선도에 크게 기여하였다.

르노의 전기자동차 분야에서의 약진은 르노가 오래전부터 전기자동차 개발에 매진했기 때문이다.[158] 르노-니산자동차 그룹회장인 카를로스 곤(Carlos Ghosn)은 2008년 1월 21일 이스라엘 정부와 협정을 맺고 100% 전기로 운영되며, 한 번 충전으로 100km이상 운행되는 자동차를 2011년부터 이스라엘에서 테스트하였다. 이를 위해서 3시간에서 5시간 내에 전기자동차 차량충전이 가능하도록 50만개의 전기자동차 충전설비를 이스라엘 내에 확충하였다. 또한 카를로스 곤 회장은 2008년 도쿄 자동차 박람회에서 르노자동차가 전기자동차를 2010년부터 상용화하고 2012년부터 대량 판매할 것이라 선언하였다. 이와 같이 르노 자동차는 전기자동차 시장의 확대라는 자동차시장의 트렌드를 일찍부터 간파하였다. 이와 같은 노력이 바탕이 되어 르노자동차는 유럽 전기자동차시장을 주도하는 자동차 그룹으로 성장할 수 있었다. 르노자동차가 이스라엘을 테스트 시장으로 선택한 이유는, 아랍국으로 둘러싸여 폐쇄된 이스라엘의 국경 때문에, 이스라엘의 운전자가 하루 평균 90km미만의 차량운행을 하고 있다는 점이 고려되었기 때문이다. 르노자동차는 이스라엘에서 전기자동차 테스트 시장 운영계획을 2008년에 수립하면서, 5000만 유로에서

---

157) 『한겨레』, 2014년 6월 4일. "전기차 배터리 세계 1위 쟁탈전".

158) 프랑스자동차공업협회, "르노-니산자동차가 이스라엘에서 전기자동차를 테스트한다", http://www.ccfa.fr/RENAULT-NISSAN-VA-TESTER-EN-ISRAEL Israël

1억 유로 투자를 준비하고 있었다. 그리고 이와 같은 시장상황에 대한 르노자동차의 판단은 적중하였다.

전 세계 자동차 시장은 친환경을 화두로 급속하게 지각변동하고 있다. 프랑스는 중앙정부, 지방자치단체 그리고 자동차업계 차원에서 이에 대한 대응을 차분히 수행하였다.

그 결과 중앙정부는 친환경 자동차로의 대체를 가속화할 수 있는 조치를 마련하였고, 지방정부는 오염배출 차량에 대한 운행제한과 전기자동차 대여서비스를 운영하여 친환경 자동차 이용문화를 확산하였다. 또한 자동차 기업 역시 오랜 기간 친환경 자동차 분야에 대한 투자를 통해서, 프랑스 자동차 기업이 유럽최대 전기자동차 생산기지로 부상하는데 기여하였다.

반면에 국내자동차 업계는 수소자동차에 집착하는 판단 착오로 전기자동차 시장에서 지나칠 정도로 뒤쳐졌다. 그리고 전기자동차를 도내에서 운영하는 제주시도 충전장비에 대한 관리소홀과 주민들의 무관심으로 전기자동차 확산이 쉽게 이루어지지 않고 있다. 국내 자동차생산업체인 현대-기아자동차 그룹의 수소자동차 집착 때문에, 국내에서는 중앙정부 차원의 전기자동차 구입 인센티브 구축도 왜곡되어 있다. 한국정부는 환경부 예산집행을 통하여 친환경자동차 한 대당 수소자동차 2750만원, 전기자동차 1200만원, 플러그인하이브리드 자동차 500만원, 하이브리드 자동차 100만원 등을 인센티브로 지원하고 있다. 이처럼 한국정부는 현대-기아자동차를 의식하여 수소자동차 중심의 지원정책을 운영하고 있지만, 투싼ix 수소연료전지차(FCEV)의 판매 가격이 8500만원[159)]에 이르는 고비용의 문제로

---

159) 『연합뉴스』, 2015년 2월 2일. "수소연료전지차 가격 내렸어도 아직은 '그림의 떡'", http://www.yonhapnews.co.kr/economy/2015/02/02/0302000000AKR20150202129100003.HTML

수소자동차의 판매는 저조한 실정이다. 또한 노후 경유자동차에 대한 정부정책도 일관성이 없는 상황이다. 대표적인 사례가 유가하락이 지속되는 가운데도 시내버스회사에 대한 정부의 1L당 350원에서 380원의 연료비 보전으로 국내에서 경유버스의 판매량을 급증하고 있고, 천연가스를 이용한 버스의 판매량은 급감하고 있는 상황이다.160)

따라서 국내에서도 전기자동차가 확산되기 위해서는 중앙정부의 효율적인 전기자동차 구입지원 인센티브 구축과 지방자치단체의 효율적인 전기자동차 이용문화 확산정책 수립과 국내 자동차 업계의 각성이 필요한 실정이다.

---

160) 『조선일보』, 2016년 5월 24일. "경유버스 늘게 하는 건… 年1000만원 정부 보조금 탓".
    http://news.chosun.com/site/data/html_dir/2016/05/24/2016052400307.html

전 세계 차원의 에너지정책의
다양성과 한국의 선택

7. 전 세계 차원의 에너지정책의 다양성과 한국의 선택

전 세계 각국은 에너지문제에 관련하여 자국의 실정에 맞추어 다양한 에너지 정책을 활용하고 있다. 석탄, 석유, 천연가스의 사용비중은 각 대륙별, 각 국가별로 차이가 있었다.

지리적인 문제로 천연가스를 주로 LNG로 통해 도입하는 아시아-태평양 지역에서 천연가스 소비가 급속하게 증가하였다. 석탄 활용에 따라 발생하는 대기오염과 온실가스 감축을 위해서 중국은 천연가스 소비 비중을 높이고 있다. 안정적인 천연가스 공급을 위해서 미얀마와 중국 사이에 가스관을 건설하였다. 일본의 경우도 원자력 에너지 사용비중이 감축되는 가운데 에너지 확보를 위해서 천연가스 수입을 늘렸다. 그리고 미국내 셰일가스 개발에도 일본기업이 활발하게 참여하고 있다.

원자력에너지 운용에서도 독일과 같이 원자력 발전 퇴출을 계획하고 있는 국가가 있는 반면에, 중국과 같이 원자력 발전을 급속도

확대하는 국가도 존재하고 있다. 전 세계적 차원에서 원자력 발전은 후쿠시마 사태 이후 잠시 감소추세에 있다가 최근 다시 확대되고 있다. 전 세계 신규원전의 1/3이 중국에서 건설 중이고, 스리마일 원전사고 이후 신규원전 건설 허가를 중단하였던 미국도 이를 다시 재개하였다. 미국에서 신규원전 건설사업이 이후 꾸준히 추진되고 있다. 일본의 경우도 후쿠시마 원전사고 이후 원자력발전을 중지했으나, 전력요금의 급격한 인상 등의 문제가 발생하자 다시 가동중지 되었던 원전을 조금씩 재가동하고 있다.

신재생에너지의 경우 전 세계적으로 신재생에너지의 사용이 확대되고 있는 추세이며, 이미 투자액의 규모에서는 이미 원자력에너지 투자를 넘어서고 있다. 특히 신재생에너지의 투자는 원자력에너지에서처럼 중국이 이를 주도하고 있고, 최대 태양광패널 생산기업과 풍력터빈 생산기업은 중국기업이다. 미국에서는 전임 오마바 행정부 시절에 청정전력계획(CPP)을 통해서 미국 내에서 석탄사용을 억제하고 신재생에너지 기업의 역할을 확대하려고 하였지만 트럼프 행정부의 출범이후 향후 진행이 불투명해졌다. EU의 경우는 기후변화 거버넌스를 주도하며 EU내에서 온실가스 배출을 축소하고 신재생에너지 이용을 확대하였지만, 역설적으로 EU의 줄어든 신재생에너지 배출량 때문에 향후 기후변화 거버넌스 변화에서 중국이나 미국에서의 변화보다 세계 기후변화에 영향을 덜 미치게 되었다.

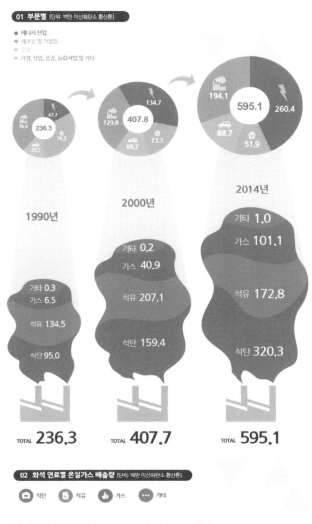

01 부문별 [단위: 백만 이산화탄소 환산톤]

● 에너지 산업
● 제조업 및 건설업
● 수송
● 가정, 상업, 공공, 농림어업 및 기타

1990년

2000년

2014년

기타 0.3
가스 6.5
석유 134.5
석탄 95.0

기타 0.2
가스 40.9
석유 207.1
석탄 159.4

기타 1.0
가스 101.1
석유 172.8
석탄 320.3

TOTAL **236.3**   TOTAL **407.7**   TOTAL **595.1**

02 화석 연료별 온실가스 배출량 [단위: 백만 이산화탄소 환산톤]

석탄   석유   가스   기타

출처: 에너지경제연구원 http://www.keei.re.kr/main.nsf/index.html

<그림 7-1> 국내 온실가스 배출 현황 (단위:CO2 백만톤)

한 국가의 에너지정책은 정권의 바뀜과 관계없이 연속성을 지니

는 것이 에너지정책의 특상 상 필요하다고 할 수 있다. 그러나 한국
의 경우는 정권의 변화에 항상 에너지정책의 뒤바뀌었다. 대표적인
사례가 이명박 정부 시절 에너지자원개발과 원자력발전 확대에 심
혈을 기울였는데, 박근혜 정부 당시는 지원이 거의 줄어들었고, 문
재인 정부는 대대적인 에너지전환 로드맵을 세우고 있다.

<표 7-1> 단계적 감축 대상 원전 현황 및 향후 전망>

구 분	호기수	용 량	대상
신규원전	6기	8.8GW	·신한울 3·4, 천지 1·2, 신규 1·2
노후원전	14기	12.5GW	·'38년까지 14기 * 고리2~4, 월성 2~4, 한빛 1~4, 한울 1~4
월성 1	1기	0.7GW	·월성 1호기

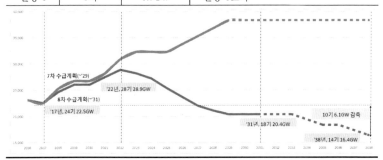

2017년 24기	2022년 28기	2031년 18기 (8차 전력수급계획)	2014기 (3차 에기본)
	(2017년대비 신규 +5, 감축 △1)	(2022년대비 감축 △10기)	(2031년대비 감축 △4기)

출처: 산업통상자원부 보도자료 (2017년 10월 24일)

또한 문재인 정부는 현재 7%인 재생에너지 발전량 비중을 2030
년 20%로 확대함으로써 원전의 축소로 감소되는 발전량을 태양광,
풍력 등 청정에너지를 확대하여 공급할 계획으로 있다. 또한 세부계

획으로 현재 폐기물·바이오 중심의 재생에너지를 태양광·풍력 등으로 전환하고 협동조합·시민 중심의 소규모 태양광 사업에 대한 지원하고, 계획입지 제도 도입을 통해 난개발을 방지하고 관계부처, 공공기관 협업을 통해 사업발굴 확대를 추진할 계획으로 있다.

그러나 정권마다 이해관계에 따라 에너지 정책의 급변하는 것은 향후 한국의 에너지 수급에 문제를 초래할 수도 있다는 점이 에너지 정책 수립에서 반드시 반영되어야 한다.

참고문헌

강유덕. 「일본의 원전사고 발생 이후 주요국의 원전 정책 방향과 시사점」. 『지역경제포커스』. 제11권 제14호 (2011).

김경일. 「냉전이후의 핵비확산문제」. 『사회과학연구』. 제4권 제2호 (1997).

김광석, 노은경. "전기자동차 최근 국내외 동향과 정책적 시사점". 『과학기술정책』. 제 200호 (2015).

김면회. 「기후변화 대응의 정치경제」. 『EU연구』. 제26호 (2010).

김정아. 「EU 2030 기후·에너지정책 프레임워크」. 『세계 에너지시장 인사이트』 제14-5호. 에너지경제연구원, 2014.

김지훈, 이병하. 「신재생에너지발전의 확률적인 특성과 탄소배출권을 고려한 마이크로그리드 최적 운용」. 『전기학회논문지』, 제63권 제1호 (2014).

박균성. 「프랑스에서의 원자력발전소 및 방사성폐기물처분장의 건설에 있어서의 주민의 수용실태에 관한 연구」. 『토지공법연구』. 제7권 (1999년).

박찬국, 최도영, 김현제. "스마트그리드를 통한 전기자동차의 전력망 영향 관리 효과". 『디지털융복합연구』. 제11권 제11호 (2013).

배준희, 최이중, 이종수, 신정우. 「신재생 에너지 도입행태 분석: OECD국가들을 중심으로」. 『에너지경제연구』 제13권 제1호 (2014).

배행득. 「프랑스 국방정책과 군사력」. 『해양전략』. 제50호 (1987).

산업자원부 에너지경제연구원. 『기후변화협약과 교토의정서』 (2002).

산업통상자원부 에너지경제연구원. 『2013년 에너지 통계연보』 (2014).

서밀희. 「러시아, 유럽의 가스파이프라인 건설사업 추진현황과 시사점」. 『수은해외경제』 (2009년 12월).

성낙인. 「프랑스 제5공화국 헌법상 정부형태」. 『사회과학연구』. 제5권 제1호 (1985).

손영욱. "국내 전기자동차의 필요성과 기술 개발 현황". 『전자공학회지』. 제42권 제9호 (2015).

송용주. 「독일 에너지 전환정책 추이와 시사점」. 『KERI Brief』 16-04. 한국경제연구원 (2016).

심의섭. 「한국의 UAE 원전사업 수주의 평가와 과제: 경제적 측면」. 『중동연구』. 제 29권 제 3호 (2011).

신호상. 「원전의 가동중검사 관련 각국의 기술기준 비교고찰」. 『한국비파괴검사학회지』. 제24권 제2호 (2004).

안상욱 「프랑스 원자력 에너지 운영 및 에너지 정책의 연속성 독일과의 비교」. 『유럽연구』 31권 1호 (2013)

안상욱. 「러시아 천연가스 도입에 따른 문제점 및 전망:EU와 한국의 사례비교」. 『세계지역연구논총』 31권 3호 (2013)

안상욱. 「중국의 에너지정책과 원자력에너지-프랑스, 독일과의 비교연구」, 『중국학』 46호 (2013)

안상욱. 「한국의 동북아 LNG 허브 구상의 실패요인 분석: 중일과의 협력부재」. 『세계지역연구논총』 32권 3호 (2014).

안상욱. 「자동차산업의 친환경 에너지 이용: 프랑스 전기자동차 사례를 중심 으로」. 『EU연구』 43호 (2016).

안상욱. 「신재생에너지 확대 정책과 문제점: 미국과 EU사례를 중심으로」. 『유럽연구』, 제 34권 4호 (2016).

안상욱. 「후쿠시마 사태 이후 원자력 에너지 정책변화: 미국과 중국 사례를 중심으로」. 『세계지역연구논총』 35권 2호 (2017).

안상욱. 「EU기후변화 정책과 회원국 간 차별성」, 『통합유럽연구』 9권 1집 (통권 16호) (2018).

유동헌. 『주요국의 신정부 출범과 에너지정책 영향 전망』. 에너지경제연구원, 2013.

윤영주. "EU차원의 에너지정책 수립·추진과 과제." 『세계 에너지시장 인사이트』 제15-32호. 에너지경제연구원, 2015.

이성규. 「통합가스공급 시스템 추진에 따른 동시베리아 및 극동 러시아의 가스 도입 방안 연구」. 『에너지경제연구원 정책연구보고서』 (2006년 4월).

이성규. 「러시아 동부가스프로그램이 동북아 가스시장에 주는 시사점」. 『KEEI Issue Paper』 제2집 4호 (2008년 2월).

이성규. 『중국의 중앙아 가스 확보 러시아 오일 머니 전략에 차질』 『친디아플러스』vol.87 (2013).

이준항. 「그린카 보급정책 동향 및 호남광역경제권 전기자동차 산업 육성전략」. 『전력전자학회지』. 제16권 제2호 (2011).

전진호. 「후쿠시마 원전사고의 국제정치」. 『국제정치논총』. 제 51권 제 2호 (2011).

조덕희. 『전기자동차 도입에 따른 시간별 전기수요 추정 및 정책적 시사점』. 서울: 산업연구원, (2012).

조재신. 「한미 FTA와 온실가스배출 감축정책 및 전기자동차 특허동향」. 『한국도시환경학회지』. 제14권 제3호 (2014).

지식경제부 에너지경제연구원. 『러시아천연가스 도입의 공급안정성 확보방안』 동북아에너지연구 출연사업 정책연구사업 09-05 (2009).

지식경제부 에너지경제연구원. 『2011년 에너지 통계연보』 (2011).

진상현, 박진희. 「한국과 독일의 원자력정책에 대한 비교연구 -정책흐름모형을 중심으로」. 『한국정책학회보』. 제 21권 제 3호 (2012).

최관규. 「원자력의 상업화를 통한 핵군사력의 합리화」. 『동서연구』. 제10권 제1호 (1998).

최성수. 「일본 원전사태 발생 6개월, 그 영향과 향후 전망 분석」. 『가스산업』 제10권 3호 (2011년 9월).

홍기원. 「원자력의 위험관리에 관한 최근 프랑스 정치계의 쟁점」. 『경제규제와 법』. 제4권 제2호 (2011).

한국석유공사. 「러시아-우크라이나 가스분쟁의 원인 및 영향분석」. 『주간석유뉴스』(2009년 1월).

해외경제연구소 산업투자조사실. 「원자력산업동향보고서」. 『이슈 브리핑』. 제 2010-4 (2010).

한원희. 『국제 LNG 시장전망』. 한국가스공사 (2010).

황상규. 「전기자동차 추진정책의 평가 및 향후 과제」. 『월간교통』. 2009-08 (2009).

APERC (Asia Pacific Energy Research Centre). Natural Gas Pipeline Development in Southeast Asia. Tokyo: APERC (2000).

APERC (Asia Pacific Energy Research Centre). APEC Energy Overview 2011, Tokyo: APERC (2012).

ASEAN (Association of South East Asian Nations), ASEAN Plan of Action for Energy Cooperation 2010-2015, Jakarta: ASEAN Secretariat (2009).

BP. Statistical Review of World Energy (June 2011).

BP. Statistical Review of World Energy (June 2013).

BP. Statistical Review of World Energy (June 2014).

BP. Statistical Review of World Energy (June 2015).

BP. Statistical Review of World Energy (June 2016).

BP. Statistical Review of World Energy (June 2017).

CEER (Council of European Energy Regulators). CEER Vision for a European Gas Target Model. Conclusion Paper. Brussels: CEER (2011).

Debontride, B. "Ling Ao nuclear power plant: a new step in China/France cooperation." REVUE GENERALE NUCLEAIRE. No. 4 (2002).

Domingues, José Marcos and Pecorelli-Peres, Luiz Artur. "Electric Vehicles, Energy Efficiency, Taxes, and Public Policy in Brazil". *Law & Business Review of the Americas.* Vol. 19 Issue 1 (Winter 2013).

ECS (Energy Charter Secretariat). Putting a Price on Energy: International Pricing Mechanisms for Oil and Gas. Brussels: ECTS (2007).

ECTS. Fostering LNG trade: developments in LNG Trade and Pricing. Brussels: ECTS (2009).

European Commission. EU Energy and Transport in figures, Statistical Pocketbook (2010).

European Commission Directorate-General for Energy. Key Figures (June 2011).

European Commission. EU Energy in figures, Statistical Pocketbook (2013).

European Commission. Communication From the Commission to the European Parliament, the Council, the European Economic and Social Committee of the Regions. A policy framework for climate and energy in the period from 2020 to 2030 (2014).

European Commission. EU energy in figures Statistical Pocketbook, (2015).

GIIGNL (International Group of Liquefied Natural Gas Importers). The LNG Industry in 2007. Paris: GIIGNL (2008).

GIIGNL. the LNG Industry in 2008. Paris: GIIGNL (2009).

GIIGNL. the LNG Industry in 2009. Paris: GIIGNL (2010).

GIIGNL. the LNG Industry in 2010. Paris: GIIGNL (2011).

GIIGNL. the LNG Industry in 2011. Paris: GIIGNL (2012).

Green, Erin and Skerlos, Steven and Winebrake, James. "Increasing electric vehicle policy efficiency and effectiveness by reducing mainstream market bias". *Energy Policy.* Vol. 65 (February 2014).

Guo-Hua, Shi. You-Yin, Jing. Song-Ling, Wang. Xu-Tao, Zhang. "Development status of liquefied natural gas industry in China." Energy Policy. vol. 38, no. 11 (2010).

IEA. Developing a Natural Gas Trading Hub in Asia (2013).

IEA. Natural Gas Pricing in Competitive Markets (1998).

IEA. Flexibility in Natural Gas Supply and Demand (2002).

IEA. Security of Gas Supply in Open Markets: LNG and Power at a Turning Point (2004).

IEA. Natural Gas Market Review 2006: Towards a Global Gas Market, (2006).

IEA. Energy Policies of IEA Countries: Japan 2008 Review (2008).

IEA. Natural Gas in China: Market Evolution and Strategy (2009).

IEA. Natural Gas Information (2009).

IEA. Standing Group for Global Energy Dialogue: January 2009 Russia-Ukraine Gas Dispute is it settled, IEA/SGD(2009)2 (2009).

IEA. Medium-Term Coal Market Report 2011 (2011).

IEA. Natural Gas Information 2011 (2011).

IEA. World Energy Outlook 2011 (2011).

IEA. Medium-Term Gas Market Report 2012 (2012).

IEA. Gas Pricing and Regulation: China.'s Challenges and OECD Experience, Partner Country Series, (2012).

IEA. World Energy Outlook 2015 (2015).

IFRI (French Institute of International Relations). Gas Price Formation, Structure & Dynamics. Paris: IFRI, 2008.

IGU (International Gas Union). Wholesale Gas Price Formation, 2006.

IGU. Wholesale Gas Price Formation, 2008.

IGU. Wholesale Gas Price Formation, 2010.

IGU. Wholesale Gas Price Formation, 2012.

IHS CERA (Cambridge Energy Research Associates). Slow and Steady: the Development of Gas Hubs in Europe. Cambridge: IHS CERA, (2009).

IHS CERA. Bursting the Bubble: The Impact of Contract Renegotiations on the European Gas Market, Cambridge: IHS CERA (2009).

IHS CERA. Hedging the Weather with LNG: How Flexible Supply Can Reduce Storage Requirements. Cambridge: IHS CERA (2009).

Jensen, J. The Development of a Global LNG market: Is it Likely? If so

When?. Oxford: Oxford Institute for Energy Studies (OISE) (2004).

Jensen, J.T. Asian Natural Gas Infrastructure and Pricing Issues. Seattle: The National Bureau of Asian Research (2011).

Le Guelte, G. "France in its Quest for a Nuclear Doctrine." REVUE INTERNATIONALE ET STRATEGIQUE. No. 59 (2005).

Miyamoto A. and C. Ishiguro. A New Paradigm for Natural Gas Pricing in Asia: A Perspective on Market Value. Oxford: OIES (2009).

Organization of Arab petroleum exporting countries. Monthly Report on Petroleum Developments in World markets and member countries (December 2012).

Poussenkova, Nina. "The Global Expansion of Russia's Energy Giants," Journal of International Affairs, vol. 63, no. 2. (2010).

Ratner, Michael. Belkin, Paul. Nichol, Jim. Woehrel, Steven. Europe's Energy Security: Options and Challenges to Natural Gas Supply Diversification. CRS Report for Congress (August 20, 2013).

Regnault, J.-M. "France's Search for Nuclear Test Sites, 1957-1963." JOURNAL OF MILITARY HISTORY. Vol. 67 No. 4 (2003).

Richardson, Peter and Flynn, Damian and Keane, Andrew. "Optimal Charging of Electric Vehicles in Low-Voltage Distribution System". *IEEE Transactions on Power Systems*. Vol. 27 Issue 1 (February 2012).

Stern, J. (ed.). Natural Gas in Asia: the Challenges of Growth in China, India, Japan and Korea. Oxford: OIES (2008).

Tessier, H. "France keeps its nuclear options open." ENERGY ECONOMIST. Vol. 268, No. 10 (2004).

Tetiarahi, G.. "French Nuclear Testing in the South Pacific, or When France Makes Light of Its Duty to Remember." CONTEMPORARY PACIFIC. Vol. 17 No. 2 (2005).

Thiebaud, P. "Nuclear security: France's view." PLASMA PHYSICS AND CONTROLLED NUCLEAR FUSION RESEARCH, No. 1232 (2005).

Villareal, Axel. "The Social Construction of the Market for Electric Cars in France: Politics Coming to the Aid of Economics". *International Journalof Automotive Technology and Management*. Vol. 11, No. 4 (2011).

Wensheng, Lin. Na, Zhang. Anzhong, Gu. "LNG(liquefied natural gas): A necessary part in China's future energy infrastructure." Energy. vol. 35, no. 11. (2010).

Yajun, Li. Fangfang, Bai. "A policy study examining the use of imported LNG for gas-fired power generation on the southeast coast of China." Energy Policy. vol. 38, no. 2. (2010).

Zhuravleva P. The Nature of LNG arbitrage, and an Analysis of the Main Barriers for the Growth of the Global LNG Arbitrage Market. Oxford: OIES (2009).

Zhou, Yan and Wang, Michael and Hao, Han and Johnson, Larry and Wang, Hewu. "Plug-in electric vehicle market penetration and incentives: a global review". *Mitigation & Adaptation Strategies for Global Change*. Vol. 20 Issue 5 (June 2015).

안상욱

저자인 안상욱교수는 파리정치대학교(Sciences Po)와 파리3대학교(Université Paris III)에서 수학하고, 파리3대학교에서 경제학박사(유럽지역학)학위를 수여받았다.
부경대학교 국제지역학부에 재직하고 있으며, 한국유럽학회 총무이사를 역임하였다. 또한 한국연구재단 SSK 에너지연구사업단에 공동연구원으로 참여하고 있다.

에너지 분야의 저술로는

「프랑스 원자력 에너지 운영 및 에너지 정책의 연속성 독일과의 비교」, 『유럽연구』 31권 1호 (2013)

「러시아 천연가스 도입에 따른 문제점 및 전망:EU와 한국의 사례 비교」, 『세계지역연구논총』 31권 3호 (2013)

「중국의 에너지정책과 원자력에너지-프랑스, 독일과의 비교연구」, 『중국학』 46호 (2013)

「한국의 동북아 LNG 허브 구상의 실패요인 분석: 중일과의 협력 부재」, 『세계지역연구논총』 32권 3호 (2014)

「자동차산업의 친환경 에너지 이용: 프랑스 전기자동차 사례를 중심 으로」, 『EU연구』 43호 (2016)

「신재생에너지 확대 정책과 문제점: 미국과 EU사례를 중심으로」, 『유럽연구』 34권 4호 (2016)

「후쿠시마 사태 이후 원자력 에너지 정책변화: 미국과 중국 사례를 중심으로」, 『세계지역연구논총』 35권 2호 (2017)

「EU기후변화 정책과 회원국 간 차별성」, 『통합유럽연구』 9권 1집 (통권 16호) (2018)

등이 있다.

EU, 미국, 동아시아의 에너지 정책

초판인쇄 2018년 3월 05일
초판발행 2018년 3월 05일

지은이 안상욱
펴낸이 채종준
펴낸곳 한국학술정보㈜
주소 경기도 파주시 회동길 230(문발동)
전화 031) 908-3181(대표)
팩스 031) 908-3189
홈페이지 http://ebook.kstudy.com
전자우편 출판사업부 publish@kstudy.com
등록 제일산-115호(2000. 6. 19)

ISBN 978-89-268-8384-6 93350